巧妙地行走于服从和反抗之间，学会在职场中保护自己，做改革的推动者，而不是改革的牺牲品。

我就是我，我的一些价值观、行为方式与所处环境的"主流"存在根本的"不同"，我既希望融入环境，又希望保留自己与众不同的特质！

保持平衡、化个人威胁为机会、透过谈判扩大影响力、善用小赢、与人联手采取有组织的行动。

· 清领五种 ·

温和激进

顺从与反抗之间的微妙平衡

TEMPERED RADICALS
How People Use Difference to
Inspire Change at Work

[美] 黛布拉·E. 迈耶森 著　杨斌 朱童 译
　　　Debra E. Meyerson

图书在版编目（CIP）数据

温和激进：顺从与反抗之间的微妙平衡 /（美）黛布拉·E. 迈耶森（Debra E. Meyerson）著；杨斌，朱童译 . —北京：机械工业出版社，2019.4（2021.8 重印）

（清领五种）

书名原文：Tempered Radicals: How People Use Difference to Inspire Change at Work

ISBN 978-7-111-62389-2

Ⅰ. 温… Ⅱ. ① 黛… ② 杨… ③ 朱… Ⅲ. 领导学 Ⅳ. C933

中国版本图书馆 CIP 数据核字（2019）第 058309 号

本书版权登记号：图字 01-2003-4510

Debra E. Meyerson. Tempered Radicals: How People Use Difference to Inspire Change at Work.

Copyright © 2001 by Debra E. Meyerson.

Simplified Chinese Translation Copyright © 2019 by China Machine Press.

Simplified Chinese translation rights arranged with Debra E. Meyerson through Bardon-Chinese Media Agency. The edition is authorized for sale in the People's Republic of China only, excluding Hong Kong, Macao SAR and Taiwan.

No part of the book may be repruced or transmitted in any form or by any means, electronic or mechanical, including photocopying, recording or any information storage and retrieval system without permission, in writing, from the publisher.

All rights reserved.

本书中文简体字版由 Debra E. Meyerson 通过 Bardon-Chinese Media Agency 授权机械工业出版社在中华人民共和国境内（不包括香港、澳门特别行政区及台湾地区）独家出版发行。未经出版者书面许可，不得以任何方式抄袭、复制或节录本书中的任何部分。

温和激进：顺从与反抗之间的微妙平衡

出版发行：机械工业出版社（北京市西城区百万庄大街 22 号　邮政编码：100037）

责任编辑：程　琨

责任校对：李秋荣

印　　刷：北京文昌阁彩色印刷有限责任公司

版　　次：2021 年 8 月第 1 版第 5 次印刷

开　　本：147mm×210mm　1/32

印　　张：10.25

书　　号：ISBN 978-7-111-62389-2

定　　价：69.00 元

客服电话：(010) 88361066　88379833　68326294　　投稿热线：(010) 88379007

华章网站：www.hzbook.com　　　　　　　　　　　读者信箱：hzjg@hzbook.com

版权所有·侵权必究

封底无防伪标均为盗版　　本书法律顾问：北京大成律师事务所　韩光 / 邹晓东

清领五种 总序
TEMPERED RADICALS

杨斌 教授
清华大学经济管理学院领导力研究中心主任

悠兮其贵言

清领五种,重新集结,"选择本身就是一种创作",诚如是。要说其中味道,可以说个"淡"字。

凡说起领导力,扑入脑海的就是"浓墨重彩"的英雄或者大抉择、关键时刻。就像是看管理案例的主人公,总是个总。久而久之,更助长了"领导力"的贵族专属性,对家庭中一人、组织中一员、群体一分子,如果你我皆凡人,则是没有多少领导力的话题好谈的。

这当然可反思,但不如做些什么,放几枝不一样的烟火。于是就有了这五种,五粒种子,播撒些"领导不艳、人自成蹊"的清领种子。

淡,是三点水与两把火的组合,说的不是水深火热,而是平常生活。不怎么轰轰烈烈的角色、情境,却是领导力极有意义的用武之地。有水有火,如《沉静领导》中混杂的人性,如《极客怪杰》中的老小孩与早当家,如《责任病毒》中的第一次推搡和责任悄然转换，如《温和激进》中的步步为营弱弱腾挪，如《火线领导》中的动静拿捏与对立调适。

淡，细想却不简单，不是强加给你色香味，要靠你代入自己的体验。浅白无思的对错并非答案，字里行间有很多伦理上的辩难。沉下去心、伏下去身、轻推渐进、反躬自省，山丘过后，人不再是原来的那个，领导力的是与非也变得一言难尽起来。

淡，从不同的角度，五种各有纷呈。就不妨交替着看，彼此参阅。要说服别人，例证难免仍列举许多"功成事遂"；要征服自己，就得正心体会个中更多的"悠兮其贵言"。

感恩编辑的辛苦用心，这20年来一直陪着这五种书和她们的读者们一起走着、想着、沉淀着。

每当一个人坚决拥护某种主张，或者采取行动来使其他许多人得到改善，或是努力反抗不公正的时候，他就会激起一道小小的希望之波，而这些来源于百万个不同的能量和勇气中心的微澜相互交错，就形成了一股水流，这股水流能够冲垮最坚固的压抑和抵制之墙。

很少有人愿意去直面伙伴们的非议、同事们的谴责、社会公众的愤怒。道德上的勇气是比战斗中的英勇或者大智慧更为稀有的东西。然而对于那些想要改变一个世界的人来说，为了变革而做出最痛苦的让步是最精髓、至关重要的品质。

—— 罗伯特·肯尼迪

|目 录|

TEMPERED RADICALS

总　序（杨斌）
译者序（杨斌）
前　言

第一部分·温和激进派

第1章　温和激进派是谁，他们做了什么　3

左右为难　6
一系列不同的反应　7
一份策略图谱　9
指导模式　14
人们为什么做出温和激进派的举动　19
作为平常领导者的温和激进派　21
结论　22

第2章　不同方式的"不同"　25

作为不同之处与差别待遇来源的社会身份　29
作为文化和风格差异源的社会身份　39

作为差异和冲突根源的价值观和信仰　41
结论　44

第二部分・温和激进派如何扭转局面

第3章　沉默拒绝并忠于"自我"　49

心理上的抵制　51
用以抵抗的自我表达　57
结论　75

第4章　把个人的威胁转化为机会　77

对选择的认知　80
别样反应　81
可供选择的一般机会　85
结论　103

第5章　通过谈判来扩大影响　105

把困境当成谈判来处理　108
使用谈判的策略　118
结论　135

第6章　巧变小胜为大赢　137

为什么以"小"的方式开始　142
为了赢得小胜而定位　144
阐释小胜的意义　150
结论　162

第7章 **组织集体行动** 165
    组织集体的不同途径　169
    组织集体所面对的矛盾处境　178
    结论　186

第三部分・温和激进派面对的挑战

第8章 **面对困难** 191
    温和激进派所面对的挑战　194
    形成温和激进主义环境的因素　210
    结论　222

第9章 **作为平常领导者的温和激进派** 225
    结论　温和激进派如何不断前行和为何不断前行　234

附录A **调研计划和调研方法** 243
    调研样本　243
    方法和分析　249

附录B **样本采访调查表** 253
    西部公司和阿特拉斯公司调查表　253

注释 259

译者序
TEMPERED RADICALS

"你以为你是莲花啊？！"

如果你只是随手翻开这本书，碰巧看到一个故事，讲到一个职业女性兼爱心母亲如何争取到更多的平衡工作与生活的权利，或是一个不喜欢周末出差的白领如何改变了公司这种有些粗鲁的既有文化，再或者是一个少数族裔（外乡人）怎么在一个充满挤压和潜在不平等的环境中取得重要的一席之地，等等，你可能就又随手把这本书放下了，因为你大概已经把它归入伦理类或者企业与社会类的书籍中，那么，这本书到底在研究和解决什么问题呢？

简单地描述，就是你发现你的一些信仰、价值观、行为方式与你所处的环境（供职的公司或者生活的社区）的"主流"存在着某些根本性上的"不同"，你并不愿意就此屈服，牺牲掉你的"self"——自我；你也知道起而"造反"的后果是什么，职业发展的前途或者个人生存的基础对你来说同样无法割舍，也不能牺牲。比如，你希望工作和家庭能够保持某种平衡，不愿意周末加班出差，不满意工作成为你的全部，而你所在的组织则是强调每分每秒都为组织创造价值，休息或者娱乐被认为是弱者的专属，"7×24"是组织推崇的奋斗理念。作为一个上班族，在这么一个可以安身立命的组织中寄居栖息后，你既不想因水土不服骤然离去，又不愿意苟且偷生、委曲求全，那么，怎么办？

温和激进派就是作者所给出的对这一类人的描述：希望在组织中取得成功，但同时又希望按照自我的价值观生活的人，而他们的价值观多多少少与他们所在组织中占主导地位的文化相背离。他们既希望融入环境，又希望保留那些使他们与众不同的东西："他们希望使船只晃动，却又希望留在船上。"

这是一种"紧张状态"，是一种考验真正领导者的界定时刻。该怎么办？

作者创造了"温和激进"这个术语来准确而形象地描述在这些两难局面下，平常领导者必须保持的顺从与反抗之间的微妙平衡。如何"温和"地在组织中推动目标"激进"的变革呢？作者相当系统地提出了包括默默抗拒并忠于自我、化个人威胁为机会、通过谈判扩大影响力、善用小赢与联手采取有组织的行动等一整套变革策略，一整套希望能够同时达到上述两种目标的解决方案，并结合翔实的案例，将这套"心法"和"柔术"一一拆解，相当精彩。为了要使上述的策略能得心应手地运用，作者特别提示温和激进领导在面对困难时，应该以等待更好的时机、使用圈内人的语言、建立专业形象、证明忠诚度以及顺从性别角色等实际行动，持续地在逆流中奋力游泳，或是在复杂的组织政治地形中匍匐前进，如此才可以一方面继续低调保持"异"的自我，不随波逐流，成为你并不认同的主流价值的附庸，另一方面又能减少挫折与沮丧的侵袭，避免成为一筹莫展的局外人和一事无成的失败者。

作者进行这项长达 15 年的研究并最终撰写本书的缘起，跟她是一位学术界的女性，一位充满独立精神的女性很有关系。她对于个人处境的深刻体察和细腻把握，使这本书可信、可读、可操作。

可信的基础是作者所采取的相当遵从学术规范的研究，是大量的数据采集、个人访谈以及文献评述。作为一个学术界中尚无声名的女教师，作者深知写作她的第一本著作，在方法上经得起推敲、能站得住脚是多么重要。这也保证了本书有别于为数不少的带着哈佛字样的泛泛之作，而具有更长久的生命力和影响力，成为未来职场具有实用价值的生涯战略与战术的宝鉴。

可读的原因则是作者出色的讲述方式和技巧——尽管因我们拙笨的翻译褪色不少。作者挑选了真实的 8 个人进行掩饰处理后作为书中的主角，让读者设身处地了解温和激进领导所面临的局面和采取的不同策略。这些主角所代表的是一个多元化群体，他们的"异"来源于许许多多、各种各样的因素，包括种族、性别、性倾向、价值观和信念。故事的情境经常使我暂时掩卷长思，并进入自己也曾经历的那些艰苦的选择中。我相信读者也同样能从这些人物身上反思自己的遭遇与争斗并收获良多。

可操作的评价则是在我把本书中的许多核心思想用以分析目前正在进行中的许多变革实例，并与我在高级经理培训中的许多学员分享印证而得出的。我在推荐这本书给出版社时，也担心作者的知名度以及书中所使用的样本——性倾向或者种族这些国人较少关心的话题，会不会使它成为一本"冷僻"读物。但是，当我们把它的结论，无论领导法则还是变革规律，去对照无论是大到国家还是小到我们身处的组织正进行中的变革、改变、改善,都是有着非常明显的现实意义和可操作性的。也许你不信,不信可以试试看——翻开1979年修订的《辞海》,你是找不到"激进"这个词的,也许这碰巧说明了我们的民族性的某种底色:"我们这个民族也许会走极端,却最讨厌激进的变革。"借用一位来清华参加培训的企业高层的反馈,他说:"每当我们要面对大面积、大幅度的改革可能会伤害到相当的利益主体或是与主流文化相冲突的情况时,温和激进四个字总是会浮现在我脑中。我会对自己重复说:内在要执着,外在要温和;战略上偏执,战术上灵活。"

其实,这正是当今组织变革的演化要求。变革作为组织行为领域中一个很重要的主题,在环境变动日益剧烈的今天,对于每一个企业领导人以及每一个普通的组织成员,都提出了严峻的挑战。在不断听到"要么变革,要么灭亡"的高调时,请不要忘记,"变革,然后灭亡"的事例也绝非少数!变革绝不只是决心和勇气那么简单。在《变革之心》[一]中,科特提出了"感性"的"心"在变革中的重要性,让"看到—感受到—变革"成为更符合组织实际和时代特征的新变革准则。纵使你掌握着某种理性分析的结论,纵使你拥有着相当数量的同盟同情者的支持,仍然要打动人心,促动主体意识的动摇和改变,才能产生变革需要的氛围和持续变革的动力。那么,更何况是在变革者本身的价值取向和规范与大多数人,与所谓的主流文化有冲突甚至相背离的情况下,简单地遵循"分析—思考—变革"的变革路径无异于飞蛾扑火,自取灭亡。

"要做改革的推动者,但是,不做改革的牺牲品。"这句话,

[一] 本书已由机械工业出版社出版。

认同的人很多。问题是，认同之后很容易导向"因为避免牺牲自己而只有牺牲改革"的结果。这种困惑，也许可以在阅读本书并尝试实践后有所解决。"不审势则宽严皆误"，本书中所提到的策略图谱，从沉默地拒绝到组织集体行动，是一个非常好的行动纲领。在大多数人没有感受到变革的紧迫（还不只是重要）的时候，在大多数人还根本不认为你所谓的变革合理的时候，躲避文化雷达的搜索可能要比挺身而出慷慨就义更有价值，后者常被认为是悲剧英雄可以唤起民众，但却常常只让人们记住了悲剧而忘记了英雄所为何来。群氓状态下的众人，甚至还要加上一句"你以为你是莲花啊"而嗤之以鼻。这种莲花之道，不该是变革领导者的选择。

有人可能又急着下结论说，这是不是意味着沉默地同流合污？"温和"下去，是不是意味着棱角被磨平了，斗志消沉了，是不是鼓励一种圆滑？显然不是。如果是的话，还抱持那些激进的"自我"干什么？随遇而安、随波逐流不是更好、更安全？！

有读者可能会觉得"温和激进"的做法是否太过缓慢？首先，要看到这些温和激进领导，与传统的英雄式领导者不同，他们没有组织所赋予的正式权力，而只有仰赖耐性、自知之明、谦逊、灵活弹性、理想主义（不是理想化）、警觉性以及承诺等特质，来推动和贯彻变革。这些推动变革的人，知道自己是谁、留意细节与机会、创造学习与反省，然后慎选战役达成理想的实现。

即使是一个拥有较强权力的变革领导者，如何改变文化仍然是其变革成败的关键。沙因教授说，文化的重要特征之一，就是"慢"。这句话对那些希望"快刀斩乱麻"似的解决冲突，希望"毕其功于一役"的实现变革的领导者来说,不啻于从头到脚一盆凉水。没有听说过哪个国家的文化能在短时间内变个大样,但我们却经常要求某个组织的文化几个月里旧貌换新颜。事实是,只能是换汤不换药或者金玉其外示人,败絮其中害己啊。

关于猴子的故事之一是说,科学家将四只猴子关在一个密闭的房间里,每天只喂给它们很少的食物,猴子们被饿得吱吱直叫。几天后,实验者在房间上面的小洞放下一串香蕉,一只饿得头昏眼花的大猴子一个箭步冲向前来,可是当它还没有拿到香蕉的时候,就被预先设计好的装置所泼出的热水烫得全身是伤,当后面三只猴子依次爬上去拿香蕉时,也一样被热水烫伤。于是,众猴只能望"蕉"兴叹。几天后,实验者换进一只新猴子进入房内,当新猴子肚子饿得难受也想尝试爬上去吃香蕉时,立刻被其他三只老猴子制止,并告知它危险,千万不可尝试。实验者再换一只新猴子进去,当这只新猴子想吃香蕉时,有趣的事情发生了,这次不仅剩下的两只老猴子制止它,就连没被烫过的半新猴子也极力劝阻它。实验继续,当所有猴子都已经换成新的之后,已经没有一只猴子曾经被烫过了,房间上头的热水装置也拆除了,香蕉唾手可得了,却没有一只猴子敢前去享用。

组织文化的形成,其实有很多恰似猴子的经历。长期的过程与经历,一次次决策与判断,某些行事规则就像烙印一样,深深地印在企业的每个成员心里。究竟是性格决定了命运还是命运铸就了性格?说不太清。反正,要改变主流的文化价值观念,需要时间、需要机会,而温和激进领导所喜欢的"小胜"(small win)在其中扮演着举足轻重的角色。

试想一个已经有 15～20 年的组织，为了能在已经有所发展的基础上更上一层楼，想要设定它的信条（mission），甚至出台一个组织标识（logo），作为组织变革的某种启动，难不难？在大多数情况下，很难！如果组织的创始人还在而且还强有力，这是一回事；否则，谁也无法说服大多数人，接受来自自己的主张，共识的形成复杂而且困难。没有人愿意被别人改变，特别是在强大的外力压迫下。但是不是就不能做？事实上许多组织一直在做。它们所借助的非常重要的一个工具就是"小胜"——小的成功，隆重庆祝。在导向你所希望的结果的道路上，通过对于"小的成功"（某种象征性事件、某个里程碑似的时刻）的隆重庆祝，会潜移默化地改变很多组织成员头脑中的倾向性。组织文化的改变，正是在这样的做法下一步步推动的，而不是振臂一呼或者大家坐在一起三言两语能讨论出个什么结果。

本书的意义还不仅限于此。

我很郑重地向各位读者推荐作者关于"异"的深入思考与帮助组织中"异"的成活的诸多策略。作者一开始就指出，组织成员会因为性别、种族、信念、价值观与社会意识的因素，造成自己成为组织的"异类"。通常强调高效的组织都很排斥这种"异"的存在，某些组织的入职、培训等社会化的过程，都在努力地打磨着某些"异"的棱角。然而，这样的结果却是以牺牲组织的创新能力为代价的——因为，确切地讲，创新本身就是低效的，创新行为通常都是无章可循、触犯众怒的，疑惑和矛盾是滋生创新的沃土。如果没有宝贵的"异"，创新从何而来？

我在清华教的课程中也有给本科生开设的课程"伦理问题：个

人选择与组织策略",我给自己定下的一个教学目标,是希望同学们能够通过这样课程的学习,学习尊重他人"异"的权利。说实话,这个目标的达成很不容易。就拿学生来说,受了这么多年的正规教育,强调求同、强调划一,当有些听起来刺耳的主张在课堂上提出时,不少同学变得情绪激动甚至可以说痛心疾首;为了说服别人接受自己的价值观念,不少参与者苦口婆心,有股不达目的决不罢休的劲头。

"异"是有美感的、有价值的。近几年来,每到过节的时候,我总是会收到很多手机短信发来的祝贺话语,其中确有一些充满关心、富有情趣,但是毫不夸张地说,绝大多数祝贺短信都是千篇一律,几百封一模一样的短信充斥着浓重的转发痕迹,甚至还有的居然忘记删除掉别人发过来时嵌在里面的名字,试问,收到这样的短信,你能够感受到多少来自发送者的用心和祝福呢?英文中讲"make a difference"就是"很重要"和"有影响力的",可是我们就连这一点点的"异"都无心创造。

"异"是一种承担、一种追问、一种考量,是对固有的思想方式和话语习惯的破坏和不媚俗。有时候这种"异"表现为一种勇气、一种振臂疾呼、一种当头棒喝;但更多的时候,这种"异"表现为沉静和从容的独立与抵抗。卡夫卡在1914年8月2日的日记中写下了这样两句话:"德国向俄国宣战。——下午游泳。"我不屈服于更不加入你们这些侵犯者的行列,同样重要的,我不使用你们的那种思维和表达模式。

但是,"异"不是众人皆醉我独醒的清高,特别是在企业组织中,那样做,无异于将自己比作出淤泥而不染的莲花,首先就是将自己与其他人、与周边环境、与组织甚至更大范围的社会对立起来。尊重莲花，却不停留在不染，而使众人都接受并实行你的莲花之道，就需要策略。对他人进行道德批判、人格讨伐并不费力，但很多时候也实在价值有限（甚至导致立场定型而妨害更重要目标的达成），而要发动更多的人一道去改变现状、实现理想才更有意义。温和激进，正是对和而不同、以异求变的恰当体现。

作为主要贡献之外的一些副产品，书中的内容提供了我们对于很多问题进一步思考的空间。比如工作与生活的协调与平衡，越来越频发的高管人员猝死或者黯然离场，家庭生活的支离破碎和形同虚设，是否能够促使我们思考一下，在这样浮躁和功利的追逐中，我们是不是放弃得太多了？我们追求的真正是我们想要的吗？再比如在职场中如何保护自己。在课堂上，为了某种主张不惜"牺牲自己"是很多同学容易讲出来的，因为处在血气方刚的年龄，处在比较理想化的校园中，处在没有把脚放进真正决策者的靴子中的单纯时刻。本书很值得 MBA 的同学读读，特别是那些如何安全地游走于媚俗和反叛之间，同时忠于自己与组织，展现与众不同的自己，创造与众不同的组织的成功之道，许多是难得的职场智慧。我特别推荐给即将（刚刚）进入工作岗位的 MBA 毕业生，以及在中、初级职位蹉跎徘徊的年轻人，希望对你们在社会和组织中立足并且成长的"关键几步"有所启发和帮助。

书中的第 8 章和第 9 章非常好地升华了书中的内容。平常领导者，作为一种重要的领导方式，在作者的研究中，给予了很高的期许。长时间的温和渐进，日积月累地推动变革，反而有助于这些组织中的"异类"学习新事物，培养更有效的领导能力，从而在组织中推动更具影响力的变革。未来，希望这方面能够有更多的研究得到更深入的发现。

感谢朱童为本书初译所做出的艰苦努力，感谢机械工业出版社华章公司各位编辑的宽容与认真，也祝愿每一位读者都能够成为组织与自我双赢共进的领导者！

杨斌
清华大学副校长兼教务长

前 言
TEMPERED RADICALS

温和激进派是那些希望在他们的组织中取得成功,同时又希望按照他们的价值观或个性生活的人,即便他们多多少少与他们所在组织中占主导地位的文化有所背离。温和激进派希望融入环境,又希望保留那些使他们与众不同的东西。他们希望使船只晃动,却又希望留在船上。

符合这一描述的人的范围是如此之广,让我十分惊诧。自从莫林·斯高利(Maureen Scully)和我在 1995 年发表了那篇最初的论文,后来又写了一篇专题文章,加上我就这个主题所进行的数十次演讲和授课,在这个过程中我听到过数百个人(其中许多人永远不会认为他们自己是"激进者")在对"温和激进派"的描述中认出了他们自身的经历。[1] 有些人在这些描述中看到了一种崭新的方式,能让他们在并不完全适应的组织里得以"生存"。其他人知道了他们并不是孤军奋战,于是从中得到了安慰;还有另外一些人看到,他们为抗拒主流文化和坚持个人价值观与信念所进行的平凡的努力可能真的为他人带来了转变,从而打消了心中的顾虑。

符合这一形象的人包括各行各业中的男男女女——从商业界

到教育界，从护理行业到政界，从建筑业到军队——他们在所在组织中的职位级别各不相同——从最"高层"到最"基层"。这些男男女女来自全球每一个角落，有着各种各样的种族、宗教、民族血统、年龄和性倾向，这些人描述了他们为了在适应环境的同时，避免出卖他们的灵魂而进行努力的时候，怎样不得不小心地在边界上行走。有些人希望引发变革，但是知道他们必须谨慎地前进，以免损害他们在组织中的信用。

那些把自己看成是温和激进派的人多多少少觉得他们与所在组织中的传统主流有所不同——他们是营利性企业里那些关注社会公正和环保主义的人；是忙得须臾不可分身的高科技公司里那些仍希望积极地扮演父母或者公民角色的人；是以男性为主的机构里那些不愿表现得像男人的妇女；是白人占主导地位的组织里那些希望拓宽包容界限的有色人种；是经济因素决定一切的职场里那些相信人性理想的人；如此等等。这些人希望融入环境并取得成功，但是他们同时也希望说出他们的真理，其中很多人还希望能引发变革。

我写这本书的目的在于揭示一系列手段方法，人们用它们在差异和融合之间找到出路，并且利用他们的"不同"来激发所在组织中的实际变革。不幸的是，许多人从来不曾找到一条维持这种平衡的路，因此，他们"与众不同"的经历是完全没有影响力的。对于迫使他们顺从主流的持续压力，他们的反应方式既伤害了他们自己，又降低了更广泛学习和变革的可能性。尽管有些人有意地封缄了他们的不同之处，并且觉得融入主流的益处是值得他们做出个人妥协的，但是其他很多人之所以表示顺从，却是因为他们觉得别无选择，因此为了生存下去，他们牺牲了一部分自我。有些人选择了离开组织，觉得他们无法在现状中"生存"；还有另外一些人勃然大怒，他们对现状发出了尖锐的挑战，他们采取的方式足够敌对，也让他们更肯定自己的信念——他们不属于这里。

这些反应会带来许多痛苦。我曾经目睹人们在放弃他们的自我感受和为了融入环境而闭口不提他们的信念追求时受到失落感的折磨。我曾听到有些人在离开公司时发表的辞职演说，因为他们没有办法做到在忠于他们的价值观和个性的同时继续生存下去。我还曾经看到过其他人通过越来越激进、越来越自我挫败的行为所表达出的敌对态度。

然而对于那些既希望融入环境又希望表达出他们不同之处的人来说，这些并不是他们仅有的选择。在顺从和纯粹的激进主义这两个极端之间，有着一个宽阔的中间地带。在这本书中，我列出了一连串反应——从温和而沉静的努力，到坚持和表达与众不同的自我表现，到更公开、更有意识地努力去引发变革。这个系列代表的是被我称作温和激进主义的那部分反应和策略。

我对这个题目的兴趣来源于我的个人经历和我自己固有的不"合群"感。在20世纪80年代早期，我和莫林·斯高利都是斯坦福大学商学院的博士生。作为研究和思考公正、歧视以及传统公司里性别束缚的女性，在我们的研究生项目里，我们并不是理想的学生。和其他那些以商学院为基地的博士生研究项目一样，我们所在的这个项目的目的在于把它的学生培养成教育下一代企业领导精英的人。

简而言之，我们在本专业中属于"不合群者"。我们的价值观和兴趣点与我们专业中的主流背道而驰，但我们还都致力于在专业上取得成功，并试图改变它。在我们这个专业里，找到其他一些同样有着不合群感的人并不是很困难的事情。琳达（Linda Smircich）是一位卓有成就的学者，她在发表的一篇文章里公开地与一种相同的紧张状态进行斗争，这篇文章叫作《一名激进的人道主义者能够在商学院中找到快乐吗？》[2] 她明确指出的这种两难困境更激起了我们的担忧。而我们两个都是琼妮·马丁教授指导的学生，这一点绝非巧合，马丁教授是一名幸存的女权主义者，而且是斯坦福商学院中第一位获得终身教职的女性。关在她的办公室里，她跟我们讲述了一些她在面对商学院中由男性主导的文化要求与她自己的进步理想和家庭对她的需要之间进行平衡时所面对的两难处境。她一直致力于在这个专业的主流中保持自己的声誉，并且努力推行一个包括向妇女和少数种族开放机会和打破专业内部束缚的社会活动，我们看到她在这两者之间破浪前行。她的事业所包含的是一个持续不断的"逆流游泳"的过程。[3] 我们两个都从她的奋斗中直接得到了裨益，并为之深深地感动。

莫林和我既在普遍意义上的专业性"不合群"方面分享着相同的感觉，还在我们面对特殊选择的情况下颇有同感。当我们计划研究一些反映了我们兴趣所在的主题时，比如"女权主义的高级管理人员"所面对的挑战，我们得到了教师强烈的劝告，劝我们不要在事业的开始阶段选择这样一个激进而危险的主题。与这样一个激进的主题联系在一起会玷污我们的名誉。他们警告说，我们需要树立我们的声誉。这个建议让我们担心自己是否还有可能在我们这个领域的主流机构中正当合理地追求我们的兴趣和忠于我们的价值观念。

莫林和我听从了给予我们的劝告，在足够长的时间里把我们最初对于"女权主义的高级管理人员"的关注搁到一边，在商学院中担任教员。但是我们的意识形态和学术计划给人的感觉，还是与我们这个专业里所看重的东西有所不同。对于我们的专业，我们都抱着深深的矛盾心态，而当我开始给那些商学院学生和高级经理上课，在专业期刊上发表论文，并且越来越多地承担起专业上的责任时，我自己的矛盾心态一直有增无减。

然而，在感觉到不合群的同时，我还开始拥有了一种机遇意识。我开始接受我的双重心态，把它看成是可以忍受，甚至颇有益处的。我想："如果我能够对一些管理者施加影响，改变他们对工作中潜在的偏见的看法；如果我能够为扩大我这个专业所认定的学术贡献的范围做出稍许贡献；如果我能够激发一些学生的思维，让他们考虑一下如何使用他们的权力和优势；或者如果我能够挑战学术界内部僵化的直线型事业阶梯，那么我就是在按我的价值观行事，并且有可能在我的专业内外激起一点小小的变化。"[4]

莫林和我最终回到了我们最初对于"女权主义的高级管理人员"的兴趣上面，并且将这种兴趣的范围扩大，使它包含了其他那些在某种意义上与他们所在的机构格格不入并希望引发变革的人们。我们创造了"温和激进派"这个术语来捕捉这些人面对的两难局面，以及他们必须保持的顺从与反抗之间的微妙平衡。

人们对那篇论文以及一些随后的陈述的兴趣和提出的问题燃起了我对写这本书的兴趣。我希望对那些不同于主流文化的人和那些决心在没有给这些"不同"留出多少余地的公司中引发变革的人的经历进行更深入的探索。我希望更全面充分地理解人们用来实行和维护他们相互冲突的价值观和信念抱负的一系列策略。而最重要的是，我还希望更多地了解温和激进派的努力是如何为超出他们个人范畴之外的学习和改变做出贡献的。

研究

从某种意义上讲，我为了写这本书所做的研究，从15年前我和莫林为撰写我们最初的文章而进行准备时就已经开始了。在那个项目中，我们对不同职业的温和激进派进行了30次访问和几十次观察，其中包括从大学教师到公司伦理主管（corporate ethics officer），从神经外科医生到大学招生负责人，从公司执行官到秘书。

为了这本书的特殊目的，我安排了与两个主要商业组织中的102人和第三家公司外加的80人的半结构化访问。（更多关于样本的细节请参见附录A，更多关于我的采访方法的细节请参见附录B。）此外，我还对一些自认为是改革倡导者的人进行了56次额外的采访，其中包括6名刚刚完成一项关于商业与社会责任的硕士学位项目的学生，他们正在为把这些理想变成现实而努力工作着。[5] 样本的这一部分还包括了有着许多各式各样的变革计划的人，他们的职务涵盖广泛，各不相同：医生、护士、律师、建筑师、社会工作者、教师、工程师、学者、公共卫生专家、组织发展专家、招生负责人、秘书、咨询师、投资银行家、企业家、首席执行官、主管、政府官员、记者以及美国海军的一位女将军。

我选择了我的两个基本研究对象——西部金融公司和阿特拉斯技术公司（均为化名），目的在于做一个对比。我相信这些公司的文化之间存在着极大的差异，而这将给温和激进派带来不同的经历和挑战。

西部公司是一家传统的金融机构，位于美国西北部。我选择西部公司的一部分缘故，是由于它即将退休的首席执行官曾经几度宣称多元化的重要性，并且调拨了大量资源去启动公司多元化计划和聘用妇女和有色人种。有些人告诉我他希望多元化能够成为他留下的一部分传统。我想看看这一信念究竟能够在何种程度上影响人们日复一日的经历。

在很多方面，这家公司是一个官僚主义机构的典型：角色明确，等级分明，权力顺序划分清楚，而职业生涯轨道亦是界限清晰。所有的高管和经理都有着固定的办公室，其面积依据人们级别的不同发生意料中的变化。人们穿着正式的商务套装，尽管在我进行研究的那段时间里，他们正开始试验"便装星期五"，这被看作一种大胆的变革。西部公司希望员工们努力工作，正常规定的工作时间内很少有非正式的"闲逛行为"。在我进行调研的时候，西部公司的管理层拒绝承认和批准建立在身份特性基础上的员工组织（例如男女同性恋组织、妇女组织），认为它们与工会过于相似，而西部公司有着很长的反对工会的历史。在西部公司里，我采访了

58个人，其中除了13个人以外都担任着助理副总裁或以上级别的职务（见附录A）。

阿特拉斯的文化表现则截然相反。它位于硅谷的心脏，创立于20世纪70年代末期，现在的阿特拉斯是一家成熟的、公开上市的全球性公司，在全世界范围内设计、制造和销售计算机元件。较之于西部金融公司的文化，阿特拉斯的文化是高科技公司"文化非正式化"的缩影。我经常目睹一些在公司咖啡室撞见首席执行官的笑话和听到打破特权阶级的言论。大多数员工都工作在为开放性沟通和"打破特权阶级"而设计的格子间里。人们衣着随意——有些员工经常身穿T恤和短裤，这毫无疑问是该公司工程业起家的强烈色彩残留下的遗迹。人们在阿特拉斯公司卖力地工作着，有些人会随随便便地提起他们最近"通宵达旦干活"，但是看上去他们同时也为自己"玩儿命干"而感到骄傲。员工常常谈到融入"阿特拉斯方式"的重要性，而且事实上我所采访的每个人都用同样的方式来解释它——自信、勤奋、聪明、坦率。阿特拉斯的首席执行官强调多元化，而阿特拉斯公司里有一个"多元文化"办公室，4名员工在这里全职工作，其中包括该办公室的负责人，他是一位主管级别的专业人士，向人力资源部的副经理负责。阿特拉斯的管理层完全批准和支持那些以文化认同为基础的员工组织。在我进行研究的时候，他们已发起成立了11个这样的组织。在阿特拉斯公司里，我采访了分别居于初级、中级、高级管理层的44名员工。

我还在商家网公司（也是化名）里进行了广泛的调研，它是一家全球性公开交易的零售公司，其时在45个国家里开展业务活动，而我只对它在英国的公司总部进行了研究。这次调研最开始是为了另一个不同的项目设计的,但是结果发现它在很大程度上与这个项目不谋而合。尽管商家网公司已有 20 年的历史,它仍旧在其创建者的创业精神指引下运作着。该公司并没有太多正式的结构:角色是流动的,权力的界限是模糊的,而职业轨道则是个性化的。它的企业传统同样反映在它的非正式化的、年轻的、具有创造力的文化中,而这种文化最好是用其创建群体的一种"有话直说"的"不恭敬的文化"特征来描述。商家网公司还因为它在社会问题方面的进步价值观和立场闻名于世。在商家网公司里,我采访了 80 个人,其中大多数都采访了多次,他们来自各个层级——从首席执行官到基层商店里的员工。我还在 3 年时间里进行了广泛的观察。

从某些意义上讲,这 3 家全球性企业的文化是极其不同的。西部公司是一个正式的、官僚主义机构的缩影,阿特拉斯是一家成熟的然而高度非正式化的革新性高科技公司,而商家网公司则是一家进步的、时新的零售公司,它远离了系统体制和官僚主义的色彩。尽管这些公司明显的不同,但是也有着一些非常重要的共同之处。在每个案例中,公司高层都公开强调了多元化的重要性,而每个公司都在处理这个问题上有其创新之举。对最高管理层的人口分析统计有其相似性。[6] 3 家公司都有着一种非常有力和显然居于主导地位的文化,它们的规范都被严格地执行着,而每个公司中主导文化自我维护的途径和权力运作的方式都非常相似。在每种文化当中,都有鲜明的界限把圈内人和局外人区分开来,而强大的行为和交往规范则强化了这些区分。大体来说,主导文化的力量,以及更重要的那些拒绝融入环境或挑战文化规范的人遭遇的后果都是惊人的相似。

因此，令我感到惊讶的是，在这3家公司里，温和激进派的挣扎和奋斗是很相似的。我曾经希望我的这些调研对象能够对不同的公司环境如何决定温和激进派的经历做出解释，但是由于各个调研对象之间的差异被证实是相对微不足道的，我就把注意力集中到了情境上的区别。我在这些看似不同的情境中观察到权力和抗议的运行是如此相似，这个事实说明了这些动态过程具有相当的普遍性。[7]

本书

尽管我的总体框架是建立在从我的整个样本中所推导出的结论的基础上的，我还是挑选了8个人作为首要的主角：西部公司的玛莎·韦利、希拉·约翰逊、彼得·格兰特和汤姆·诺瓦克，阿特拉斯公司的约翰·齐瓦克、伊莎贝尔·纽恩兹和詹妮弗·杰克逊，以及商家网公司的琼妮·马森。（这3家公司里的所有人名都是虚构的。）这8个人作为我所研究的问题最稳定可靠的代表浮现出来，而他们的例子则成功地证明了我提出的那些策略。此外，整体上来讲他们代表了一个多元化群体，他们的"不同之处"来源于各种各样的因素，包括种族、性别、性倾向、价值观和信念。这些人贯穿了全书的始终。

为了给这些主人公的经历做些补充，我还从次要角色的身上抽取了例子，他们在本书中只出现了一两次。他们大多数来自我研究的3家主要公司，但是我偶尔也会从外面拿来一些例子。我的目的在于提供一些最有证明力度和最多元化的例子。

我写这本书，是为了给各种类型的可能是温和激进派的人看的，即便他们自己还不知道这一点。我是出于展示温和激进派引发变革的一系列途径的目的来组织这本书的。有些人是通过强烈地坚持他们的价值观和个性，以及表达出与大多数人有所不同的那部分自我来引发变革的。无论他们是否有意引发变革，他们只是用一些简简单单的对"自我"的表达来挑战传统的期待，比如着装规定或职业规范，就能够激起公司里意义深远的改革。其他温和激进派则以更加审慎而具有策略性的方式施加影响。

第一部分是本书的基础。在第 1 章里，我更加完整全面地介绍了温和激进派，描述了他们经历的紧张状态，探讨了他们在对这些紧张状态做出反应时采取的行动策略，并且提纲挈领地介绍了我整体上关于变革、"自我"以及二者之间关系的理论。由于所有的温和激进派都在某种意义上与主流文化有所不同，我在第 2 章里对差异的不同来源和不同体验进行了探讨。

在本书的第二部分中（第 3～7 章）我描述了一系列反应方式，其中包括从沉静形式的抵制到更为直接、更有意识的变革和抗议的策略。这个系列代表的是不同的行动策略，而不是不同类型的温和激进派。在本书的第三部分中，我探讨了温和激进派面对的挑战，以及对组织和社会来说，这些挑战所代表的机会。这部分的第 8 章集中研究与温和激进派的行动有关的困难，以及在什么样的条件下使得采取这种立场的挑战更大或更小。第 9 章是终结章，它对温和激进派的行为所具有的组织方面的启示进行了总结，并且说明这些行为如何、为何代表了一种重要的领导模式，这种模式被我称作"平常领导之道"。

这本书对当代组织里的成员经历进行了描画，在许多情形下，他们中的每个人都必须为了在工作中展现他们的"自我"而进行奋斗。我描写了温和激进派如何在保持信誉的同时引发变革，描述了他们如何维持他们的双重追求和双重身份，以及他们用来缓慢而持续地引起变化的平平常常的，有时是平淡无奇的过程。我希望那些渴望一个不一样组织的人能够以一种新的方式来考虑他们的努力，并且采取一套新的行动策略。我还希望，在读完这本书以后，面对着我所描述的那种紧张状态的人能够觉得不那么孤独，更加坚信他们能够通过坚持不懈的、日复一日的行动，为其他人带来变化。

01

TEMPERED RADICALS

| 第一部分 |

温和激进派

> 我渴望完成一项伟大而高贵的事业,但对我来说,首要的任务却是完成那些卑微的事业,并当它们是伟大而高贵的一样。使世界得以前行的,除了英雄们强有力的推动之外,还有每个诚实的劳动者绵薄之力的汇合。
>
> ——海伦·凯勒

第 1 章
TEMPERED RADICALS

温和激进派是谁，他们做了什么

　　tempered：1. 各元素以适当的比例调和在一起：适度的；2. 在某种外来成分的混合或影响下受到限制、调和或冲淡：和缓的。

　　radical：1. 属于、来自某一根源或与某一根源有关；2. 属于本原或与本原有关：根本的；3. 明显与通常和传统的事物相悖：极端的；4. 倾向于或者有意使现存的观点、习惯、风俗或惯例发生极端的改变。[1]

　　玛莎·韦利坐在她的办公室里——西雅图市商业区一座著名大厦的第10层。屋里布置着土黄色的沙发和椅子，装点着生长得过于茂盛的常春藤，还养了一株有从地板到天花板那么高的榕树藤，看上去好像这间办公室被她使用了很多年似的。她的书架上一排排地陈列着司空见惯的管理书籍，中间只夹杂着若干册看得出来是关于女性与管理的书，一尊女人和孩子的抽象派石雕，还有半打镶了银框的照片，上面是她的丈夫和两个孩子。她的桌子上堆满了摞得整整齐齐的纸张，暗示着坐在这后面的是一位喜欢整洁而工作繁忙的高级经理。只有角落里的跑鞋和运动装打破了这间办公室的传统气氛。

44岁的玛莎凭着过去10年的努力得到了现在的位置,她目前是西部金融公司房地产部门的高级副总裁和该部门职位最高的女性。在她身上丝毫看不出慢下来的迹象。从早上7∶00走进她的办公室,一直到下午5∶30这最后的一次会谈,她接连不断地进行着一次又一次会面,只有在中午的一小时运动时间里才暂停工作。而这最后一次会谈是应她一个最得力的手下要求一起商量"将来的事",谈完了她还得冲回家去接保姆的班。她的手下忐忑不安地解释说自己自从生了第二个孩子、休完产假回来,就越来越难以忍受每周5天待在办公室里度日如年的状态,她需要换一种工作方式来继续保持良好的表现。

30分钟后,她们商量好了一个方案:这位手下每周在家办公2天,在办公室上3天班,隔周休1天假。玛莎唯一的要求是这位职员得保持机动性,一旦情况真的需要的话,她能够乐于到办公室来工作。

玛莎很高兴自己能够满足这位职员的需求。事实上,她一直积极地寻找机会进行革新,以便照顾有子女的职员,并且使妇女和有色人种在她的部门中受到更好的对待。现在,她手下足有30%的员工在工作上得到了某种灵活的安排,尽管还没有正式的政策来指导这些创新的举措。虽然她在工作安排上进行实验的时候一直保持低调,但她的做法已经慢慢地为西部公司更广泛的改革铺平道路,对此她几乎毫不怀疑。她听说关于她取得的成功已经传得沸沸扬扬,而制度改革的步伐要追赶上她所领导的进度也只不过是个时间问题。(最后,公司的确制定了一些新政策,在工作时间安排上给予了员工更多的灵活性。)

在玛莎对西部公司进行改革的行动中,这是一个典型的例子。虽然她的改革目标大胆鲜明——不外乎是想让工作环境变得更公平、更人性化——她的改革方法却是温和适度的、逐渐递进的。玛莎既希望在体制范围内取得成功,又有着挑战和改变体制的信念,她经常会在二者之间进行协调;她既希望融入集体,又常常因为对自己价值观的坚持受到排斥,而这两者间的平衡张弛则由她来把握。结果是她继续想方设法划船前行⊖,但又不至于因为用力过猛而把自己颠下船去。

所有类型的组织(从跨国公司到小小的社区学校)都存在着玛莎这样的人。他们的岗位是各种各样的,为之奋斗的理想也不尽相同。他们参加的是小规模的局部战斗,而不是进行戏剧化史诗般的战争,这种偶一为之、默默无闻的行动使他们不至于作为叛逆者或变革者被组织的文化雷达所察觉。但是这些人不分男女、肤色和教派,都在缓慢而持续不断地抗拒着陈旧观念,创造着学习的机会,激起他们所在组织的内部变革。

有些时候,这些人只是通过沉静地为他们个人的真理标准做出辩护或是拒绝让他们身上与众不同的地方保持沉默来改弦更张。其他一些时候,他们则更加有目的地改变组织的行为方式。他们并不是领导革命性变革的英雄,却是谨慎而坚定的变革推动者,不断地前行并慢慢地扭转局面。他们就是"温和激进派"。[2]

⊖ Rock the boat:晃船,比喻兴风作浪、惹事生非(贬义)。在本文中应该属于褒义。——译者注

左右为难

温和激进派是在微妙的界线上运作的人。他们是组织的内部人员，在各自的岗位上做出贡献和取得成功。与此同时，他们被当成局外人来对待，因为他们所代表的理想典范或目标计划多少与主流文化有点儿格格不入。[3]

人们由于各种各样的原因扮演着温和激进派的角色。由于他们的社会特征（例如种族、性别、性倾向、年龄）或者价值观和信仰使他们与组织中的大多数人存在差异，使得他们在主流文化中感受到了各种不同程度上的不适应。例如，一个温和激进派可能是位黑人妇女，正在设法让她的公司更友好地对待其他像她这样的人；或者他可能是位白人男子，坚信有人情味和顾及家庭的工作环境的重要性；或是某个关注社会公平、个人创造性、环境可持续性，抑或公平的全球贸易行为的人，其观点与主流文化的价值观和利益观相去甚远。

所有这些人都在表现其"不一样的"自我的欲望和融入主流文化的需求之间进行挣扎。温和激进派们既渴望被当成圈内人接受，又力求改变那个经常把他们当成局外人来排斥的体制。莎蓉·萨顿是一位黑人建筑师，她这样解释这种"矛盾"："我们用右手撬开盒子以便让更多的同类能够钻进去，同时又用左手去摆脱这个我们正想钻进去的盒子。"[4]

于是，温和激进派在顺从与反抗这两个相反的方向之间不断徘徊，而这种紧张状态往往会使他们对自己的组织持有矛盾的心态㊀。这种矛盾心态并不是不同寻常的。心理学家发现，人们通常会对其社会关系持有矛盾的态度，尤其是对于那些限制他们自由的机构或人。例如，儿童通常会对父母抱有极其对立的感情，如爱与恨。[5] 社会学家在员工身上发现了对所在组织类似的反应。他们常常通过努力表现出他们的个性，与所在组织劝说他们顺从或者界定他们特征的企图背道而驰。[6] 不合主流的人最有可能成为组织压力迫使顺从的对象，与此同时，他们也是最有理由拒绝顺从的人。

一系列不同的反应

如果说矛盾心态是左右为难所导致的心理反应，那么它如何引导人们的表现呢？有些人做出了明确的选择，他们向其中的一个方向做出明显的偏移，从而摆脱了矛盾；[7] 其他一些人丧失了勇气，最终心灰意冷，逃离所处的境地是他们唯一的解脱办法。有些人怒气冲冲，他们渐渐觉得受到了不公正的排斥，一门心思盘算如何报复他们所看到的不公正现象。他们觉得自己是周边环境中的受害者，最后任凭愤怒控制了自己。虽然他们的痛苦和愤怒往往被证明情有可原，他们还是会因此变得疲惫不堪。

温和激进派通过成功地游弋于一个中间地带，使自己和这些人区分开来。他们寻找出一些居于二者之间的温和可行的选

㊀ 人们左右为难虽然是一个流行的说法，却只是一种简化。"自我"的本质是复杂的，人们在许多不同方向之间摇摆不定。在此，我强调的是这种通常的在两种彼此相反的拉力作用下的情况。后面我们会讨论这些不同拉力的具体内涵和人们对其做出的反应。

择,比如有选择地进行斗争,创造学习的机会,并且努力取得一些小胜。

温和激进派也会生气,但是他们能平息怒火,把它转化为行动的力量。在物理领域中,"温和的"东西在加热和冷却的交替作用下会变得坚硬起来。例如,回火钢(tempered steel)在经历这样一个过程后,会变得更加坚韧、更有价值。同样,在面对看似冰炭不相容的两个极端的挑战时做到游刃有余并且维持现有状态,可以有助于温和激进派变得强大有力,并树立他们在公司中的重要地位。[8]

尽管如此,请注意**温和激进派**并不是激进分子。区分这一点是很重要的。英文中"radical"这个词有几种含义,有"属于或来自某一根源,或与某一根源有关",或者解释为基本的,还有"以明显的与正常和传统割裂开来为标志",换个词讲就是极端。[9] 温和激进派或许相信那些质疑基本原则(例如如何分配资源)或根本观念的做法,但他们并不鼓吹极端的手段。他们在体制的范围内活动,而不是反对它。

例如,玛莎可以大声抗议她公司的员工政策,或者在一个活跃分子的小团体里发挥作用,呼吁对她所目睹的不公正现象进行法律补偿。但是她选择了一条温和的途径,一部分原因是她相信通过在体制范围内的努力,自己能够凭个人的力量使局面有所转变。她的成功创造了一个引发变革的平台——这些变革通常看上去微不足道,几乎难以察觉,而随着时间的推移,它们会渐渐拥有影响许多人的潜力。

玛莎选择这种途径的另一个原因是她喜欢这样。她不假思索地承认她喜欢自己的工作，为在公司里逐步升职感到自豪和快乐，并且愉快地享受着她的成功所带来的地位和利益。她喜欢住在舒适的家里，喜欢去欧洲度过暑假。而尽管玛莎显然享受着成功带来的特权，她仍旧相信分配这些特权的传统规章制度有待更改。这种想法是否使她成为一个伪君子呢？或者，它是否只是表现了她和其他温和激进派都老是表现出的两面性呢？

一份策略图谱

为了找到一个两全其美的办法，玛莎每天都在有意无意地做出选择。她致力于一点一滴持续不断地实施她"激进"的计划，但并不鲁莽，不至于威胁到她自己的合法地位和组织的成功。而什么是两全其美的办法呢？或者按更通常的说法，温和激进派怎样才能淌过组织的浑水去追求他们的理想，同时做到足够融入环境以取得成功呢？他们怎样才能使组织这条船晃动前行，同时保证自己不掉出船外呢？

这些问题推动着我的研究，并构成这本书的中心思想。想通过套用一个简单的公式来找到一条成功的途径是不可能的，这并不奇怪。相反，温和激进派运用了许多不同的策略来实现他们的理想，有些力度比较大、比较公开，另一些则更加含蓄，威胁性较小。通过在这些策略中进行选择，每个温和激进派都找到了特定条件下对他来说两全其美的法子。

图 1-1 是一张策略图谱。它的左端集中着一系列被我称作"沉默地拒绝并忠实于'自我'"的策略，它们包括沉默地表现

出人们"不一样的"自我的行为,以及那些相当含蓄的,以至于使那些受到它们威胁的人毫无察觉的行为。这张图谱的另一端,"组织集体行动"反映的则是让别人与他们一起积极地为了推动变革而进行努力的人所采取的行动。玛莎在灵活安排工作时间方面进行的创新,以及类似的一些策略,被划归到"巧变小胜为大赢"的范畴,居于两个端点之间。[10]

这张图谱在两个基本的范畴上有所变化。首先,它阐述的是一名温和激进派的行为能够直接影响到的范围。在最左边,只有行动者本人和当时在场的几个人有可能受到行动的直接影响。在图谱的另一端,温和激进派行动的目的则在于激发更广范围内的学习和改变。在最左边,人们的行为是无法察觉的,或者几乎如此,因此引起的反对也微不足道;在最右边,人们的行为非常公开化,更有可能受到压制。

图 1-1　温和激进派如何扭转局面

第二个重叠的范畴是一个人的行动中隐藏着的内在意图。在左边,人们仅仅是尽量坚持自己"不一样"的自我。在这些默默行动的人中,很多人并没有试图引发广泛的变革;他们只是希望能够在某个环境中做到"众人皆醉我独醒",按自己的价值观行事,而这个环境很可能会使他们很难这样做。其他那些默默拒绝的人的确有激起一些变革的意图,但他们的动作过于隐蔽,别人看不到他们的行为。在图谱的最右边,人们渴望能够引起更广范围内的组织学习和组织变革,这一愿望是他们的动机所在。当然,在现实中,没有一个人能够正好处于这张图谱的某一特定点上,而这些策略本身就是模糊而重叠的。我之所以将它们区分开来是为了做对比,而不是认为它们能够表现各种不同的反应。有几个例子可以有助于让这个图谱变得更加生动现实。

希拉·约翰逊是一名出身于工薪阶层家庭的黑人妇女。她在西部金融公司投资部工作,通过自己的努力担任了该部门副经理的职务。虽然她只是西部公司专家级别中少数几名黑人妇女之一,但是她认为自己在这儿理应得到成功的机会,因为西部公司做出了"多元化"的承诺。许多年来,希拉一直努力地试图保持低调,但是当她有机会帮助其他少数人种,或者当她觉得自己必须仗义执言的时候,她通常还是会付诸行动的。

希拉记得有一个阶段,她部门的人力资源主管抱怨说找不到更雇不着任何级别的"合格的少数种族"。她知道在针对名牌大学和研究生院的标准的招聘程序里,并没有包括某种招收足够数量的多元化应聘者以改变西部公司面貌的渠道。因此她自己担负起了在少数种族圈子内部邮发初级职位工作简介的任务。她没有让旁人注意到她的介入——她没有申请批准,也没有坚持把她的做法变成招聘政策。然而通过沉静无声的努力,她使应聘者的成分变得更加多元化,其中许多人被公司聘用,走上了初级岗位。

希拉本来可以通过将自己的所作所为公之于众,使其他人认识到为什么他们墨守成规的招聘活动无法达到标准，从而扩大她的行为所产生的影响。如果她清楚地阐述了这一环节，她就能够促使其他人从她的行为中得到学习，也就有可能带来更多的改善。尽管采取这些附加的行动可以扩大她的所作所为的影响，希拉也可能不得不克服阻碍，并且承担潜在的更大风险。由于她悄无声息地采取了行动，又没有涉及公司这个圈子，所以我把她幕后的努力视作一个"沉默抗拒"的例子。

约翰·齐瓦克是另一种类型的温和激进派。从表面上看来，他与希拉没有多少相似之处。约翰在一个中产阶级的白人家庭中长大，因此享受着优越的生活。他考上了一所名牌大学，进入了加利福尼亚大学某所分校的商学院学习，并在当地一家高科技公司找到了一份报酬丰厚的工作。6年之后的今天，约翰结了婚，而且已是两个孩子的父亲，他接受了现在担任的这个阿特拉斯公司业务发展经理的职务。虽然他希望能够在阿特拉斯公司继续升迁，但却并不愿意削减他作为丈夫和父亲的责任。他办不到。他的妻子工作也很忙，他们经常会分担责任，并且打算一直这样下去。

但这并不那么容易。和他的妻子一样，约翰面对着公司带给他的不断增大的压力，让他在对工作和家庭承担的义务之间做出选择。约翰并不认为这样的选择是合情合理的，他并不认为自己应该放弃对家庭的责任，去证明自己对阿特拉斯公司的忠诚，并取得事业上的成功。因此，无论大事小情，他都会顶住压力，拒绝做出这样的选择，而且在适当的情况下，他会对常规的角色期待发起挑战。

一天早上，约翰的老板让他搭乘当晚的子夜航班去纽约，会见一位重要的收购竞标者。他的妻子已经出差去了外地，他也不想让保姆晚上看家，所以他对老板说他去不了——"我跟他说很抱歉我没法去见这个人，因为我本来应该为这次会谈做许多准备。"同时，约翰明确指出他通常情况下是可以出差的，但他需要接到一些提前的通知，因为他妻子也有出差任务。约翰希望他的老板能够理解他拒绝的弦外之音——只有很少几名员工能够在这么迟才得到通知的情况下随时听命，而老板的期望对那些无法在接到命令后马上整装待发的人来说非常不利。不论老板有没有理解他的言外之意，老板真的开始尽可能提前通知约翰出差的安排了。

约翰的行为既不戏剧化，也算不上积极主动。这是他和他老板之间的一次正常碰撞所引发的正常反应，它体现了我所说的"把威胁转化为机会"的策略。在这个例子中，约翰把对他个人价值观和个人优先级的直接威胁——一项满足组织的期望却对个人价值观造成冲击的要求——转化为学习的机会。虽然约翰不知道他的老板实际学到了多少东西，他认为至少他有了一个开始。

约翰、希拉和玛莎所采取的行动，位于图 1-1 展示的图谱中的不同位置上。在另外的一天，他们中的任何人都可能会采取另外一种行动，被划分到图谱中的另外一个位置上，这要看当时的机会、情境、他们对事情的重视程度，以及（正如希拉承认的那样）"我那一天的精神状态"。虽然有些温和激进派的行为趋向于该图谱的一端，而远离另一端，大多数人还是会在不同的时候采取不同的行动。重要的是，要理解**该图谱代表的是不同的行动策**

略，而不是不同类型的人。

这张图谱并不表示在任何意义上左边那些沉默反应没有右边的那些策略重要。我们将看到，要想终其一生沉默地抗拒到底，需要极大的耐心、信心和恒心。而有时坚持不懈的幕后行为通过长期累积可以产生持久的效果，或者为更公开、更具革命意义的行为奠定基础。

指导模式

温和激进派面对着两种基本的挑战：一种是那些关于如何坚持他们的"自我"的挑战，另一种是那些关于如何在内部推行一个变革进程的挑战。在以这两点作为中心思想的前提下，我希望能够明确地解释我对于组织如何进行变革，所谓"自我"的本质所在，以及如何通过行动将这两者联系起来的设想。这些观点是我通过自己的研究，并通过借鉴其他人研究成果的指导而得出的。

组织如何进行变革

我的变革"理论"开始于这样一个观点，即为了应对不断涌现出来的一系列外部输入和行动，组织常常会发生变革和不断地适应。[11] 由于大多数改变属于遍布在组织中的细微而渐进的改良，除非在对长期累积的细微效果进行回顾的时候，人们或许很难把这些举措看成是变革。此外，由于这一过程是漫长的，导致变革的具体缘由往往犹如羚羊挂角，无迹可寻。事实上，变革过程看上去更像是一些偶然事件和某种混乱局面，而不像是能够顺理成章地导致重大后果的样子。

关于指出变革来源的困难性，这里有一个例子：在我初次访问西部公司4年后，一名高级人力资源总监解释说在过去的5年中，公司文化戏剧性地转变为善待那些有子女的职员。曾几何时，下午5：30的员工会议是正常惯例，而如今人们认为把会议安排得这么晚是绝对不合适的。她不清楚导致这一转变的特定原因是什么。她得出的结论是，这一转变之所以发生，是许多年来，许多员工对旧的预期加以抗拒，并且为新的做法树立了榜样的缘故。

这种作为一个持续不断、零敲碎打过程的变革表现，与你在许多畅销的管理学教材中看到的那些对史诗性、革命性的变革过程的描述大相径庭。那些更为戏剧化的改革图景并不认为组织变革的发生是持续的过程，而是将其视作由特定的导火索（如危机、技术革新、由上而下的策略性指示，或者自下而上的革命）引发的周期性后果。较之于长期的稳定状态，发生大幅度变革的这些瞬间，只不过是"广阔背景"相对比下的小块"图形"而已。[12]虽然我不否认偶尔出现的危机、技术革新或戏剧化干涉的重要性，但是有明显的证据可以证明组织中发生的变化多半不是由这些事件引起的。[13]

如果我们把组织变革完全看作史诗性和革命性的话，那么在日渐积累的改良中所包含的许多平凡过程都会作为组织噪声而消失不见。然而，纵使我们认为变革像希拉在招聘上的所作所为那样，是突发的、不间断的、微弱的刺激行为，它轻轻拨转组织前进的方向，作为重要的催化剂突然激发一场变革，那么细微的、局部的改善也可以通过积累带来更大的变化，就像玛莎在灵活安排工作时间方面的创新一样。在这一渐渐适应的变革过程中，解释和学习同样扮演着关键的角色。人们对事物的理解有所不同，他们的行为也是不一样的，而各种不同的行为则会引发更多变革。

对于组织变革和社会变革的这种看法，为许许多多平常人提供了空间，让他们能够通过自己日常的行为举止和互动来引起变革。这是一个涵盖广泛的模式，它既看到那些处于核心地位的人扭转局面，也看到处于边缘地带的人引发变革，而这些人所采取的途径则是多种多样、各显神通的。引起改变的，并不只是那些胆子大、手段高的人，还包括那些耐心、坚毅、足智多谋的人。在这个模式中，变革代言人是一些敏感的即兴表演者，他们能够发现并抓住机会起来行动。

比起那些对巨大变革和革命性领导者的描述，这种对转型和变革者的看法没那么戏剧化，没那么鼓舞人心，也没那么令人透不过气。同时，对于绝大多数希望在他们的世界中引起改变的人来说，它更具有包容性，更加现实，更有希望。我还相信它能够更好地反映现实的、持久的变化是如何发生的。

"自我"

在对"自我"的假设上，我所依据的理论同样强调其可变性。我一开始就认为我们是什么人——我们的"自我"——同时具备着稳定性和易变性。[14] 我们核心本质的一些方面保持着相对的稳定，而另一些更加活跃的方面则对于社交暗示相当敏感。[15] 例如，有些人可能希望忽视自己的某些特征，但如果同事看到和强调了他们自身特征中的这些方面，他们就会被迫更加坦白地承认它们。[16] 例如，那些希望忽视她们性别的高层女性，常常会由于其他人跟她们打交道的时候把她们**当成女性来对待**，不得不承认和表明自己的这个特征；反之亦然。假设一个人将他的宗教信仰看作他自身特征中的核心部分，然而，如果在他用行动表现其信仰的时候，比如在公开场合朗读《圣经》，或者在一群人中祈祷，或者谈论要常常去教堂做礼拜的时候，其他人向他挑衅，或对他进行批评，他以后可能就不大会坦率地表现出他这方面的"自我"了。在这种情况下，他甚至可能会把它完全抑制住。

因此，所谓"自我"并非不受外界暗示的影响，它是在与他人的关系当中建立和维持的。相应地，一个温和激进派相互矛盾的两个"自我"都在与他人的交流中得到了发展。由于职业生涯中充满了促进与主流文化相符的那部分"自我"的人际关系，所以吸引"自我"向顺从方向转变的社交暗示是强烈的。这样一来，对人们而言，同他们所在组织内外那些支持他们"自我"中不肯屈服部分的人进行交流就至关重要了。这些关系有助于保持他们受到威胁的本质，使它们得以存在下去。

行动、"自我"和变革

那么，组织的学习与变革所产生的成果和人们的"自我"之间的联系是什么呢？一则，正如我前面提到的，一个人坚持自身不肯屈服的方面，对现行的做法和预期的前景表示质疑，并且提出一种别样选择，就会导致学习和变革的发生。

这一动态过程同样可以起到自我强化的作用。当人们的行为向外界展现他们所重视的一部分自我时，他们就使自己的这部分自我变得"真实"起来。将这部分自我公之于众并因此引起他人肯定和挑战的行为，常常会提醒他们自己，也提醒其他人，他们不会让自己看重的这一部分个性保持沉默，也不会让主流文化来决定他们是什么样的人。行动并不仅仅在人们所重视的自我的驱使下产生，而且有助于建立和巩固这些自我。

行动还可以带来其他结果。当人们在行动上表现出自己与众不同的自我时，就可能与那些与他们有着相同社会特征和价值观的人彼此相认。例如，当环保主义者表现得**像环保主义者**的时候，他们就会被其他环保主义者注意到。这样，人们的行为无意中取得了与同类建立联系的效果，从而使环境变得更加友好。

行动还可以提高人们的成就感，向他们自己和其他人证明即便他们行动产生的直接结果微不足道，他们还是可以扭转局面的。[17]当人们相信自己可以扭转局面的时候，他们就更有可能去寻找行动的机会，也就更有可能觅得时机。当人们发现有机会可以行动的时候，他们的环境看起来就不那么危险，而更适于采取行动了。[18]

这个自我加强的循环体现了作为许多不同成果的起点和激发者——**行动**所具有的非同小可的重要性。行动有助于与情况类似的其他人建立持久的联系，对受到威胁的"自我"予以肯定，引发组织学习和变革，增强成就感，并且提高对机遇的注意力。在这几点中，第一点和最后一点创造了一个更适于行动的环境（见

图1-2)。[19] 大多数人讨论的都是那些由自认为是改革倡导者的人所引发的行动,而我却通过观察发现,反过来说也是正确的,而且作用非常大:是行动改变了人,让他们从被动的旁观者或受害者转变为建设性的参与者。

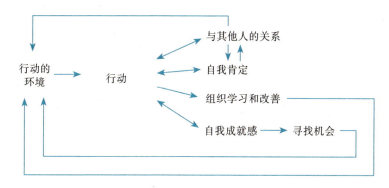

图 1-2　行为的循环:行动是怎样改变自己和他人的

人们为什么做出温和激进派的举动

人们为什么会不怕麻烦地穿行于顺从与反抗之间困难重重的迷宫之中呢?如果是你的话,你可能会为了什么这样做呢?在大多数组织程序劝说人们顺从的情况下,至少在拥有"足够"的力量进行"真正"的改变之前忍辱负重,以免冒被炒鱿鱼的风险,岂不是更好吗?挑战现状要冒很大的风险,它给那些想在工作上有出色表现的温和激进派带来了额外的负担。要是找到一个能够重视你所有的核心"自我"的组织,不用面对额外的压力,不是更容易吗?毫无疑问,保持这些矛盾的自我使它们存在下去,并不是一件容易的事,而一直处于左右为难的境地,从心理角度讲也是很不舒坦的，那么人们为什么选择这样一条路呢？

最直截了当的答案是，他们不喜欢别种选择。虽然在有些情况下，顺从的诱惑可能是令人无法抗拒的，但对于有些人来说，顺从是一种违背道德的、耗费精力的做法，这是他们所无法接受的。如果他们完全顺从的话，他们基本上就掩埋了自己本性的一个核心部分。有些人认为他们是在"出卖"自己的价值观，背叛他们的同类。这种做法还会使人疲惫不堪，因为他们会把自己看成是环境的受害者。对于我访问过的许多温和激进派来说，是不可能选择完全顺从的。

一个人也可以始终坚持自己的原则，在摩擦严重得无法承受或者被迫离开组织的时候才会另起炉灶。但是大多数人既不愿意，也没有奢侈到冒这种可能发生的风险转嫁的地步。采取这种方式的人无法在传统的组织中生存；他们常常更适合扮演纯粹的激进者的角色，在组织的外部进行呼吁，这样的位置才更接近他们的理想。

有了这些选择，我们可能会问一个相反的问题：为什么没有更多的人成为温和激进派？如我前面所说，明显的答案是它造成了容忍和控制之间一种艰难的矛盾局面。而对许多人来说，顺从带来的奖励以及被排斥带来的风险都太大了，他们别无选择。尽管这个简单的答案无疑是正确的，我还是认为事实上**许多人是温和激进派，只不过他们没有意识到而已**。他们在矛盾的心态之间默默挣扎却不愿承认，不清楚自己能够在何等程度上改善自身的处境并为组织带来建设性的变化。

幸运的是，当人们真正将自己的信念付诸实践时，他们的情绪就会陷入一种强有力的循环（见图1-2），并且开始控制他们所处的暧昧局面。即便是很小的举动也会产生深远的效果，坚定一个行动者的自我意识，刺激他的成就感，并且给他人带来变化。

作为平常领导者的温和激进派

在这本书提到的温和激进派中，很少有人认为自己是组织变革中的英雄或者优胜者。他们通常并不是公司里的CEO、经理或高级专家，然而在公司的变革中，他们有时却扮演着与那些位高权重者同样重要的角色。他们成为所在组织中的"平常领导者"，尽管往往不被认知，却是组织进行学习和改变的基本动因。

当这些人抗拒传统的期望，挑战所谓"正常"的观念，改变工作方法以适应未被满足的需求的时候，就促进了其他人对迫在眉睫的挑战的认识，并迫使机构做出适应这些挑战的改革。例如，玛莎的革新举措，是针对特定的一些员工无法在传统的、全时的工作安排下继续有效地工作所做出的反应。由于她的成就不胫而走、口口相传，促使公司面临必须从体制上处理这个问题的局面。约翰对他的老板关于出差期望的回绝，使一些根深蒂固的做法和观念受到了关注，而正是它们无意中损害了一部分员工的利益，降低了他们的工作质量。希拉面向少数种族进行招聘的做法，针对的是她所在组织当前面临的招聘危机。如果她的干涉行为更加公开的话，就可能会指出公司固有招聘方式的缺陷。这些相对细微的行动，从不同程度上渐渐披露和指明了体制所面对的重要的适应形势的挑战。[20]

作为不完全与体制保持一致的人，温和激进派还通过他们带来的观点引发了学习和改良。温和激进派更多的是作为"局外人"来进行思考，因为他们并不完全置身局内。作为一个"圈内的外人"，他们既有批判性的优势，又有创新性的优势。[21] 他们说出了新的"真理"。

例如，一个关注环境可持续性的人可能会有与众不同的时间观念，能够看到当前行为所导致的长远效果，那么这个人在面对诸如城市扩大与发展等问题的时候，就会持有全新的观点，提出不同的问题，或许还会提出不同的解决方法。在电影行业里，我们能举出的例子是罗伯特·雷德福（Robert Redford）⊖，他既是一个圈内人，又声称自己是个局外人，是电影业的一个另类成员。他在独立制片方面的革新，一开始对于好莱坞而言只是一条可以选择的道路，现在却已经成为好莱坞内部一股具有影响力的创造力量。他作为一名"圈内的外人"的态度，使他具有批判的优势，既对其专业中"正常"的办事方法表示质疑，又提出了新的可能性。在很多方面，雷德福都是一个温和激进派中的精英，而且不论他愿意与否，他都是其所在行业中的领导人物。

结论

以温和激进派的身份进行领导，较之在传说故事中和流行的商业出版物上看到的领导形象，是一种更全面、更现实、更鼓舞

⊖ 罗伯特·雷德福，好莱坞著名导演、电影明星。执导过《普通人》（获奥斯卡最佳导演奖）、《走出非洲》《马语者》等著名影片，是圣丹斯电影节的创始人。——译者注

人心的对领导之道乃至人生进行思考的方式。依照那些作为独当一面的革新者来操纵巨大变革的领导者的标准来衡量一个人的成就，就会使他不得不忍受未曾达到目的的缺憾，使他觉得自己的努力并没有带来**真正的**变革。对于以温和激进派的身份进行领导的描述，提供了更有说服力的衡量尺度和理想目标。它使得人们能够通过多种途径为他人带来改变，创立新的真理标准，并过上完整的、有意义的、有理想的生活。

温和激进派存在于所有组织的所有阶层中。他们不仅存在着，而且坚持着，并取得了不同程度的成功。即便他们并没有"激进"的感觉，或者并没有一个具体的改革方案，不计其数的人都有着温和激进派的表现，至少是在他们的一部分事业上和特定的条件下。他们知道，他们发起的挑战可能会威胁到自己的事业，然而许多人还是认为一直保持沉默会使他们的灵魂蒙受更大的损失。

当约翰·齐瓦克、玛莎·韦利和希拉·约翰逊面对相同挑战的时候，他们作为温和激进派的经历，尤其是他们"与众不同"的经历，是迥然不同的。这本书中绝大部分内容所讲述的，是那些在任何方面脱离常规的人通常的紧张状态和行动策略。但是在开始阐述这一中心之前，我们将研究不同类型的温和激进派是如何体验他们的与众不同之处的。

| 第 2 章 |

TEMPERED RADICALS

不同方式的"不同"

> 在人生的政治活动中,始终如一并不是一种美德……始终如一意味着"停滞不前或者僵固不化"。
>
> ——索尔·阿林斯基[一],《激进者的准则》

琼妮·马森坐在商家网公司她的小办公桌旁,她的办公室是该公司全球总部里众多不起眼的办公格子间中的一间。它本来应该和其他高级经理的办公室一样毫无特色,然而不同之处在于她在屋里装饰了一幅 4 英尺[二] ×6 英尺的黄绿色相间的编织壁毯,每个角落里都摆放着奇形怪状的打击乐器,书架上还醒目地陈列着若干个色彩斑斓的篮子。琼妮是在去全球各地经济落后的村庄出差的时候接受这些东西以及其他一些手工制品的,这些村庄被她培养成为商家网公司的贸易伙伴。其中一些手工制品是村民为

[一] 索尔·阿林斯基(1909—1972):美国社会运动组织者。1938 年起在芝加哥劳工区进行社会组织活动。1940 年创建工业区基金会,并组织城市黑人居民。——译者注

[二] 1 英尺 = 0.3048 米。

了表达谢意赠送给她的,他们认为这种伙伴关系是他们所在地区的经济得以稳定的途径。

为了建立可行的"公平贸易"项目而同这些地区打交道,是她工作中相对比较容易的部分,而相对困难的部分,则是在商家网公司**内部**实施她的方案。她所搜集的原料和产品比较昂贵,因为它们只来源于那些公平支付工人薪水的产地,而且它们通常无法大批生产和大量航运。因此,当她需要同事支持她的计划的时候,他们总是推三阻四。琼妮从未料到会在商家网公司遇到这种价值观的矛盾和优先权的冲突:

> 我以为这是一家致力于做事情不同凡响的公司,而我所从事的搜觅产品的工作显然是受到优先考虑的。我本来希望自己能够融入周围环境,以为我个人的价值观与指导公司的价值观是吻合的。但是(公司)在大多数情况下只是空话连篇,并不落到实处,我不得不为了把我的价值观和对于社会变革的展望付诸实践而进行艰苦的斗争。

琼妮的处境在温和激进派中并不常见,因为她在正式的岗位上被委派的任务与她个人的价值观是相符的。尽管如此,她在商家网公司的真实经历却并非如此协调一致。像许多其他温和激进派一样,琼妮"不同"的经历根源于她的价值观和信仰与指导公司行为的价值观和信仰之间的冲突。

温和激进派都有着标志性的与大多数人"不同"的经历,但是他们的身份对他们意味着什么,和他们如何体验自己的"不同之处"（不仅仅是他们怎样表现得与大多数人存在差异）对每个人来说都是不一样的。[1] 我在自己的研究中指出了人们体验"与众不同"的 3 条基本途径：

- 那些拥有与众不同的社会身份，并将这些差异看作他们之所以与主流相悖并受到排斥的根源的人。
- 那些拥有与众不同的社会身份，但认为这些差异只存在于文化性质上，而非受排斥的原因的人。
- 那些在文化上没有差别，却在心理上存在着不同之处的人，这些不同之处与他们所在组织中盛行的价值观、信仰和计划相抵触。

当我使用**社会身份**这个术语的时候，我所指的是一个人如何以一个更大的、持久的社会群体成员的身份来界定"自我"，而这个群体的基础可能是民族、种族、性别、性倾向或者宗教信仰。[2]

在第一类人看来，他们的社会身份标志着他们在所处的机构中属于另类和半个局外人。例如，对于希拉·约翰逊来说，她的种族身份不仅标志着她在人口统计的时候与大多数人不一样，还使她成为被体系排斥的对象。第二类人认为，他们的社会身份是一种差异的来源，但并不是差别**待遇**的基础。例如，在西部公司工作的一名来自亚洲的男子认为，由于他的文化身份，他在工作时遵循的准则略微有所不同，但他并没有感觉到这一点对于人们对他的评价和他能得到的机会有任何影响。最后，第三个群体中包括的人，其"不同之处"起源于他们与组织的规范相悖的价值观和信仰。

相比之下,第三个群体可能是最为简单直接的——商家网公司的琼妮·马森就是个很好的例子,而第一类群体和第二类群体之所以略为复杂,是因为他们看上去十分相似,但事实上却大相径庭。例如,两名白人妇女可能都被划归女性的行列,都觉得与她们的男性同事"有所不同"。但是,其中一名妇女可能把性别看成是一种排斥(和包容)的依据,而另一名妇女却用更加中性化的眼光来看待性别:把它看成是不同风格和不同品位的源泉。比如,她可能喜欢穿色彩鲜艳的服装,或者认为自己比公司里的男性更富有同情心。第二位妇女虽然觉得自己有"不同之处",却并没有把它和工作场合中的进阶和权力的定式或者差别待遇联系起来。

前两种类型之间的这些区别是非常重要的。一个人是将他(或其他人)的社会身份看作一种中性的差别,还是将其视为体制性差别待遇的根源,决定了他对于"不同之处"可能做出的反应。当一个人把"不同之处"全然看作一种有趣的差别的时候,他就不大可能觉得在更大的体制中有什么地方需要改变。另一方面,看到了身份上的差异与差别待遇的定式之间存在联系的人,会发觉改变的必要性,并且更有可能采取行动去改变这些定式。不足为奇的是,第二类群体中那些并没有把不同之处与体制的定式联系起来的人,不会有表现为温和激进派的倾向。但我们为了做一个对比,还是要对他们的经历予以考虑,这样做的另一个原因是,他们的一些微小的、自我肯定的举动能够播下变革的种子,即便他们是无意为之。

这里有几点要提请注意:由于不大容易把一个人的不同之处

的来源孤立分化出来，因而划分这些范畴有助于强调对比性——我并不是在暗示说人们被"冻结"在某个特定的范围内，或者他们总是以相同的方式去体验他们的"自我"，或者其他人的反应不会对他们造成影响。[3] 我还想明确的一点是，在现实中这些范畴是相互重叠的。上一章中的玛莎·韦利以一名妇女的身份处在一个男性为主的文化中，她觉得自己的性别身份是差别待遇的来源。这种想法对她的行为产生了影响。但是，她同样十分重视公正和包容，这增强了她为所有人创建一个更人性化、更公平的工作环境的愿望，而她既关心妇女的待遇，又关心少数种族人士受到的对待。这些关心一部分来源于她在一家男性占主导地位的公司中作为一名妇女的自身经历。

我想强调的是，我并不认为只有妇女才会由于她们的性别身份而关注性别问题，或者只有男女同性恋者才会去推行一套与性倾向有关的方案。事实上，任何人都可以为公平化和多元化而奋斗——一个人并不需要在遭受了歧视之后才开始重视这些理想目标并以它们的名义采取行动。

作为不同之处与差别待遇来源的社会身份

我所研究的人中，有很大一群人之所以成为温和激进派，是社会身份将他们排斥于主流之外的缘故。其中许多人对于他们的社会身份的理解，一部分是根据它们的政治意义——作为使他们在工作场合中受到排斥的标志。虽然很多社会身份（身体残疾、社会地位、年龄、宗教信仰）都可以导致差别待遇，但是在我的研究中，我将集中地讨论3点：种族与民族、性倾向以及性别。

在深入地对每种身份进行探讨之前，我想声明一下：我设定的范畴对实际情况进行了简化。人们有着多重的社会身份，而单独挑出其中哪些决定了一个人的想法实属不易。例如，一名黑人妇女在以一名**妇女**的身份处于一个白人男性为主的组织中时的体会，与她作为一名**黑人妇女**处在这个环境里的体验是不可分割的。为了便于讨论，我把那些看上去对人的作用最为突出的身份单独挑选出来。

什么是"不同之处"

倘若一个人觉得自己与众不同或者受到了不同的对待，那他必定有**某些**不一样的地方。与众不同的经历的前提是假定了一定的正常范畴，而只有在有悖于这些范畴的时候，人们才会被认定为不同寻常。然而什么是所谓的"正常"很难说是一个客观存在的事实。[4]

举一个我最喜欢的例子：设想一个由身高不足5英尺的人筑造的世界。楼房、车辆、服装、家具，全都是以矮个子的标准制造的。在这个世界中得以繁衍兴盛的人都是矮个子。他们占据着最重要的位置，而高个子的人担任的却是支撑性的工作。为了得到人们的接受，高个子的人必须按照他们生活的这个世界来改变自己。他们必须在门廊里低头垂首，在椅子中半蹲半坐，走路时屈背弯腰，以求混迹众人，而这种努力却更加突出了他们与正常人的不同之处。[5]

这个例子指出了我们认为与"不同"相对的"正常"所具有的反复无常的本性。在组织中,对于把什么看作"正常的",同样找不到任何基本的或者是自然的依据。当然,"正常"和不同是社会所设定的标准。[6] 然而由于我们把自己视为**正常**的东西同样看作**中性**的——换句话说,无歧视的和普遍存在的——我们很少怀疑我们的标准是从何而来的,或者我们一开始是在什么样的假设基础上肯定了这些标准的。

种族与民族

我所研究的黑人常常会觉得他们的种族身份是他们"不同之处"的根源。尽管他们努力争取做一个圈内人从而得到大家的接受,他们还是经常有被当成外人对待的感觉。对于其中一些人来说,这种一半儿外人一半儿内人的位置转化成了一种持续不断的矛盾心态。

彼得·格兰特是一名非裔美国人,他通过30年的努力工作,登上了一个高级经理的位置,在西部公司、在整个金融界、在黑人职业圈里都是赫赫有名的。在这许多年之后,当他参加高级经理集会的时候,却发觉自己仍旧被当成局外人来对待:

> 我觉察到自己是个孤家寡人,因为我周围的人显然都有这种感觉。他们把这种看法投射到了我身上。他们注视着我,而他们显然是试图搞清楚为什么我会在那里。

彼得对我解释说，他最终达到了一种境界，不再担心白人是怎么想的，他决定再也不把任何精力耗费在试图融入他们以使他们感到舒服上："如果他们（因我）感到不快，那是他们的问题。"但是当我在采访过程中关掉录音机的时候，他问的第一件事就是他是否使我感到不舒服。他在我面前的浑身不自在似乎违背了他对于不再关心是否为社会所接受的信念。我怀疑这一看似言行不符的举动表现出的是一种深入骨髓的对主流文化的双重心态。看上去，他好像既声称自己再不需要担心是否在主流文化中得到包容和为社会所接纳，**同时**又着实为之惴惴不安。

由杜波依斯（W. E. B. DuBois）⊖造出的"双重意识"这个术语，对于彼得来说已经并不新鲜了。[7]在彼得还是个小男孩的时候，他便培养起了一种能力，以一个黑人男孩的身份在一个白人占据的世界里有所作为。这样做意味着在顾及他本身文化的准则与他自己的个人需要的同时，还要顾及白人文化的准则。等到他长大成人，便能够对自己处于白人社会和黑人社会中间的位置做出妥协了："我（在经济上）生活舒适的事实，和我使用的动词变位⊜，并不意味着我戴上了假面具，或者减少了黑人的本色……我希望赢得社会地位。我希望成为众人瞩目的太空人，那么我应该何去何从？"跨立在局外人和圈内人的边界上，要求的是一种双重意识，以及对于来自两方面的拉力做出反应的行为。[8]

⊖ 杜波依斯（1868—1963）：全名为威廉·爱德华·伯格哈德·杜波依斯，美国著名黑人领袖，泛非运动创始人。美国黑人文学的奠基者，著有《黑人的灵魂》《黑色的焰火》《黄昏与黎明》等甚有影响的作品，他还是著名的学者，对美洲和非洲的历史社会很有研究。——译者注

⊜ 黑人由于文化水平普遍较低，往往不大会进行动词变化。——译者注

在我的研究中,双重心态还在人们对于其人生机遇的矛盾态度中浮现出来。一方面,我访问过的许多黑人专业人士提出,他们相信一分耕耘已然为他们带来了一分收获;另一方面,虽然他们在白人为主的组织中取得了明显的成功,却仍觉得他们的努力未必全部能够得到回报,他们仍是站在主流文化外部的观望者。结果,西部公司的希拉·约翰逊对自己的处境抱有矛盾的看法,并且对于自己应该告诉那些满腔抱负的少数种族的专业人员什么而感到无所适从。她解释说:

> 我可以站出去说:"你们能够得到提拔。你们能够往高层上攀登。你们能够做到与我所做到的相同的事情。"而我问自己:"他们真的能够做到吗?每个人都会有这样的机会吗?"你真的站出来告诉这些年轻人,他们有同样的机会,如果他们努力奋斗并接受教育的话,他们同样能够得到提拔……而我问我自己:"这真的是实情吗?"[9]

彼得的矛盾心态与希拉的略有不同,但他们两个人都是依据他们的基本经验做出反应:他们不得不在作为圈内人发挥作用的同时,由于他们的种族身份被当成局外人而受到抛弃。

我的研究表明,黑人专业人员向来是最能感觉到他们的种族身份是如何使他们成为局外人的,与此同时,其他少数种族和少数民族的群体也常常会表现出类似的敏感来。[10] 例如,阿特拉斯公司的一名拉美裔的生产主管这样描述他的经历:

> 作为一个出身于纽约市西班牙聚集区的西班牙人，我所付出的努力是巨大的，包括在职业和学业上取得成功的同时，还要对我的种族群体保持忠贞不渝。除了为争取职业上的成功而耗费精力，我还需要额外的精力去证明自己并没有在文化上陷于失落。我所认识的那些出类拔萃的少数种族的朋友，几乎每一个人都有这种矛盾的感觉，每一个人都面对着同样的压力，既要扮演自己的角色，又不能出卖自己的灵魂。

像彼得、希拉和其他少数种族人士一样，这位男士觉得他的种族身份使他与公认的"正常"有所区别，并给他烙上了文化外来人的标志。那些像这样把他们的种族或民族与更大的包容或排斥的定式联系起来的人，通常觉得他们有责任不仅以圈内人的身份实现突围，还要为他们身后的人扩大包容的尺度。

性倾向

在异性恋者占主导地位的环境中工作的男女同性恋员工倾向于把他们的性倾向特征看作一种差异的来源和使他们在所处机构中受到排斥的标志。

汤姆·诺瓦克是西部公司公共关系组一位非常受人尊敬的副经理，许多年前便公开了自己同性恋的身份。当他还是西部公司聘用的新人的时候，他决定对于自己在性倾向方面的身份更加坦白，但是早在很久以前，他就为如何、何时、在谁面前"和盘托出"才算安全而挠头不已。汤姆将他有所增加的坦白程度和积极主动的举止言行归功于一次在如何理解自己性倾向问题方面的

"换位",这次"换位"改变了他对自己与众人"不同之处"的看法,它发生在一个异性恋者占主导地位的机构当中:

> 我意识到我之所以会有所隐瞒,是因为我自己对于男女同性恋者抱有偏见和成见。慢慢地,我开始把一些对于我的羞耻感和缺乏自尊的指责从我自己身上转移到社会的头上,转移到那些使得对于同性恋的恐惧和赞成异性恋的观念得以长存的制度头上。

其他同性恋员工也有着相同的发现。当他们把视线转移到外部,从自羞自愧转移到制度的偏见上的时候,他们就更加积极地行动起来了。对其中一些人来说,这种转移还符合他们走出暗室的决定。詹妮弗·杰克逊是阿特拉斯公司的一名销售主管,她解释说:

> 最开始的时候,我对那些把我拘于暗室并试图迫使我回归暗室的制度感到憎恶,随后又转化为愤怒。它们让我觉得是我自己出了什么毛病。我想我现在已经把这种愤怒和憎恨转化为一种对于改变这些制度的需要了。

反之亦然。那些适应了羞愧感的人不大可能采取行动去改变他们的制度。[11]

性别

一些妇女把她们的性别身份看作在组织中受到差别待遇的根

源，尤其是当她们被提升到组织中妇女数量相对较少的职位的时候。她们作为部分意义上的局外人的感觉越来越强烈，而作为与她们同等级别的男性有所差别的一点是，她们的性别身份越来越突出。这正是玛莎·韦利的经历。她在西部公司的职位越高，就越觉得与其他地位相同的人有所不同，越觉得她作为一名高级经理的经历与其他男性高级经理的经历没有可比性。对于玛莎而言，这种差别是一个明显的弱点。她的大多数男同事只需要集中精力去做一名优秀的高级经理，他们不需要像她那样关心自己生活的其他部分，因为他们中的大多数人都有妻子来承担其他的这些责任。她有时候会痛苦地向她的男同事指出，她的生活与他们的生活是如何的不同和这意味着什么：

> 我时不时地就不得不提醒他们："我就是那个妻子，也是个母亲。我并没有另一个妻子待在家里，我就是那个妻子。"我向他们说明的是我不能一直待到所有会议和社交活动都结束。显然我的生活是不一样的。我以前从来没有想过我自己是一个女人，但是现在我不可能看不到，这使我在这里的经历是如何的不同。

与任何人对她进行区别对待的意图无关，而且她相信她的同事中没有人*存心*这样做，玛莎作为一名高级经理的经历与她大多数男同事的经历有着根本的区别。她觉得如今这种区别使她居于劣势：

> 这是我第一次感觉到，更加努力和更加聪明地工作都不能够让我心想事成。人们告诉我要轻松起来，可是我还知道如果我轻松起来了，别人就会认为我无足轻重。这真叫人无所适从。

44岁的伊莎贝尔·纽恩兹有着同样的经历，她是一名拉美裔的销售主管，在阿特拉斯公司的产品销售部门一路提升上来。她的男同事建议她改变自己的管理风格，告诉她她过于坦率、过于合作了。"他们说我在这个层面上生存下去是很困难的，因为这些性格会被看作一种软弱的表现。人们认为它们不是领导者应有的素质。"在她把自己的管理风格变得强硬化，以弥补自己比别人显得更加合作的倾向之后，人们又告诉她，她的"对抗性太强了"。

伊莎贝尔觉得自己陷入了左右为难的境地。[12] 如果她以带有女性化特征的方式来为人处世，那么其他人就会认为她缺乏主动性和自信心，并且断定她过于软弱，无法成为一名领导者。但是如果她通过表现出杀伐决断的作风并担当更多的风险，以遵循成功的规定秘诀，其他人就会觉得她（作为一名妇女）过于好勇斗狠和野心勃勃了。伊莎贝尔越来越相信她的性别，而且，更确切地说是对于妇女，尤其是拉美裔妇女，应该做什么和不做什么的根深蒂固的看法与她的同事如何看待她和评价她息息相关。[13]

尽管伊莎贝尔觉得，她为了寻求一条可以接受的处世之道而进行的奋斗从一部分意义上讲是个人行为，但是她同样相信这种奋斗并不只与她一个人有关。体制性的过程使得她作为一位拉美裔的妇女很难找到一种可靠的管理风格。性别方面的刻板印象构造了对于女人和男人应该如何表现的预期值，而这种预期值则造成了领导的相关素质同妇女的相关素质之间无法协调的状态。[14]

在她们所处的以男性为主的工作环境中，伊莎贝尔和玛莎都体会到她们的性别身份是她们与众不同的根源和体制性劣势的基础。她们把自己作为妇女所面对的许多挣扎归咎于她们所处的制度习俗里固有的偏见，而不是归咎于她们自己的个人差别或者不足之处。[15] 因此，她们把精力集中在试图挑战和改变这些体制上面，即便她们努力在这些体制中取得了成功。

对于其他那些觉得自己由于社会身份的缘故受到排斥的人来说，这是真实的情形。汤姆对于他所处的紧张状态有着同样的感觉，因为他是一个同性恋者。他并不相信他的同事中绝大多数都是反对同性恋的（虽然他知道有些人是）——相反，他认为由于制度习俗极力主张异性恋爱这一固有的规范，才使得同性恋者看上去离经叛道。虽然汤姆相当适应西部公司的工作环境，他还是努力挑战其中一些排斥同性恋者的微妙做法。基于同一理由，希拉和彼得体会到他们在公司里所面对的紧张局面，是许许多多、各种各样的依照其种族和民族身份对他们加以分隔和排斥的体制性做法所产生的结果。相应地，他们不断地谋求挑战和改变这些体制的途径，或者挣脱它们。

正如我们将在下一章中看到的，有助于鼓舞这些人的积极情绪并且坚定他们受到威胁身份的一件事情就是，与那些和他们拥有同样受到排斥身份的人建立牢固的关系。这样，与组织内外的人之间相互联结的纽带就会变得至关重要。

作为文化和风格差异源的社会身份

在表面上看来,似乎莉恩·威尔逊在男性占主导地位的公司里作为一个女人所面对的束缚,与伊莎贝尔的遭遇颇为相似,但是她们对于自己性别身份的体验,以至于她们对于自己遭遇的紧张状态的理解,是全然不同的。

莉恩·威尔逊是一名白人妇女,她是阿特拉斯公司公共关系组的主管。不论在她以前的公司里还是在阿特拉斯,她都是青云直上的。她的管理风格是通过在她的团队中达成共识来做决定,并且通过鼓励和训练她的下属来帮助他们提高自己的技巧。这种促进型的、合作式的方式和风格表现在她作为一个管理者的自然技巧和倾向当中,而且总是很适合她。

然而,莉恩越是得到提升,就越能感觉到她的管理风格与她同事的风格之间的差别。她感到迫使她改变自己做法的压力越来越大。和她处于同一个管理层面的人通过摆出专家的架势来做事,通过表现得"坚决果断"来做事,而且正如她的一个同事所说,通过表现出"对于下一个机会的饥渴"来建立他们的威信。为了融入这个群体,她可以效仿那些与她级别相同的同事,但是她宁愿不这样做。她希望能够找到一条让人觉得可靠但同时又能使她赢得在公司中继续升迁所需的声望的管理途径。

像伊莎贝尔一样,莉恩把她所面对的紧张局面理解成为性别的产物——作为一名妇女,她喜欢某种风格,而她的男同事则喜欢另一种,因此她不得不改变自己以适应环境。然而,与伊莎贝尔相反,莉恩把这种紧张局面看作一个与她自身可靠性有关的为难处境。在她看来，她所面对的束缚根源于男性和女性在社会生活中的不同表现，而不是源自体制中建立的对于性别的不同预期值。由于她是那个"不同"的人，莉恩觉得应该由她来寻找一种对她有效并且能使她融入整体的风格。

这种理解一个人的不同之处的方式——作为一种文化或者风格上的差别——在许多白人妇女身上表现出来，其人数至少与我前面描述的其他类型的人一样多。这同样是亚裔美国人和亚裔少数民族群体体验他们身份的最普遍的方式。鉴于我所采访的亚裔美国人把种族或民族看作与众不同的根源，他们中的大多数人将其理解为一种中性的文化标志——"我遵循某些习俗，而你们遵循其他的一些"。拉美人中也有一部分人以这种方式体验他们的民族身份——纯粹作为一种文化上的差别，一种体现着独特的习俗、历史、食物、语言和与某个文化群体的联系纽带的指示物。这些人并没有看到他们的民族/种族与他们在组织中受到什么样的待遇、人们对于他们有什么样的预期或他们与占大多数群体的成员如何相互交往之间存在的关联。

当人们从这个角度看待他们经历的时候，他们就更有可能把他们的不同之处看作一种个人的为难处境，并且更有可能把他们的精力耗费在谋求适应环境的途径当中，而不是用在努力改变他们所在组织的适应标准上面。新近的移民尤其倾向于采取这种接受同化的态度。[16]他们成为自己试图改变的对象。

此外，由于人们把他们的问题看成是只与他们自己相关的，他们就不会去寻找天然的同盟者以赢得支持。莉恩一直是孤军作战，这使她无法与其他妇女，比如伊莎贝尔，分享她的经验。她的孤立使她无法看清那套模式，无法从另一个角度观察她的处境，那样做的话可能会为她提供新的处理这种局面的途径。最起码，与其他人交谈可能帮助她看到她不是孤立无援的，以及她未必需要为她的许多挣扎担负责任。

作为差异和冲突根源的价值观和信仰

在温和激进派中，其个人价值观与大多数人发生冲突的占了一大批人。我的研究特别地把视线集中在那些持有比占主导地位的价值体系更为进步的原则的人（相对于那些更为保守的人）身上。这些人中的大多数都有着与他们的价值观相关联的明确的改革方案——举其中的几个例子，比如有关于公平贸易行为、社会公正、环境可持续性、人类创造性和健康家庭。像商家网公司的琼妮·马森的案例一样，价值观的冲撞常常表现为进步的、社会驱动的看法与他们所在组织的经济驱动行为之间的矛盾冲突。尽管这些利益和它们背后的价值观并没有发生冲突的必要，但是在现实中它们常常还是会产生矛盾的。

约翰·齐瓦克（在上一章中有所提及）就是以这种方式体会他的与众不同之处的。他的价值观中包含的是他对自己家庭和自己身为人父的责任的重视，而这使他与对于怎样去做一个理想的、尽职的高级经理的习惯看法背道而驰。正如我们所见，约翰对于这一矛盾做出的反应，是想方设法去回绝那些习以为常的预期值和做法。

罗杰·赛兰特是维斯特恩公司的一名高级经理，这家公司开发集成自动化技术系统。他对于环境可持续性的重要性十分热衷，希望能够给予那些推进这一计划的研究和开发项目极大的优先权。他必须时常在他对于这一计划的重视和他的公司的短期经济优先权之间进行权衡。这样，比如当他主张把资源提供给"绿色"技术的时候，他通常会依靠长远经济利益的论点来证明自己有理。他在业务上当前的优先着眼点和他"知道是正确的"方案之间进行权衡的能力已经成为他事业上的标志，而他时不时还会冒着风险去做这样的事。罗杰知道他的一些同事认为他"古怪"。他还知道"他们对我能够完成工作表示信任"。

举一个著名的例子，罗伯特·雷德福的价值观和看法与电影行业的标准有着明显的分歧，而他还是不断地找到制片人、导演和"男一号"之类的工作。按照《纽约时报》上一篇文章的话说，雷德福"继续工作在他所痛恨的电影制作体系中"。有一个例子能够恰如其分地说明这个问题，雷德福在固执地决定长期推行独立制片运动的同时，还在制作像《不道德的交易》（也译作《桃色交易》）这样的"粗制滥造之作"。[17] 文章声称，这一极其鲜明的对比看上去与"双向性情感障碍"（bipolar disorder）㊀颇有相似之处。

雷德福并没有"障碍"的地方。他的价值观和对于电影制作所持有的不同看法与好莱坞的流行时尚大相径庭。然而他在提倡和推行它们的同时，同样参与到电影工业的主流当中。于是，在好莱坞，他既被当成一个圈内人，又被看作一个局外人。正如这篇杂志上的文章指出：

㊀ 又翻译作"躁郁症"，或者"双极型情感异常""双极性疾患""情绪极度失调症"等。——译者注

> 雷德福的两只脚分别安全地扎根在娱乐河流的两岸，而他则注视着这条河的水位上涨和河道加宽……与许多巨星不同，雷德福不相信些许让步也是背叛。为了回归他所渴望的独立自主，他愿意同魔鬼直接打交道。[18]

雷德福将他"两极分化"的行为解释成他希望通过拓宽公众能够看到的电影的种类范围来改变好莱坞的套路。结果，他从整体上为这个行业注入了创造力——不仅在非传统化的"独立"电影工业，还在好莱坞这部机器的核心地带。

那些由于其个人价值观、信仰、计划与他们所处组织（或者行业）占主导地位的思想发生冲突而与众不同的人有着几种共同的品质。首先，这些人中的大多数通常不会自然而然地与他们组织内部那些和他们志同道合的人互通往来。例如，琼妮常常觉得自己好像是在孤军作战，有时会怀疑自己为什么自找麻烦。她与商家网公司外部的人权界人士的联系，尤其是与比她更为激进的人的联系，对她而言变得越来越重要了。这些联系坚定了她的信念，并提醒她为什么会自找麻烦。这一描述对于其他人同样适用。没有稳定的关系，这一群体中的人就会觉得很难在迫使他们就范的组织压力面前维持他们的价值观和计划。

我对于这一群体中的人的第二点观察是，他们倾向于不把他们的不同之处解释成个人的问题——他们自己身上离经叛道的地方。尽管在心理上他们可能感到自己的角色出现了分裂，他们认识到这种紧张的状态根源于一些大于他们自身的东西。

最后，这些温和激进派中的大多数人有着具体的改革方案，并且对自己将其推而行之的愿望丝毫不觉愧疚。琼妮清楚地知道，为了将她的价值观付诸实践，她不得不改变公司工作行为中的一些做法。同样，约翰·齐瓦克相信需要改变的是阿特拉斯的文化，而不是他自己的价值观和工作习惯。

结论

我描述了人们体会与众不同经历的3种途径：一些人把体制性的偏见看作针对他们的社会身份群体的；一些人把他们的社会身份看成是风格和文化上偏爱的来源；还有一些人，他们的价值观、信仰和计划与大多数人的有所不同。

第一类群体中的人（那些努力争取以圈内人的身份取得成功，却觉得自己由于种族或民族、性倾向和/或性别的缘故被当成外人受到抛弃的人）的显著特点是他们所感觉到的紧张状态转化成两种相关的挑战。这个范围中的许多人对于这种紧张状态的体会是，既感到它是一种忠于他们的身份和信仰的挑战，又是一种引发变革的挑战，他们在为了得到容纳而努力的同时，对进行这种包容的系统发起了挑战。结果，像汤姆·诺瓦克、希拉·约翰逊、玛莎·韦利、伊莎贝尔·纽恩兹和彼得·格兰特这样的人做出了图谱上罗列出的所有反应——从那些意图自保的到那些直接指向制度变革的。

归属于第二类群体的人把他们的不同之处纯粹地看作文化上或风格上的轻微差异，他们把自己的经历视为一种为了被群体接受而进行的个人奋斗。这些人很少会打算引发超出他们个人表现或行为方式之外的变革。他们的行为倾向于内向型,以个人变化为目的——在盘算出如何被群体接受的同时,还能够保持他们不肯妥协的自我的吉光片羽。

最后,我所观察到的那些被归于第三种范畴的人(他们的不同之处根源于价值观的冲突)倾向于接受那些与他们的个人价值观和信仰直接联系在一起的社会变革的计划。他们抵制占主导地位的文化,有时会追求一种社会变革计划。他们中的大多数人所面对的挑战,其围绕的核心是在为寻找实施他们的计划的途径和引发变革而进行斗争的同时保持他们的合法性。他们的许多表现是外向型的,试图超出他们个人环境的范围引发变革。因此,他们的价值观直接带来的反应倾向于图1-1中展示的那些更为深思熟虑有意为之的变革手段。

在接下来的内容中,我们将深入地探讨一些我们遇到过和没遇到过的温和激进派所采取的许许多多各种各样的行动策略。在第3章里,我们会以最沉静的反应方式作为开端。

02

TEMPERED RADICALS

| 第二部分 |

温和激进派如何扭转局面

> 我们自己必须成为我们在世界中所寻求的转变。
>
> ——甘地

| 第3章 |

TEMPERED RADICALS

沉默拒绝并忠于"自我"

> 厄运究竟是一块绊脚石、一种惩罚,还是一声祝福,完全取决于人们如何去利用它。
>
> ——佚名

玛蒂娜·豪伯瑞娜是在美国出生的第一代墨西哥后裔,她在一个工人阶层的、主要由高加索人组成的社区中长大。从很小的时候开始,她妈妈就告诉她遵循社会的传统、说话不带口音,以及在大体上"适应环境"是何等的重要。但是同时,玛蒂娜也了解到保持她拉美裔妇女的身份并引以为荣的重要性,即便她并没有在工作中表现出她这方面的自我。今天,作为一所大学的高级管理人员,她遵循着这一传统,将公开展现出来的自我与她所珍视的自我分割开来。

约翰·齐瓦克无论在大事还是小节上都展示着他的个人价值观,甚至表现在他小屋墙上挂着的那幅巨型卡通画上,他画的是一个孩子因为自己的爸爸妈妈无时无刻不在工作,所以试图把保姆当成他的父母。一方面,这幅卡通画只是一种表达他自己想法的无声途径,然而同时,这张幽默画也指出了"正常"工作时间表让个人和社会付出的代价。

彼得·格兰特在过去30年中通过努力得到提升,只有极少数有色人种能够在金融机构中攀升到他这样的位置。在这个过程中,很多他从小到大的黑人朋友都指责他为了得到成功所带来的好处而走上了背叛的道路,彼得自知并不是这样。许多年来,他一直坚持不懈,通过在雇佣招聘、指导顾问和沟通互动方面的不断努力,在西部公司内外为少数民族和少数人种创造更多的机会。为了避免遇到阻力,他在暗中进行了许多这样的努力。只有在最近几年中,他才更加公开地对那些歧视性的做法发起挑战。西部公司以外的人无法看到他的努力,这使他感到难过,但是他知道,他的成功与他为了扭转局面而采取的沉静之道,会给他人造成错误的印象,使他们看不到他除了自己的成功之外,还在致力于施行另一个计划。

这3个例子反映了我们在本章中探索的3种不同形式的反应:首先主要表现在内心想法上的心理排斥,展示出一个人某方面"另类"本性的自我表达,以及谨慎地进行的幕后行动,虽然抵制现存的状态,但是由于过于沉默而没有引起关注。

我把这些沉默的反应放在图谱的一端,这可能意味着一个依靠这些更微妙手段的人,从某种程度上讲,比起那些倾向于采取更公开、更有风险的策略的人,"不那么像"一个温和激进派。所有类型的努力,包括沉默形式的抵制,都能够**并且经常确实**有助于引起学习和改变,即使在史册上对于社会变革的描述中,并没有给予这些更平凡的幕后行为所扮演的角色以多少褒扬。以罗萨·帕克斯（Rosa Parks）[1]为例。大多数美国人在上学的时候都学到过帕克斯，知道她是"一名拒绝放弃自己在白人隔离区的位子去公共汽车的后部就座的黑人妇女"。历史书上称她为"民权运动之母"，他们把她拒绝在公共汽车后部就座的行为描述成持续了整整一年的蒙哥马利公共汽车抵制运动的那条唯一的导火索。然而，在这一叙述中被忽略的，是许许多多经常遭遇挫折的、幕后操作的行为，是它们为这次戏剧性的行动搭起了舞台——也就是那些每天都在默默发生的抵抗、策划、招揽、沟通和组织的行为。大多数报道都忽略了一个事实，那就是许多人，包括帕克斯自己，在此前的12年中，一直在公众的视线之外为争取公民权益而努力，慢慢地为她戏剧化的拒绝顺从的行为搭设平台。我的意思并不是要贬低她勇敢无畏并起着催化作用的行为的价值，而是要对不计其数的卑微而沉默的努力同样予以承认，这包括她本人的努力，它们是在这件事之前进行的，并为它奠定了基础。[2]

现在让我们仔仔细细地对这3种形式的无声抵抗进行研究。

心理上的抵制

抗拒主流文化给一个人自身所下的定义，以及坚持他自己的自我评价的心理能力，对每个人来说可能都是不可或缺的；对于那些受到主流文化贬低和排斥的人来说，它则是尤为关键的。[3]这种心理上的抵制行为向主流文化宣称："你不能够评判我是什么人，你也无法让我相信我与环境格格不入。"

玛蒂娜·豪伯瑞娜一辈子都被逼着去与环境保持一致；从很小的时候开始，她就学会了如何适应环境，但是她也学到了完完全全地接受主流文化对她的评判会在心理上受到毁灭性的打击。

最简单的做法和使大多数人感到舒服的做法，是我被同化，像你们一样为人处世，但是我和你们不一样。我不想和你们一样。**这不是我的样子**，所以我不得不为了坚持自己的文化而进行斗争。我必须坚持自己手中继承来的文化遗产。我必须为我的人民所完成的事业感到自豪，因为它是你的人民永远完成不了的。我不可以放弃这些东西。

即便这种抵制只存在于玛蒂娜的脑海中，它还是反映出了一种对于捍卫她的自我评价的坚定态度。尽管这种形式的抵制通常受到的是一种对受到威胁的自我进行坚持的个人欲望的驱使，它还是能够拥有更为广泛的政治含义。[4] 无论何时，当人们拒绝接受他们的从属地位的时候，他们就是在抵制组织和社会中的权力对其自身的肯定方式。多数群体保持他们自己的力量和维持现状，一部分是通过长期坚持对于特定人群的看法——对他们是什么人和他们的表现进行评判——从而使排斥他们的行为合理化。

这就是那些负面的刻板印象——"只会跟树打交道"的环境主义者，"优柔寡断"的妇女，"智力低下"的黑人——得以产生和长存的方式。这些概括为多数人群提供了他们所托言的理论基础，使他们能够继续排斥那些属于目标群体的人。由于它所导致的心理上的损害，脸谱化的做法显得尤为致命。司空见惯的是，这种脸谱化的行为能够变成自圆其说的预言，使它所针对的目标相信，对于他的"自我"的毁灭性评判是正确无误的。这就是为什么对于人来说，学会抵制这些评判是如此的重要。

一项针对取得很高成就的大学生进行的经典调查显著地证明了得到人们认同的负面的刻板印象所造成的毁灭性社会后果。[5] 斯坦福大学的社会心理学家克劳德·斯蒂尔（Claude Steele）和他的同事试图解释为什么那些在学业上与白人学生不分轩轾的黑人学生，作为一个群体，比如以年级和学年淘汰率来衡量的时候却表现得远远不及。他发现当黑人学生面对学业上的挑战时，就像大多数新生在头几个学期遇到的情况那样，他们会倾向于唤起文化中长期存在的把他们形容成不合格的、劣等学生的负面刻板印象。结果，这些学生开始相信，不良的表现能够"证明"这些刻板印象是正确的，而这种可能性的迫近使它成为对他们身份的威胁。这种威胁在一些环境中如此严重，事实上它给他们带来了足够的困扰，使他们的学业每况愈下。相反，白人学生将他们所面对的困难归咎于一些外部因素，比如学业本身内容的挑战性。社会没有给予他们任何理由去相信自己有个人方面的缺陷。因此，当白人学生没有改变他们的自我观感，而只是试着做到更加努力的时候，黑人学生不再认为自己会在学业上取得成就——他们不再尝试出人头地，因此也就改变了他们的个人形象。[6]

这样，文化上长期存在的刻板印象就害人匪浅了：它使黑人学生陷入一个循环，把他们的实际表现引入鸿沟，并最终又证实了这些刻板印象。而其他一些刻板印象——女性不擅长数学，白人在体育上无法跟黑人较量——也以同样的方式得以长期存在。

这些动态过程不仅出现在学校里，也存在于工作环境中。

在那些关于他们的特征群体的负面观念面前，人们面对的是一个令人无法接受的选择：认同这些有害的观念，或者抑制住他们的一部分自我，被主流文化吸收同化。这两条道路都与自我授权背道而驰。因此，学会摒弃那些负面的自我评判，是在心理上向着拒绝一个人自身的从属地位并从而做到自我肯定和自尊自重的关键一步。

人们"与众不同"的自我常常会受到威胁，而顺从又在持续不断地诱惑着他们，在这样的情况下，人们*怎样*才能坚持自己的自我感觉呢？

首先也是最重要的一点是，我所研究过的温和激进派与所在组织内部和外部的人建立起相互支持的同盟。他们经常与那些对他们的特性予以肯定的人进行接触，并且建立相互的联系，营造安全的"空间"，使他们能够培养自己身上那些在主流文化中受到威胁的部分。[7]正如一名温和激进派所说："你无法做到众人皆醉而我独醒。"

员工组织、学生社团和协会，以及在共同社会特征或价值观的基础上成立的社群组织，为人们创造了表达他们受到排斥的特性和学会自尊自重的空间。例如，阿特拉斯公司的一些员工参加了一个大型的拉美团体，因为它为他们提供了一个社交圈，帮助他们对那些关于他们的种族身份的积极评价予以肯定。在各种各样的公民权益运动中，致力于提高政治觉悟的各群体中的核心任务都是设法增强群体的自豪感，这绝不是一种巧合。[8]诸如"黑色是美丽的"和"同性恋者的骄傲"之类的口号反映出了一种拒绝被主流文化评判和支配的态度。

人们还通过各种各样的所谓心理"装甲"（armoring）的策略，来拒绝主流文化对他们的看法，保护他们的自我和尊严不受威胁。尽管其实与每个人都相关，但装甲行为通常指的总是"黑人和其他有色人种为了在与种族主义行为和/或种族主义观念发生正面冲突时提高自我关照意识，而在表现上和认识上采取的技巧"。[9] 披上心理"盔甲"的途径之一是学会如何疏导沮丧和愤怒以避免为这些情绪所控制。例如，在彼得·格兰特非常小的时候，他的父亲就教育他要超越那些他在生活中可能会遭受的不公正的待遇和残酷的评价。他的父亲告诉他，选择是很简单的：彼得可以去做一个种族主义的牺牲者，任凭愤怒操纵自己，或者他可以超乎其上，试着在这方面有所作为。

保持积极的自我评判

1. 与组织内外那些与你同样拥有并重视受到排斥的那部分特性的人建立联系，能够使这部分受到威胁的特性得以存在下去。

2. 进行自我控制，把激烈的情绪转化为一种动力，以便于实施使你掌握主动权和避免向排斥你的力量屈服的计划。

3. 把公开的"前台"表现和"后台"行动区分开来，以制造一种顺从的表象，同时**在行动上**采取不同的做法以维持你的自我感觉。

> 他会说:"这是种族主义,而这个世界一塌糊涂,但是你无论如何要力求做到最好。拿种族主义当借口是不能接受的。"我毕生的使命就是完成自己的工作、取得成功,并且试着使情况有些微的好转,为我们黑人中的后来者做准备。我的父亲不希望我成为一个牺牲品。他希望我向他们证实我们做得比那要好,我们是不会安于我们所遭受的对待的。

玛蒂娜·豪伯瑞娜记起她也曾经接受过相同的教育,知道如果她希望在她生活的白人为主的社区中为自己"装甲"的话应该如何表现。

> 我们是镇上唯一一家墨西哥人。妈妈很快就发现我们被白人彻底地包围了,而且他们的人数也远远超过了我们。如果她试图为她自己和她的孩子挺身而出,就会一败涂地。她教育我和我的弟弟说,为了生存下去,我们不能直来直去地与白人发生冲突。我们学会了彬彬有礼,我们学会了言不由衷,学会了面带微笑,学会了投其所好,说一些人爱听的话。

在她假装的顺从背后,玛蒂娜保持着一种对于她拉美裔妇女身份和社群坚如磐石的忠贞。"妈妈教给我们如何在有可能的时候暗中实施我们的计划,但是从不进行任何面对面的对抗。"她说。虽然她在工作场合表现得很顺从,但在工作场合之外,她却是代表拉美裔群体进行活动的活跃分子。这些行为有助于玛蒂娜保持她的自豪感,并拒绝认同那些试图对她作为拉美裔妇女的自我加以镇压的文化信息。像其他人一样,玛蒂娜通过区分她的"前台"表现和"后台"行为,保护了她受到威胁的自我。[10]

人们还在幕后表现出他们的反抗,他们所采取的许许多多的途径,由于过于微妙或者过于分散,避开了公众的耳目。这些行为不仅可能引发真正的改变,还可以巩固人们的自我。其他的抵制行为——其中的一些能够对组织造成破坏——都是毫不起眼的,它们都为同一个目标服务,帮助人们在一种迫使他们保持沉默的主流文化面前保护他们的自我。[11]我们将在这一章中更多地对那些幕后策略加以讨论。

用以抵抗的自我表达

我所研究的温和激进派所使用的另一种巩固他们自我感觉的途径,是通过细枝末节上的表达来透露他们与众不同的价值观的迹象。这些表达方式——比如穿着服饰、办公室布置、语言、领导风格——能够有助于提醒他们自己是什么人,和他们重视什么东西。这些展示可以是简单的、自然的、毫无矫饰的自我表达,就像约翰·齐瓦克在他的办公室里张贴的那幅关于一个孩子把他的保姆误认为父母的漫画一样。或者,它们可以代表处心积虑的抵制行为,就像举着公司的旗帜去参加一次同性恋权利游行。不论是哪种方法,它们都表现和巩固了自我身份,有时还能够产生自我肯定之上和之外的结果。

阿兰·莱维是阿特拉斯公司的一名中层专业人员,他坚持请假去庆祝重要的犹太节日。最开始，他是他所在部门唯一一个在这种情况下请假的人，因为在阿特拉斯公司的日历上只允许人们庆祝基督教的节日。但是通过在这些日子里请假，他给出了一个信号，那就是遵循一个人的宗教和文化传统是合理合法的，并且使其他人更容易在他们庆祝自己节日的时候请假。渐渐地，他所在部门的人把这看成是正常的事。当阿兰的同事被调走或提升到公司其他地方的时候，他们就会在新的部门以同样的行为充当表率，其他人则开始纷纷效仿。一段时间之后，阿特拉斯公司对人们不同的个人需求做出了反应，它设立了一项公司政策，除了节假日和病假日之外，给人们若干"个人假日"，从而使曾经脱离常轨的行为合法化。这一政策含蓄地认同了人们的不同需要和不同传统的合法性。

表现出顺从的细微举动会有助于主流文化的增强；同样，像阿兰这样的细微举动也会打破现状。那些平淡无奇的行为方式和思维方式——人们如何交谈，如何接触，如何装饰他们的办公室，如何穿着打扮，如何打发时间，如何遵循个人的传统，如何管理属下，如何参加仪式，如何看待自己和他人——都能够表现文化的一些蛛丝马迹。[12] 这样，那些遵循给定的行为规则的人就使主流文化得以增强。相反，那些脱离"正常"模式轨道的人会引起文化的瓦解。[13] 即便那些人的目的本身并不是使文化瓦解，而只是一种需要在一定程度上对正规观念进行抵制的自我表达，他们的日常行为就像往河水里扔石头：他们激起的涟漪波及河的下游。

这种波澜一部分来自被卡尔·韦克（Karl Weick）称作"反

常放大"的过程,在这个过程中,一次单独的脱离常规的行动会为其他随后的类似行为奠定基础。[14]当阿兰请假去庆祝他的宗教节日的时候,人们就会发现在职场中庆祝非基督教的宗教节日没什么不对。更多的人会效仿他的行为,而最终由于他的表现和其他人类似的行动,阿特拉斯公司颁布了一个新政策。

阿兰并没有试图发起公司里的改革:他只是忠于他的个人身份和他作为犹太人的宗教信仰。然而他开始的行为为将来的行动"制定"了一个不同的环境——看上去它自己拥有了生命力,很快这种行为就在阿特拉斯公司里变得很正常了。[15]

现在让我们来看看这其中一些自我表达的行为是什么样子的。把它们看作人们进行自我表达的许多方式的体现是非常重要的,当人们这样做的时候,就会巩固他们受到威胁的特性和抗拒传统的期望。

穿着

人们用穿着表现"角色"。服装、发型、妆容——无一不在自我的公开展示中扮演着一部分角色。社会学家厄尔文·高夫曼(Erving Goffman)提出穿着是人们为了将自己置身于一个社会系统中所进行努力的一部分。[16]其他人曾经把它称作在组织中扮演何种角色的一个重要标志。如果我们穿得"恰如其分",这就意味着我们接受了给我们指定的角色,并且将依照对我们的期望进行表演。[17]这样,穿着就成为顺从的一个重要标志。

穿着恰恰也很容易成为对给定的行为规则进行抵制的标志。弗朗西丝·康利(Frances Conley)博士是斯坦福医学院一位著名的神经外科医生，她由于控告她的男同事持续不断的歧视和骚扰行为登上了国家级报纸的头条新闻。这一有力的公开抵制行为，并不是她对神经外科领域中的男性堡垒进行抵抗的开端。远在她用自己的控诉（和最终的辞职）引起国内新闻的关注之前，她就用更微妙、更个人化的方式进行了抵抗。我第一次见到康利的时候，她从头到脚都包着分不出性别的、单调的外科医生工作服。[18] 看上去她扮演的是传统的神经外科医生的角色。但是在她单调乏味的制服下摆，隐约可见的是一双精致的、雪白的蕾丝短袜。她用它们来宣称："我是一名神经外科医生，同时也是一个女人。"

康利的穿着增强了她作为一个处在男性为主环境中的女人的自我感觉。她不动声色地展示出女性的味道，显然引起了其他人的注意，这同样使得在这个男人主宰的行业中出现一个女人的合理性略有增加。这是不是意味着其他人效仿她的做法，穿上蕾丝短袜呢？或许不是这样。但是她的姿态为其他人制造了一个小小的缺口，让她们有机会对男性文化发起挑战，其他人则很可能是按照他们自己的方式来进行这种挑战的。

办公室布置

人们布置他们工作环境的方式同样可以表现出顺从或者抗拒。[19] 即便是在作为冷漠无情、千篇一律的典型代表的新式格子间里，也给人们的个性留下了空间。我们的价值观、身份和个人生活常常会生动地体现在我们的办公室装饰布置中，甚至体现在我们所展示的卡通画和照片里。

照片似乎尤其能够供述人们的个人生活方式和他们最关心的东西。约翰·齐瓦克的桌上摆放着家庭的合影。对于有些人,比如说詹妮弗·杰克逊,这种照片的展示代表着一种勇敢的选择和一次关于她们与大多数人存在差异的宣言。无论在西部公司还是在阿特拉斯公司里,男女同性恋员工都告诉我说他们一直为是否应该把他们伴侣的照片放在办公室里而感到苦恼。詹妮弗决定直到她们举行订婚仪式后才放上她和她伴侣的合影,而那时她们的关系已经维持 4 年了。这是一个关于她是什么样的人和在她的生活中谁是重要的人简单的宣言,而这种方式的自我表达是那些异性恋者没必要考虑的。但是对于詹妮弗来说,这同样是一件关于与众不同的"自我"的明显的提示物。

无论如何,她的决定所产生的影响对其他人也起了作用。一段时间后,她的同事习惯了这张照片,而且有些人无论是在照片上,还是当面看到詹妮弗和她的伴侣在一起的时候,都变得越来越适应。在他们眼中,这两个女人的配对变得更加"正常化"了。于是,把一张照片放在桌子上这一细微却勇敢的行为,使她向在工作场所中感到更加舒心迈进了一步——可能对其他同性恋员工而言也是这样。

展示个人的物品和手工制品是另一种建立身份和价值观的途径。例如,在玛莎·韦利的办公室里看到的运动服显然表明她每天把一部分时间花在运动上面。当她的下属看到她的醒目的运动服时,他们在出去运动或者用这段时间满足他们的其他需求时,就会感到更加舒坦了。

在玛莎的书架上摆放的那些传统管理书籍中间,夹杂着一些有关性别和管理的书。单单是陈列这些书籍就能够引起关于性别和工作与家庭问题的讨论。同样，琼妮·马森的办公室里摆满了她从那些被她培养成商家网公司贸易伙伴的村子里带回来的手工艺品。人们在她的办公室里，很难不谈论起她的旅行和"公平贸易"计划所取得的成果。每次我拜访琼妮的时候，都会对她打算做什么以及她在商家网公司和她的贸易社区里挺身而出反对的是什么了解更多。她的办公室里展览的东西同样很可能会使其他人对于琼妮的想法有更多的了解。关键在于，单纯的展示就能够产生超出个人范围以外的影响，这种影响一部分来源于它们所引发的谈话。

领导行为

尽管面临着要求以一种权威型的风格进行管理和严格地把注意力集中在业绩上的压力，阿特拉斯公司的伊莎贝尔·纽恩兹仍然继续以合作的态度与她的下属一同工作，并且坚持履行她对于"业务的人性方面"加以考虑的承诺。虽然最开始的时候她的工作伙伴普遍对她的风格颇为警惕，但是同事告诉她一些高层管理人员正在开始询问更多关于"业务的人性方面"的问题。伊莎贝尔的同事认为是她拓宽了其他高层经理的视角，并且对于他们在做决定的时候所考虑的东西施加了影响。

弗朗西丝·康利采取的是同样的做法。尽管在大多数外科手术组中，都存在一个严格的、自上而下的等级制度，而外科医生则在这个等级制度的顶层发号施令，她仍然用一种颇为不同的方式来领导她的团队。按照一些护士的说法，当康利向她的外科手术组中的其他人征询意见的时候,当她以尊重的方式对待小组成员的时候,当她对周围的患者表现出同情怜悯的时候,她就展示了另一种领导外科手术组和做一名外科医生的方式。她在医院工作了很短的一段时间以后,护士和住院医师就开始对外科手术组应该是什么样子和外科医生应该怎样对待其他职员有了不同的看法。幸亏有了康利这个榜样,一些住院医师才能够以一种不那么独裁专断的方式领导他们的外科组。她领导团队的方式不仅仅有助于坚定她的自我感觉和抵制占主导地位的预期想法,还起到了模范带头作用,成为有别于人们料想中外科医生的独断专行风格的另一种典范。[20]

庆典仪式

所有的文化中——无论是社会的、组织的还是行业的——都有着一些庆典仪式,它们的作用是表达和巩固那些重要的文化价值观。[21] 毕业典礼、律师资格考试、宗教活动和公司的年度野餐都会带有庆典仪式的性质。它们的发生通常有着某个固定的时间间隔,往往是结构非常分明的,而且它们常常要求人们扮演特殊的角色,并且遵循某个特定的模式或者脚本。随着时间的流逝,那些顺从这些脚本的人举行着这些仪式,而那些背离了它们的人则在改变着这些仪式。

有时候,在一个为大家所接受的庆典仪式中发生的改变,最开始只是一种简单的自我表达。比如,以一位著名的心理学教授改变了学术谈话的仪式这件事为例。在学术谈话中,一个专家——通常是一位教授——通过对某个研究项目做出不受个人因素影响的、客观的评价来表达他的专家见解。这种学术谈话的仪式不允许提到任何个人化或者情绪化的与主题有关的内容。然而在某一个场合下，这位教授决定换种做法。她开始了她的讲话，谈的是关于个人在危机中进行创造性思考的能力，她采取的方式则是向大家解释她自己的个人危机是怎样把她引导到这个话题上来的。这位"专家"把一些被这个仪式"正常地"忽略掉的东西带了回来，那就是她的感受和个人经历。[22]

这听起来好像没有什么了不起的，但它代表着对于这个仪式如何进行设想的明显背离。一些教职员工由于出现了这种"背离"而感到心烦意乱，其他人则从中得到了鼓舞。一些学生受到了含蓄的鼓励的吸引，开始用他们的心灵和头脑一起对事物进行思考，同时他们也由于她做出的这个榜样而受到了鼓舞。通过采取背离规定的行为方式的做法，这位教授瓦解了制度上的标准，并且为用其他方式在该专业内进行交流和学习开辟了道路。她对于常规标准的小小违背，为她的同事和学生创造了新的可能性。

庆典仪式给了人们一条宣扬他们的特征或文化的途径。尤其是当人们为了适应工作场合，不得不压抑他们的个人特征和文化特征的时候，他们会觉得坦然参加一些庆典仪式，公开地庆祝他们不得不保持沉默的那部分自我是一种解放。而有些时候，参加工作场合以外的一些庆典仪式，能够与在组织内部的仪式中采取行动一样对组织产生影响。

詹妮弗·杰克逊参加了一次男女同性恋者的游行，手里拿着阿特拉斯的旗帜。"对于我来说，"她告诉我，"行进在同性恋大游行队伍中是在宣称'我为我是什么样的人感到自豪'。"她还觉

得在这样一个公众仪式中展示她的性爱倾向,能够使她所在公司内外的男女同性恋者更容易采取相同的行动。接下去她说:

> 当他们看到我的时候,他们看到的将是一个有别于传统看法中那类扮演男角的女同性恋者的形象。我看上去像是他们的女儿,像是一个没有同性恋倾向的人。我有一个固定的工作,有着同样的生活抱负,但是我坦然地走了出去,在游行的行列中满怀自豪。我们在这里做的是一件重要的事。我们在改变人们对于我们是怎样的人的看法。

詹妮弗相信她参加游行的举动有助于提高她的自豪感,而这一举动还可能改变人们认为同性恋者"不正常"的这种错误看法。

与时间有关的行为

正如我们所见,人们的个人价值观常常与他们的工作文化所强调的预期值和价值观发生冲突,而这些冲突有时会在人们采取什么样的方式或不采取什么样的方式来打发时间上体现出来。玛莎·韦利显然习惯于遵循在中午固定的时间做运动的惯例,而这有时会造成时间安排上的困难。然而尽管她的同事起初并不认为她的这个惯例是"正常的",当她部门中的其他人开始纷纷效仿她的时候,他们就开始这样认为了。

约翰·齐瓦克试图在他每天的表现中树立自己的价值观。他试图在下午6:00之前下班,很少在这个时间之后安排会议,并且通常都拒绝在晚上6:30~9:00这段时间里接电话,为的是能够与家里人共度一段不受打扰的时间。他只有在某件事情经常妨碍他执行这个工作时间表的时候，才会使它成为有争论的问题。

虽然约翰向来为了表现得令人满意而起早贪黑地工作，他对于工作时间表的限制一开始还是引起了担忧。但是人们钦佩他的表现，而他的上司则绝对不希望失去他。

最终，约翰所在部门的人根据他的工作时间安排做出了改变。与他有关的电话会议和碰头会议再也不会被安排在下午5:00以后了。而后，他的部门决定所有会议都应该在下午5:30以前结束，很快，一条不成文的规矩便盛行起来了，那就是除非确实有重要的事情，否则反对在晚上给员工的家里打电话。似乎工作效率并没有因此而降低，而他的许多同事看上去非常赞同这些转变。这件事情以约翰对于他的个人价值观和对于优先级别的判断的简单坚持作为开端，却给与时间相关的表现带来了显著的变化，并且最终给许多人带来了好处。

西部公司的一名高级人力资源总监指出了在几个部门发生的一次类似的与时间相关的变化，这个变化最初是在那些担任管理角色的职业母亲占很大比例的部门内开始的。在这些部门中，人们在下午5:30以前下班变成了正常的事，因为许多员工在那个时候的确不得不赶回家了。这些表现进而变成了约定俗成的模式，而这种模式则使得人们对于时间的预期发生了转变。

语言

用语言和术语来表达某种"不同"的身份特征或某些价值观，

是自我表达的一种方式；它同样可以成为一种重要的抵抗工具，用来引起疑问、学习和改善。琼妮·马森在商家网公司里对人权和公平贸易活动的谈论，把一些对人们习以为常的设想和事物优先顺序进行挑战的想法引入了话题。她的同事有时会对她的这些想法不予理会，但是她的语言使人们保持了对于一些需要加以考虑的更广范围内的问题的关注。

伊莎贝尔·纽恩兹并不打算掩盖她的西班牙口音，而且即使她希望这样做，也未必就保证能够做到。虽然她的口音使她和同事区分开来，但是它也起到了提醒的作用，让她和其他人不要忘记她的某一部分对她来说是十分重要的"自我"。有时她会对其他一些拉美籍的管理人员讲西班牙语，而且她常常用他们的母语来和一些餐馆的工作人员交谈，即便当时她和其他高级经理在一起。伊莎贝尔并不能确定她取得了什么成果，但是她乐于提醒其他高级经理——他们常常会忘记——她与他们之间存在着差别。

人们在正式与非正式的谈话中谈些什么、怎么谈、和谁谈，显然都是很重要的。我们将在第 6 章中更多地探讨语言和叙述所扮演的角色。

瓦解文化的自我表达

在各种自我表达之间，它们潜在的影响和风险是各不相同的。一个行为越是背离现存的角色预期，或者越是挑战被人们接受的区分文化圈内人和局外人的那些标准，这个行为就越会具有破坏性，它在个人范畴之外造成影响的潜力就越大。比起在一家保守的银行里，一个人在他的办公桌上展示他同性恋伴侣的照片这种做法在有创造力的文化中，比如说一个广告代理公司中或一个芭蕾舞公司里，所具有的"脱离正轨"性和破坏瓦解性会少得多。弗朗西丝·康利穿蕾丝短袜的行为之所以具有强大的力量，不是由于这个行为本身，而是由于它含蓄地挑战了一个"男性"行业的包容标准；如果是在有更多妇女掌权的行业中，这种行为就不会成为这样一个声明了。康利沉静的"违法行为"证明，区分包容和排斥的那些标准，像文化的其他方面一样，是由社会造成的，并且可以在社会中被彻底毁灭。

幕后的抵抗

在本章的前两节里，我讨论了一些无声的抵制方式，最初驱动它们的是人们坚持和表达他们受到威胁的自我的欲望。我们已经看到，甚至连这些受到个人因素驱动的行为，有时也会导致超出个人范围之外的意义深远的变革。这一节中谈到的是那些强化自我的无声行动，但是它们更多的是在一个有目的的引起变革的计划的驱动下进行的。采取这种行动的温和激进派顺从于常规角色期待，以便塑造一个忠实的形象，但是他们在公众的视线范围之外找到了按照他们的价值观和特性行动的途径。他们悄无声息地划动着船只。

我所观察到的幕后努力并没有激起人们的关注，而且有时候甚至连那些它们试图去帮助的人也看不到它们的存在。由于这个缘故，那些主要在后台工作的温和激进派有时会被误认为是顺从者，而且得不到他们的努力所应得的荣誉。

事实上，那些从事这些"后台"工作的人通常有着坚强的隐忍精神和个人信念。彼得·格兰特就是一个例子。他能够默默坚持的唯一缘故是，他对于坚持改革的愿景的全心投入和对于真正变革所需要的时间的正确判断。他声称自己对于带来持久变革的唯一希望是以滴水穿石的方式攻克那些对像他这样的人进行排斥的做法和观念，而不是赢得某一场特定战斗的胜利或者证明他的同事是错误的。他还知道，他必须在没有任何东西能保证他得到具体的成果，甚至没有任何人对他的努力给予承认的情况下不断前行，即使那些从他的努力中获益的人也不会承认它们。

其实，对于彼得和其他处于他所在环境中的人来说，猛烈抨击或公然挑战一种行为，有时代表的是最不情绪化的抵抗方式。很多时候，在面对那些从来不错过任何机会告诉他是如何"幸运"地爬到目前位置的人所做出的显然十分傲慢的评价时，彼得选择了忍气吞声。在这些情形下，控制住他的怒气需要动用他身上每一盎司的克制力：

> 那些老家伙告诉我，我做这份工作是螳臂当车，我可能会出错。"你提升得太快了，"他们说。喔，见鬼，我才没有得到太快的提升呢。我用了9000年的时间闲坐在那里，应付他们的诽谤和中伤。而现在我不得不让他们在看到我的时候感到舒服，让他们相信我不会爆发？我确信他们中的某个人害怕我会勃然大怒。我只把这些当成更加努力工作的动力，并且在这里做那些需要做的事情。

看到他身上具备的所需的坚忍精神和献身精神，和他默默地为他人做到的事情，就不难理解为什么彼得会为其他人对他背叛自己的指控而感到如此伤心。我们将会看到，像彼得所做出的这样的努力会给个人并最终给组织带来巨大的变化。

尽管幕后行动可以采取很多种方式，但是我发现最为通用的方式倾向于分为 3 类：在组织以外采取行动，帮助别人，以及引导信息、资源和机会的流向。

在组织外部采取行动

有些温和激进派断定，他们通过在所在公司的外部采取行动来实现他们的价值观和信仰或者帮助他们的文化群体，会是比较明智的做法。杰克·山瑟姆从前是一名律师，现在在阿特拉斯公司约翰·齐瓦克的部门（业务发展部）工作，他一直是一名民权运动积极分子。虽然在阿特拉斯公司里他在所目睹的许多不公正和不公平现象面前保持缄默常常使他感到痛苦，但他还是认定自己不愿意用他的信用来冒险，或者是耗费精力继续在组织内奋斗。他保留了绝大部分精力在阿特拉斯外部与不公正现象做斗争，他采取的方式是在当地一个少数民族社区的一家非营利性法律权利中心担任志愿者。这份工作帮助他表达和坚持了他的核心价值观和信念，而他在工作中是不会经常公开地表现这些东西的。

希拉·约翰逊同样在西部公司外面做了一些工作，这使她能够保持与自己的种族特征之间的联系，并且扎根于那个圈子。她定期在当地的高中演讲，帮助和鼓励那些年轻的少数种族学生，她还是两名黑人学生的辅导教师，定期与他们见面。希拉还接受了绝大多数邀请，为社区和一些专业组织演讲，谈论一些与种族有关的商务中的问题。（由于她在一家著名机构里取得了这样引人注目的成功，她经常会接到诸如此类的邀请。）希拉的某些外部活动，比如在社群里公开招聘信息，在西部公司内部造成了直接的影响。采取所有这些对她的同事来说"看不见的"行动，使她能够给她的社群带来改变，并且使她感觉到与自身的一部分息息相关，而她本来是很可能在西部公司里失去这一部分自我的。

其他许多人曾经告诉过我，他们通过参加公司外部的一些活动，把他们的价值观和变革计划付诸行动——无论他们是投身于环保志愿者的行列，还是致力于为那些贫困的少年担任贫民区辅导教师。商家网公司的琼妮·马森希望能够通过帮助那些试图在他们公司内部实施公平贸易计划的人，使她的影响力超出她所在公司的范围。

在组织内部帮助别人

依照价值观和个性行事的另一条有效而无声的途径是帮助组织中的其他人，尤其是那些面对类似挑战的人。例如，罗杰·赛兰特是维斯特恩公司的高级经理，他曾经想方设法给予那些与他同样关注环境可持续性的人以咨询和帮助。通过帮助他们取得成功，他事实上在公司里扩大了人们对于环境的关注。

玛莎·韦利曾经设法为她这个部门的妇女和少数种族寻找机会，使他们能够承担更多责任，超出人们对他们的预期。例如某个夏天，玛莎在当地某大学雇用了一名黑人实习生。在观察了他的工作之后，她发现他有很大的潜力，于是她继续交给他一些有挑战性的任务。很快他就能够单独与顾客打交道了，而每当他担负起新的责任的时候，他都会证明自己是非常称职的。周复一周，她都会交给他新的挑战，而当她在自己的部门再也找不到任何挑战他的任务的时候，她就在公司其他部门为他找到了一个能帮助他进步的职位。她的努力不仅仅给这个年轻人的生活带来了巨大的改变，而且给西部公司的其他人造成了真正的冲击，他们私下里认为这个人和其他担当初级职位的少数种族员工可能无法胜任真正具有挑战性的任务。

幕后的帮助有时候可能包括担当起正常工作任务之上和之外的重大责任。例如，有些人可能做的是一些相对不起眼的事情，比如代表一群与他身份相同的人对新成员或新雇员讲话，承担额外的指导咨询责任，或者只是和那些需要鼓励和支持的新人交谈。在这类活动中，更显眼一些的责任包括为一些特别委员会服务，成为某个任务组中妇女或少数种族的代表，或者成为团体中"女性"或少数种族的代言人。伊莎贝尔·纽恩兹由于自己在阿特拉斯公司内部从事的额外工作过于耗费精力，不得不辞掉在两个非营利性董事会的职位。她为阿特拉斯公司内部的好几个委员会工作，既代表妇女又代表拉美员工，她还是公司里几十名妇女的非正式顾问。这种工作——有时被称为"影子工作"(shadow job)——需要大量的时间和精力，然而在评估和升职的时候，它却很少"算数"。[23]

正如我们所见，当人们处在令他们觉得自己是局外人的环境中的时候，心理上的存活和持续可能需要极大的毅力，而有时候这种毅力是很难汇聚起来的。因此，温和激进派通过鼓励其他人继续奋斗来帮助他们，即便这看上去希望渺茫。彼得·格兰特常常在其他少数种族员工受到挫折、满怀愤怒的时候和他们谈话，给他们加油。他帮助他们披上盔甲，准备迎接那些不可避免的打击。与此同时，他还鼓励他们去发现，在他们对面前的压力做出反应的时候是可以进行选择的："我告诉他们，他们可以放弃奋斗，绕道前进，或者他们可以坚持到底，耐住性子，积聚毅力，努力去推动（事态的转变）。"

引导信息、机会和资源的流向

组织中的圈内人通常都会依靠非正式的沟通网络来捕捉机会，比较工薪，互相支持对方的成功，并且往往在他们的沟通网络中帮助他人。沟通网络使得那些高度引人注目的工作机会、资源和信息能够被同一群人获得，而他们能够通过对其他人封锁这些信息，长期将其排斥在外。[24] 因此，向人们透露一些可能原本对他们保密的有价值的信息和资源的做法，能够成为一条扭转局面的有力途径。

当汤姆·诺瓦克在西部公司取得更高资历的时候，他认识到了通过非正式的沟通网络，与其他同性恋员工共享信息和资源的重要性。他看到与他共事的高级经理互相对照记录和共享信息。他看到他的一位女同事如何由于找不到可以对照的基础，只好安心接受一份相对菲薄的薪水，而与她级别相同的男同事通过积极地比较他们的金额而更为成功地讨价。他看到其他高级经理在面对特别优厚的任务的时候，是如何将人们排斥在他们的沟通网络之外的。汤姆开始致力于将这些信息与那些同性恋员工分享；一旦开了这个头，许多同性恋的同事就开始和他这个沟通网络"中心"联系。同样，西部公司里少数种族和少数民族的员工也把彼得·格兰特当成他们的沟通渠道。

> **策划幕后行动以扭转局面**
>
> 1. 无论是什么行动，比如聘用、帮助、引导等，当动力来自你"与众不同"的价值观、信仰或特征的时候，它们同样会巩固你这些方面的自我。
>
> 2. 为了与其他拥有相同价值观、信仰和特征的人建立联系而策划的行动，会扩大你的努力所产生的影响，并巩固你的自我感觉。
>
> 3. 如果这些行动有累积的潜力或者能够引起额外的改变，它们就是最为有效的。它们并不需要立竿见影地引起变革，也没有必要直接对现状构成威胁。

信息传递也可以有其他方式。对于高层决策者来说，徘徊于传统沟通网络之外的人没有网络圈内人那么醒目。这些人需要一个人把关于他们的信息传递给圈内人。作为一名妇女，玛莎·韦利曾经被排斥在非正式沟通网络之外，她知道对于外部人来说，受到圈内人的注意是多么重要，又是多么困难。现在，作为一名高级执行官，她有意识地向高级经理传播关于其他女性员工、少数民族员工和残疾人士所取得的成就的信息，否则他们可能不会注意到这些员工。如她所说：

> 我常常能够跟高层管理人员说上话，所以当我知道其他部门的某个人在一个项目上干得很出色的时候，如果这个人是一名妇女或者少数人种，或者身体有缺陷，我就会主动对其他管理人员随意地讲几句。我会用某种办法保证这些人的名字为人所知。比如我会说："天哪，你听说过杰基·琼斯做了什么吗？"我向那些高级经理散播消息，而他们甚至没有意识到我在这样做。

玛莎的做法并没有引起关于偏见和歧视的波澜。然而她通过默默地引导一些有关边缘人群的成绩和潜力的信息，还是能够给他们的处境带来改变的。[25]

结论

抵制行为可以采取很多种形式。对那些希望表达自己身上"与众不同"之处和按照自己的理想去做事，却不想承担被人看成是一个叛逆者的风险的人来说，采取一条无声抵制的途径或许是明智的。我所描述的所有抵抗形式都能够让人们遵循自己的价值观、信仰和个性，对体制中那些试图使这些成分被排斥到一边的力量进行防御。尽管他们做出的努力所产生的直接影响在规模上是有限的，就像一些例子里展示的那样，这些影响有时候可以累积起来并且得以扩大，远远超出那个人当时的目的。当玛蒂娜·豪伯瑞娜披上"心理盔甲"的时候，她保持了她对于拉美裔群体的忠诚，并且在工作场合之外为扭转局面而努力。阿兰·莱维在庆祝犹太节日方面进行的默默坚持，使得其他人在庆祝他们传统节日的时候更加安全。希拉·约翰逊保持着她的种族特征，并且通过参与各种各样的幕后咨询和支持活动，努力给她的种族群体和工作场所带来转变。

在第 4 章中，我们将转而讨论更明显和更有挑战性的行为，他们把贬抑性或威胁性的接触转化为挑战期待和引起学习行为的机会。我们在第 4 章中讨论的策略，是在相互接触的环境中做出当即的、建设性的反应的途径。

| 第 4 章 |

TEMPERED RADICALS

把个人的威胁转化为机会

> 评价一个人的最终标准，不是看他在舒适和便利的环境中所采取的立场，而是要看他在挑战和争论中所占据的位置。
>
> ——马丁·路德·金

汤姆·诺瓦克并没有把自己看作一个直言不讳的积极分子，然而他试图以一种忠实于自己身份的方式生活，而这意味着把他的性倾向公之于众，尽管他承认自己如果看上去能够与西部公司里那些异性恋的男同事一样，他会为这种合法性感到高兴。许多年来，汤姆赢得了许多与他共事的高层经理的敬佩和信任，其中一些甚至会与他讨论西部公司里同性恋者的经历和"同性恋的生活方式"。一天，在一名同事的办公室里，这位高层经理对他说："我可以理解有些人选择这种生活方式，我只是不明白为什么同性恋者有必要在工作场合宣扬他们的性倾向。他们为什么非得当着人家的面炫耀这个呢？"

这一评价打了汤姆一个措手不及，他感到既受了伤害又受了冒犯。他不相信大多数同性恋者会"炫耀"他们的性状态，或者有任何这样的欲望。但是他担心如果他当场表示出针锋相对的意见，他们的谈话就会毫无建树。因此，他强迫自己忍气吞声，至少在当时的那个场合下保持沉默。但是接着，他同事桌上的一张照片吸引了他的视线。

> 我指着他妻子和孩子们的照片，对他说："为什么你会宣扬自己的性状态呢？如果你走进我的办公室，你不会看到我和我伴侣的照片。看来宣扬自己的性状态的人是你，而不是我。"

汤姆立刻看出他的同事明白了他的意思。他的回答只是简单的一句"有道理"。

汤姆有效地运用了轻松的讽刺，指出一个人对于什么是"正常"的观点，会如此戏剧性地影响到他对于谁在"炫耀"什么的看法。

在日常的交往过程中，人们常常面对类似汤姆这样的选择：是保持沉默还是直言不讳，是忽略一个冒犯性的评价还是驳斥它，是顺从约定俗成的期望还是对它们发起挑战，是作为一名圈内人"过关"还是作为局外人站在圈外。无论所处的环境是非正式的交谈还是正规的面试，是茶歇时的闲聊还是正式的评估，每天像汤姆这样的"碰撞"都会给人们提供表达顺从或拒绝的机会。在这种情况下，我们将沿用厄尔文·高夫曼对于**碰撞**的定义，他认为碰撞是面对面的、集中的、有明显始点和终点的互动行为。[1] 在我们将集中讨论的碰撞中，人们有意无意地在赞同现行的文化力量与对其发起挑战之间做出选择，其中包括的一些力量故意或不故意地威胁到了他们的价值观或者特性,或是在某种意义上对其加以贬低。

在某些碰撞中,一个人会故意试图凌驾于另一个人之上,或是存心贬低他。[2]而其他情况下的碰撞则是礼尚往来,除了"正常"交流之外丝毫没有其他目的——人们心口如一或是表现正常。无论动因何在,当人们保持沉默的时候——无论他们属于目标群体还是旁观的第三方——他们对于一次带有贬抑色彩的交往行为所做出的沉默反应,强化了现存的权力和排斥的模式。[3]

人们的沉默不语,通常不是有意识地做出这样的选择,而是由于他们觉得自己没有选择。他们觉得如果想在组织中生存下去,就必须在带有威胁性的碰撞中谨慎从事。

很多人以这种方式做出反应,这并不奇怪。当人们觉得受到威胁的时候,他们就会倾向于变得自我防卫,他们封闭了自己的创造力,并且认为除此之外别无选择。[4]在很多面对面的交往中,人们除了做出本能的反应之外,没有时间去退后一步并进行任何思考。而本能和恐惧往往会导致沉默的结果。简单地说,当我们没有清楚地看到我们有合理和可行的选择的时候,我们就可能觉得自己成了环境的受害者,并且无力对其做出任何事情。

然而恰恰就在我们目睹或者参与了威胁性交往的这些时刻,我们可能正面对着一个打破无所作为的恶性循环、有意识地追寻其他有建设性方法的机会。事实上,尽管汤姆感受到了威胁,并且觉得他个人受到了贬低,他镇定清醒地看到了一个教育的机会。[5]许多碰撞过程都给那些能够有所察觉的人提供了这类机会。

将碰撞转变成机会的第一个也是最重要的特征,是人们看到他们在做出反应的时候有选择的余地。其次的一个重要特征是人们在沉默地屈服和攻击性对抗这两个极端之间,看到许多不同的有效的反应方式。做好在任何碰撞中寻找这些可行之道的准备,对于在当时的情况下做出有效的选择是十分关键的。

对选择的认知

认识到对于任何特定的交往做出的反应属于一种个人选择,这是很不容易的。当你觉得寸步难行,你就会寸步难行了。

对选择的认知需要的是看到其他可以选择的反应方式的能力。但是甚至在这之前,已经有一些心智模式存在,使得人们更容易看到各种选择和辨别可行之道了。

- **把交往看作机会**。当我们把困难的交往看作机会而不是威胁的时候,就会更容易看到各种选择。正如简·都顿的研究表明,当我们在阐释一个事件的时候把它当成是一个潜在的学习机会,就会出现若干正面的力量。[6] 首先,这个事件看上去更容易控制,而这将使我们更觉得我们的反应会卓有成效。其次,看上去威胁性没那么大,于是那些与威胁联系在一起的自我防卫的姿态和不够开阔的想法就会退去。

- **把沉默看作一种选择**。在西方社会中,我们倾向于把沉默看成是不作任何选择的做法——看成是无所作为。[7] 这种观点自然而然地引导那些未能保持沉默的人觉得身受其害。因此，认识到沉默本身也是一种选择，并且在某些时候是适当的选择，这是非常重要的。实际上，我们必须洞悉逆流而上和顺水推舟的最佳时机。

- **对复杂的"自我"进行考虑**。许多交往行为会给人以威胁感，是因为它们看上去对"我们是谁"构成了威胁。但是，人们有着多重的自我，而任何特定的威胁都只可能针对自我的某一个部分。我并不是说这种威胁可能是不真实的，或者坚决的反应方式是不恰当的。但是记住，我们可以对该情况的其他方面进行评判，并且选择最佳的反应方式，而不是感到不得不捍卫一个单一的"真正自我"，这一点是很重要的。
- **把碰撞非个人化**。为了更好地对选择进行认知，采取一个个人之外的立场、保持与一个直接碰撞之间情绪上的距离是非常有用的。对于把威胁转移到足够远的地方以寻求其他可选择的反应方式，这个距离可能是相当重要的。（我将在第 5 章中进一步讨论这一"后退一步"的过程。）

别样反应

在特定环境下，很难看到对于威胁性碰撞的其他反应方式，除了一些极端的做法：要么保持沉默、顺其自然，要么直面那个威胁并引发一场战斗。在这一节中，我会提出 6 种我所观察到的温和激进派在对碰撞做出反应时所采取的策略。显然，这 6 类方式并不能全部适用于任何给定的情况。无论如何，关键的一点，也是重要的一点是，掌握了这些可行的策略，会让一个人能够在下一次"适逢其会"的时候看到一些可行之道。

前面的 4 种策略是直接从德博拉·科尔布（Deborah Kolb）和朱迪思·威廉斯（Judith Williams）那里拿来的。在她们所著的《影子谈判》一书中，她们提出了一种被称作"转向回应"的反应类型。[8] 改变方向这个词反映的是一种试图改变某次碰撞的发展方向的行为，好比在路上的一个转弯使得前进方向有所改变。碰撞是一些通常会巩固现存力量关系和文化准则的人际交往。采取"转向回应"的方式，参与者能够对这些力量进行重构。他们可能会在一次力量失衡的碰撞中使力量保持均衡，改变一个人对待另一个人的方式，或者使一种只有某些群体的人能够看到的力量变得显而易见。"转向回应"不仅仅使一个人能够对某个具有威胁性的状况进行分散处理，还能够挑战那些在日常交往中表现出来和得到巩固的文化和政治上的力量。把下面这些反应方式看作使威胁性和贬抑性的交往过程"转向回应"的途径，有助于促进一种选择意识和成就感。

- **打断事态发展趋势。**当你看到一个交往过程开始向你认为具有威胁性或破坏性的方向发展的时候，这种策略是适用的。例如，一名担负着家庭责任的女性高级经理，当她的同事讨论晚上召开一次必要会议的地点时，可能会在他们定下一个晚间计划之前迅速地建议在上班时的另一个时间里开这个会。她可能甚至没有指出晚上开会的计划会带来麻烦，就实现了这个方向的改变。

- **挑明问题所在**。通过挑明正在发生的事情来扭转一次交往过程的方向，可能不会改变它的结果，但是这样做会使得它背后的力量或者它潜在的后果变得更加明显。在上一个例子里，那名妇女可能会同意开这个会，但是提出这对于她的家庭生活是一种意外的侵扰。这种挑明问题所在的做法可能会使人们更加关注这个问题，也可能使她的同事以后不那么容易在没有仔细考虑给每个人带来的后果之前提出一个相同的会议计划。

- **纠正一些设想和行为**。这种做法要求人们愿意表现得更具对抗性，因为它涉及明确地说出你认为发生了什么事，以及明确指出另一个人的行为或想法可能是错误的。让我们再一次使用前面的那个例子。为了纠正人们的设想，那名妇女会指出她还担负着其他责任，而在没有得到通知的情况下很难轻易做出改变。这样，她就含蓄地质疑了她的同事认为人们在任何时候都该参加临时通知的会议的这种设想。或者，假设一个黑人男子经常在会议上被人打断，他可能只是说"我奇怪的是为什么你们没有听见我在说什么"来纠正这股力量。他的声明不仅仅会使得这股力量变得明显，而且还会直截了当地对对方进行驳斥。

- **转换方向**。这种转弯的方式所代表的反应能够造成更大一点的影响。它涉及从一个不同的方向去处理这次碰撞，通常是指出它所反映的更为普遍的模式。例如，另一名与会人员可能会明确地提出其他与会者在迫使那名黑人男子保持沉默,他们可能是无意的,随后他可能接着指出更大的歧视迹象似乎在会议中死灰复燃。当这种方向转变由威胁的主要目标以外的其他人引发的时候,这个办法将是尤为有力的。

- **使用幽默**。幽默可以提供一种轻松的、非对抗性的途径来加强人们对于导致紧张局面的某个问题的关注。[9]当它在平衡某种力量的同时将其轻松化的时候,就会变得尤为有效了。在晚间会议的那个例子中,一句"哦,好吧,我的孩子饱饱地吃顿午餐是件好事"的回答可以明确地指出这种状况背后隐藏的问题,但是这种方式不会引起对方的回敬或是将其扩大成一场艰难的辩论。
- **拖延反应**。所有的这些策略,都可以成为某个当即做出的反应或者某个推迟到后来的时间和场合做出的反应的一部分。尽管拖延反应的做法当时看上去好像是保持沉默或者表示顺从,但是它往往是一个明智的选择,因为它使你能够对如何以一种更冷静或更合适的方式去处理这个问题加以考虑。

这其中任何一种转向的回应都可能会适用于任何类型的碰撞。而且,正如我们将在案例中看到的,它们还会被那些目睹了一次冒犯性接触的第三方以不同的方式加以利用。其实,有时候站在第三方的位置来运用这些转向手段以挑战现存的力量和促进学习行为是更有成效的。

> **"转向回应":一个摘要**
>
> 改变方向的回应帮助你改变在一次碰撞过程中存在的力量,它们代表了不同程度的挑战和不同种类的创造学习行为的潜在可能性。
>
> 1. **打断**碰撞过程以改变它的发展趋势。
> 2. **指明**碰撞过程以使它的本质和结果变得更加透明。
> 3. **纠正**碰撞以解释发生的事情,并且矫正人们的看法和设想。
> 4. **转变**碰撞的方向来从一个不同的角度处理这个交往过程。
> 5. **使用幽默**来缓和某种情况下的紧张状态。
> 6. **拖延时间**以寻找一个更好的时间或场合来处理这个问题。
>
> 资料来源:西蒙&舒斯特出版社,改编自德博拉·科尔布和朱迪思·威廉斯的《影子谈判》一书(纽约:西蒙&舒斯特出版社,2000),第109页。

可供选择的一般机会

一旦人们倾向于有意识地选择他们的反应方式,并且觉得他们能够在许多种策略中做出选择,他们就更可能有效地控制那些具有威胁性的碰撞,并把它们转化为抵制预期和进行学习的机会。下面,我提供了一些有关碰撞和各种不同反应的例子,并依据那些与众不同的人经常面对的各种压力的类别对其加以归类。

迫使顺从的压力

碰撞给人带来的感觉可能是一次对于某个人顺应主流和设法适应环境的意愿的考验。有时候，一次碰撞会迫使某个人做一些违背他的愿望或价值观的事情：一个男人可能会面对和他的同事一起去酒吧或者脱衣舞夜总会的压力；一名妇女可能面对在周末离开她的家人，与同事一起去打高尔夫球的压力；一名老板可能面对向一个员工支付低于生活标准的薪水的压力。处于这种碰撞情况下的人必须决定是割舍个人的价值观或优先考虑的事情以适应环境而不惹起波澜，还是挺身而出捍卫他的价值观，并承担受到社会放逐、排斥和羞辱的风险。

有时候，这种选择关系到的只是一个人自我感觉之外的某些东西，但有时它会直接伤害到一个人的内心。这样，当这些"考验"与主流文化对于一个人违背、掩盖或抑制他的一部分自我的要求达成一致的时候，它们就显得尤为棘手了。那些在某个意义重大的方面"与众不同"的人时时刻刻都在经受这些考验。

汤姆·诺瓦克之所以会加入西部公司的公共关系组，一部分是因为他的顶头上司素有支持他的性倾向的名声，并且从一开始看上去就能很愉快地接受它。然而有一次，在与他的长期导师（他在另一个部门工作，是他把汤姆招进西部公司的）打交道的时候，汤姆陷入了困境。

汤姆的上司邀请他参加一个由西部公司主办的著名慈善典礼。汤姆知道几乎所有的高级管理人员和许多重要的客户（圈子里的那些"名人"）都将会参加。他的上司鼓励他把他的长期伴侣带去，但是他的导师弗兰克顺路去了汤姆的办公室，建议他带一个女朋友。弗兰克告诉汤姆他正处在事业上的紧要关头，而他不应该为了度过一个良宵或是证明什么一个观点而去冒"抛弃一切"的风险。像平常一样，弗兰克是希望帮助他，避免让他的被保护者自毁前程。汤姆告诉他说，他会用一天时间考虑是否听从他的建议。

汤姆知道摆在他面前的选择是，要么携带一名女伴来让自己作为一个圈内人"过关"，要么承担被当作局外人受到排斥的风险。他毫不怀疑如果他在这次考验中"过关"，那么他的事业会受益匪浅。被人们看作一个真正有权力的角色的诱惑是强烈的，而汤姆担心如果他把自己的男性伴侣带去的话会毁掉这一切，他也不想疏远他的导师。

尽管如此，汤姆知道另一种选择的风险也是巨大的。如果他表示顺从，带去一个女伴，他将成为阻止同性恋者进入内部圈子的特殊观念系统和实际行为的帮凶。从另一个角度上讲，这也是一个重要的决定。他知道其他一些男性同性恋者同意携带女伴，就是说他们已经向迫使他们顺从的压力屈服了。如果他效仿他们，那就只能助长他们的不为人知。汤姆还意识到，他的情况可能是独一无二的，因为如果他的导师不支持他的话，至少他能得到顶头上司的支持。在对他面前的选择进行权衡之后，他知道他有了一个证明同性恋者的确能够适应环境的机会。虽然他只能在携带一名男伴或女伴之间做出选择，他知道他起码还可以选择对他的导师说些什么。

经过一个不眠之夜，汤姆决定他自己的"另一半"陪同他去参加这次活动。从时机角度讲,很适合去冒这个风险。那个周末,在宴会上,他的上司当即挽着他和他伴侣的胳膊走了一圈,把他们介绍给在场的人,明确表示她站在汤姆一边。汤姆希望弗兰克能够理解他的决定,但他决定不去直接面对他。实际上,汤姆的行为打破了游戏中的力量对比。他拒绝屈服于面前的压力,拒绝为了顺从"正常的"预期而改变自己的面貌。和一个同性伴侣一同露面的做法打乱了这些预期设想。

汤姆本来可以利用这个机会去改变他的导师对这种情形的看法,或者促进更广泛的学习行为。毕竟,弗兰克是想帮助他的。汤姆本来可以挑明他的导师的偏见并纠正他对于一个人为了在银行里成为一个重要的"角色"必须做什么样的人的设想。他本来可以指出如果携带一名女子的话,他就成了扼杀同性恋的世俗期望的帮凶。总之,汤姆本来可以利用这次碰撞更加明显地改变普遍存在的标准。

另一方面,他所做的事情可能少得多。比较容易的选择本来应该是采纳弗兰克的建议,谨慎从事,作为小伙子中的一员而顺利过关。他所选择的做法是打断异性恋爱的"正常性"的标准故事,而不是进行街头演说或是直接去对抗弗兰克。

尽管他的反应方式相对温和,在回顾这次事件的时候,汤姆还是觉得他的行为起到了超出他个人范围之外的作用。在宴会上,他看到了几个男人,他知道他们是同性恋。他们选择了以非同性恋者的身份"过关",而他对迫使他顺从的压力做出反抗的决定的确给他们带来了深刻的印象,正如汤姆所预料到的一样。当其中一些同性恋者看到汤姆和他的伴侣在一起的时候,他们向他友善地点点头表示敬意,就好像是在说:"谢谢你有勇气这样做。"汤姆长期以来也是像他们那样,因此能够理解这些点头示意的含义是"现在好点儿了,下一次我们中的更多人再这样做的时候会觉得更加安全。"

最后,汤姆觉得在这种情况下,他的反应既不是过于冒险的,也没有太过谨慎。而且,尽管他还无从得知他的决定所衍生的全部结果——正面或是负面的。那天晚上回家的时候,他已经能够平静地看待它了。

爱伦·托马斯是某技术服务公司的一位年轻的黑人顾问,她面对的是一个类似的尴尬处境。[10] 当爱伦为了在一个潜在客户面前做她的第一次业务报告展示而做准备的时候,她的导师乔到她的办公室来做一些最后指导。他的最后嘱咐是:"爱伦,你应该把你的头发解开,这样显得更加专业化。"她觉得自己被刺痛了。

爱伦在应聘面试的时候就把头发编成了长长的麻花辫,而她之所以选择这家公司则是由于它宣称奉行多元化。尽管她相信乔可能是想帮忙,希望她"看上去像那么回事"并取得成功,她还是把乔的话理解为"看上去尽可能地像白人"。他的建议让她觉得像是对她身份中某个核心部分的背叛和威胁。她非常沮丧,无法当即做出答复,所以她**延迟**了答复的时间,只是回答说:"我会考虑的。"

爱伦知道不顾他的建议是要担风险的,但是她的头发与她的自我感觉之间的关系过于紧密以至于她无法屈服。而且从实际角度来看,解开她的头发需要花费几个小时的时间,而这几个小时更适合用来准备她的报告展示。

第二天，在冷静下来之后，爱伦便能够把这次的碰撞看成一种考验，不仅考验她在多大程度上愿意为了迎合这种评判而表示顺从，也考验这个**机构**在多大程度上愿意根据它的员工成分的多元化而改变自己。她意识到她是有选择的。这个插曲提供了一个机会，既能挑战乔的偏见，还能帮助他认识到这个具体的事件与公司所信奉的尊重多元化的承诺之间的关系。

爱伦准备了她的报告展示，她的表现具有无可挑剔的权威性。她梳着利索的麻花辫，穿了一身崭新的传统套装，她显得仪态万方，洒脱自如。她知道自己在表现专业性方面取得了成功；她还希望她的表现给其他人一个信号，那就是专业性的外观可以是多种多样的。

但是与汤姆不同，对爱伦来说，她的反应还没有结束。她希望能够确定她的导师从这件事中学到了一些东西，而不是通过某种有损他们之间的关系或者使他产生抗拒心理的方式。在她陈述完毕之后，爱伦立即向乔表达了谢意，感谢他出于关心而给出的建议，并以柔和的口气问他是否知道他关于她头发的建议给她带来了什么样的感觉。如她所料，他并不知道，并且要求她做出解释。爱伦详细说明了为什么她的头发不仅仅是有关"风格"的问题，以及为什么对她来说它是她种族的象征。她告诉他，她知道他并不是有意冒犯。随后，她解释说她之所以选择了这家公司，是因为她认为它能够把她当作一个黑人妇女来接受，同事在许多大事上向她表示了这种接受的态度，比如给她一个做这样高层次业务报告的机会，而在小事上他们也是如此，比如他们所表达的对于她以什么样的方式融入环境的期望。

在这次交谈中,爱伦纠正了她的导师的设想,他原本以为她的发型对她而言只不过是一种表层的"风格"上的表现。更重要的是,她把问题从发型和仪表方面转移开来,使它转化为更广泛的关于现存的"适应环境"标准的问题,公司在何种程度上情愿拓宽它对于专业性的界定范围,以及在何种程度上愿意以日常的方式将其奉行的对于多元化的承诺付诸实践的问题。这样一来,爱伦便把一个最初觉得像是针对她身份的个人威胁的问题转化为一个让她的导师学到东西的机会。

其他人没有认识到的问题

在日常交往的过程中,我们都会遭遇一些情况,含蓄地要求我们在挑起一个被隐藏的问题和忽略这个问题之间做出抉择。这些碰撞能够起到考验我们的忠诚和信念的作用。

西部公司的玛莎·韦利就遇到过这样的"考验"。在一次薪酬会议上,就在正常的交谈过程当中,某种屡屡出现的偏见赫然在目,而其他人看起来却都没有注意到。她以前就看到过这种力量,但这一次她觉得这种偏见是如此的明目张胆和后果巨大,以至于她不能允许它存在下去。

在这个案例中,一男一女两个人的职位相似,都被考虑给予提拔。高管有时候会觉得这名男士的骄傲自大令人无法容忍,但他们却接受了这一点,因为他对客户很有魅力,客户是喜欢他的。那位女士同样出色,同样有才干,同样受到客户的喜爱,虽然她的骄傲程度远逊于他。一段时间以后,这位女士注意到她没有得到与这名与她地位相当的男同事一样的机会,于是决定更多地谈论她自己的成就,以便引起她的同事的注意。

在这次特殊的薪酬会议上,与会者不仅宽恕了这位男士的傲慢自大和自吹自擂,还讨论了他的表现会如何使他取得巨大的成功。在同一次会议上,同样的一群人严厉批评了那位女士在突出她自己的成就方面的努力,并声称她在自吹自擂。玛莎回忆起她是如何把这个问题摆上桌面的。

> 我最后说:"看,我只是觉得很奇怪,他骄傲自大,而你们对此的反应只是一笑置之,而且觉得这挺好的。至于她,没有人会认为她有一丝半点的骄傲自大,可是只要她为自己说上一句话,你们就说她是自吹自擂。"我说道,"我不理解。请你们解释一下。他们两个都得到了客户的喜爱,为什么他得到了这么高的评价,而她却得不到任何承认呢?她很可能工作得更努力啊。"

玛莎**挑明**了问题所在,并随即通过指出她的同事的评判背后隐藏着的双重标准,**纠正**了这次碰撞。她觉得自己丝毫没有犹豫的余地:"我不得不说这些话。没人愿意应付这种事,但是这一次,我不得不说。"

玛莎通常在发起挑战的时候不会表现得这么直截了当,她往往会选择一言不发。但是作为这件事的目击者,她把这看成是她所经历过的一个特别好的机会,来引起她的同事对双重标准的注意。

在这个例子里,玛莎认为她同事的那些行为与双重标准的思维方式之间存在的联系昭然若揭。但是有些时候，由于那些偏见深深地扎根于"正常"行为当中，使得它们没那么明显，并且看上去好像你把它们提出来，就是在无事生非。[11] 在这样的情况下，你就会冒着被看作一个惹是生非或者牢骚满腹的人的风险，尤其当人们要么把你看作那个受到错误对待的人，要么认为你个人牵扯到这个隐藏的问题之中的时候。例如那些站出来控诉骚扰的妇女，往往被指控为制造麻烦，因为她们惹起了这种行为，或者只是因为她们"挑动事端"。在那种你个人可以从某个问题中获益的情况下，由第三者来介入并作为一个保持中立的目击者来提出意见是相当有效的。

在阿特拉斯公司召开的一次公司销售部门和业务发展部门之间的会议上，出现的正是这种情况。几个人在一起讨论可能接到的一笔生意。销售部门中一位新来的人好几次提出了她关于如何销售这项新业务的产品的意见。但是人们继续着他们的讨论，就好像当她什么也没说过。在她最后一次试图提起这个问题的10分钟之后，她的一位资历较深的同事提出了一模一样的意见。所有人都停止了谈话，转而把注意力集中在他的问题上。突然之间这些意见成了谈话的中心，而那位说出它们的男士成了讨论的引导者，那位女士则一言不发。

杰克是业务发展部的主管之一，本是个不喜欢惹是生非的人，但他简直无法相信除了他以外没有任何人察觉到发生了什么。他以前就看到过这种事情，但从来没有看到如此显眼地迫使一名妇女保持沉默的情况——当时的对象是一名亚裔妇女。几分钟后，他插进去说："现在我有点儿不理解。你们能不能给我解释一下为什么这个问题这么重要，而卡罗尔 10 分钟以前提到的那个却不值一提呢？我只想弄清楚这一点。"

像杰克这样对某一个陈述表示质疑或要求澄清某种行为，是**挑明**发生了什么状况的一种有效途径。有时候，让人们注意他们的行为可以使这些行为发生改变，至少这能够使他们察觉到真正发生的状况，让他们清楚他们的行为对其他人产生了影响。卡罗尔本来可以代表她自己做同样的事情，但是在大多数情况下这样做的话会担当更大的风险，而且可能无法产生同样的影响。

在这个情形下，杰克是占据优势的，因为人们并不会认为他在这次事件中的做法是在为他自己谋利；于是他便能够在扭转这次碰撞和向正在发生的事情发起挑战这方面扮演至关重要的角色。人们如果以第三方旁观者的身份介入事端并代表其他人引起变化，很可能产生令人难以置信的巨大效果，前提是这种介入不会进一步迫使受到错误对待的人沉默或者屈从。

让我们来看另外一个关于激起那些挑战大多数人的价值观和取向的潜在关注的例子。阿特拉斯公司的一名工程主管回忆起他曾经与生产主管共同参加一次高层会议，讨论把一种新产品部件的大批制造权转包出去的可选方案。生产主管主张包给他们以前使用过的一家印度尼西亚的工厂，而他们知道包给它的话会比使用那些他们的竞争者在世界其他地方办的厂子更加便宜。他们还知道这个工厂的劳动力被严重地压榨剥削，而它的工作环境比国际劳动组织所建议的相对松泛的标准还要低得多。

对于使用这个工厂的热情已经被挑起来了。最后，这位工程主管问道："他们怎么做到这么便宜的？我们不应该为此感到担心吗?"通过这个问题,他含蓄地挑明并使其他人注意到了一系列问题,而这些问题是没有摆到桌面上的,是一些人宁愿不去讨论的。他觉得这一细微举动至少阻断了当时的势头,提出了一种意见,并迫使其他人暂时停下来,考虑沿着这条路走下去所导致的非经济性意义。最终,那些生产主管决定使用印度的一家可能情况好不了多少的工厂。至少那位工程主管迫使他们考虑和承认了他们的决定所导致的不言而喻的后果。

冒犯性的行为

在那些夹杂着冒犯性的言语或行为的碰撞过程中,受到冒犯的人和其他人都常常必须在一瞬间选择是(以及如何)对那些评论听之任之,还是对它进行驳斥。

阿特拉斯公司的伊莎贝尔·纽恩兹正在参加一次在公司以外其他地方举办的高层研讨会。一天,公司的经理严厉地训斥了一名员工,用一种野蛮和羞辱的方式要求众人注意这个人所犯的错误。伊莎贝尔觉得很难不插手这件事。由于阿特拉斯的公司文化存在着竞争性的标准规范,这种"拷问"并不是特别不同寻常的,但是她觉得那位经理的行为毫无必要地伤害了她的同事,而其他的谈话方式会引起群体中更多的学习和合作。在她看来,她目睹了她认为越来越让人忍无可忍的一种文化的又一个例子。这一研讨会看上去正是一个合适的论坛,可以用来挑战那些破坏了行政团队中的同事关系和工作效率的标准规范,尤其因为这个群体的士气正处在低落的状态。但是在事情发生的那个时刻,伊莎贝尔并没有找到有效地处理这个问题的途径。

伊莎贝尔思考了这个问题,在紧接着的会议上,当一个类似的情况出现的时候,她已经做好准备了。她只对她的同事说道:"我们在这儿的这些人是不是一个团队的啊?"这一句声明使一切不言而喻,所有人都领会了她的意思,而人们交谈的语调几乎立即发生了变化。通过选择借助"团队"的名义而不是单单捍卫单独的某个人,伊莎贝尔使她的同事更容易做出反应,并且把她的话当成一个有建设性的意见来听取。

最初,伊莎贝尔选择了拖延。她确实为这种谈话方式贬低他人的本质感到困扰,但是却不知道如何用最好的途径将之转变为学习的机会。她的耐心起到了作用,而她后来做到了有效地处理一次类似的谈话。她简短的问题并不是特别具有威胁性,但在极大程度上有效地指明了这种无情的力量。她或许能够说比这多得多的话,但她觉得她所说的几个词足以激发意义深远的变革。任凭这种令人沮丧的行为继续下去对任何人都没什么好处,而她知道事情本来没必要是这个样子。通过谨慎地转变一次典型的碰撞,她向着改变一个不利于任何人的、破坏性的文化力量的方向踏出了很小却非常重要的一步。

另一个例子进一步证明了确定一些让人觉得既有效又"可行"的反应方式的重要性。凯瑟琳·凯西是另一家高科技公司的一名副经理,她正在参加一次全公司范围的会议,会议的开头播放了一部关于公司历史的影片。这部影片包括了若干有关前任CEO及其夫人的片段。在影片放完后,现任的CEO站到指挥台上讲话,其中夹杂了一些对他的前任及其夫人的评论,包括一句提及那位夫人"巨腿"的幽默。

凯瑟琳知道这些话冒犯了其他妇女,并且损害了那位CEO在她们心目中的形象,但是在会上并没有人说什么。凯瑟琳是唯一一个真正了解那位CEO的妇女,而她确信他言出无心,并不是故意要用贬低的方式来形容女性。

第二天,当关于这次会议的一切尘埃都已落定,凯瑟琳顺路走进了那名CEO的办公室,她只说了一句:"不错的演讲,不过你得去掉那些关于大腿的笑话。"她并不想使他难堪,或是把这个问题上纲上线。她知道自己应该开口,但她决定用开玩笑的方式来对他说这件事,这样她就能够指出问题所在,并同时缓和它带来的紧张气氛。对于她来说,最好的方式是迅速的、实事求是的、不含批评意味的和私下进行的。她觉得这是一种有效的途径,既能提出她的看法,又保证他肯听取这些意见,并从中学到东西。

对于一些人来说,这种类型的反应方式可能看上去像是一种逃避。它绝对不是激进的或是冒险的,与在会议上公然站起来要求那名CEO道歉的做法没有半点相似之处。然而如果她发现自己唯一的选择是坦率地摆出一副敌对的架势,那么凯瑟琳就可能不会采取任何行动了。**拖延时间并使用幽默**,在那个人的办公室里与他进行私下的交谈,在她看来是可行的,并且使她能够采取行动。

倘若凯瑟琳采取了一种更为激进的手段,比如说,公开揭露他的潜在观念,她的挑战一定会更加深刻,而且很可能激发起所有与会者更广泛的学习行为——但是它还可能招致相反的结果。尴尬和敌意会使人们在他们的位置上往更深的层次退却,并阻碍学习行为和变革结果的产生。

建立在刻板印象基础上的期待

我们迄今为止谈到的所有碰撞都体现了权力关系，但是某些类型的碰撞更加明确地表现了这一点。有些碰撞暗示人们去顺从那些建立在贬抑性刻板印象基础上的期待，要求他们参与到排斥他们自身的行为当中去。这样，人们就必须选择是否和如何对这些要求做出反应了。

雷虹（Hong Lei）是阿特拉斯公司的一名亚裔人力资源主管，她回忆起与她上司的上司进行的一次关于她部门招聘过程的尴尬的会谈。在会谈之后，他对她说："虹，我刚刚面试完加州大学伯克利分校 UCLA 来的这位亚洲女性，她长得跟你很像。"尽管她相信他并不是存心冒犯，雷虹还是因为他"你们看起来都一个样子"的弦外之音而感到愤怒。她脑海里出现的一个声音告诉她必须做出选择。她可以听之任之，也可以反戈一击。她轻轻松松地说：

> 哦，真的吗？我第一次去斯坦福工作的时候，那儿有一个跟你长得很像的教授。你们都是白人，中等身材，留着灰色的短发。我总是把你们俩弄混。

她的同事立即明白了她在发出什么样的挑战，他回答说："我想对你来说我们看上去也都长得很像是吗？我会记住这一点的。"

幽默使得虹能够提醒她的同事注意自己在做什么——把她类型化甚至在某种程度上模式化——与此同时减轻力度，以避免引起他的敌意，或者使问题扩大化。幽默能够说明问题但避免引起尴尬和自我辩护，听者能够更容易地考虑他们的观念并从交往过程中学到东西。虹的反应是一种幽默的指明方式，它揭露了发生的状况，使它变得轻松化，并同时指出了它的不当之处。

正当西部公司的希拉·约翰逊开始觉得她在同事中间变成了"真正的角色"的时候，她发现自己与刻板印象中的期待发生了冲突。当时，希拉是一名副经理，她是公司里职位最高的黑人妇女，而且她在事业上也取得了很大的进展。由于渴望不断地扩大她职业上的沟通网络和担当更多责任，她问她的上司为了增加她面前的机会和提高她的技巧以帮助自己做好进一步升迁的准备，还有什么事情是她可以做的。他的反应使她措手不及。他要求她去策划该部门的圣诞宴会。"我想'策划本部门的圣诞宴会怎么能够增加我事业上的机会呢？我看不到它们之间有什么联系'。"希拉对我说，"我要求他对我解释一下，而他含糊不清地回答说，这能够帮助我巩固在高级经理人员中间的影响。"

希拉很想告诉他，他应该怎么安排他的圣诞宴会，但是她谨慎地推迟了答复的时间，直到她能够冷静下来并想出一个更合理的反应方式。她并不打算通过充任一个传统妇女的服务性角色来在高级经理人员面前表现自己，但是她知道断然拒绝这个要求同样会带来损失。她觉得其他人会如何看待她，他们会怎么对待她，甚至她如何看待自己都是刚好悬于一线、岌岌可危的。

在深思熟虑之后，希拉想出了一个折中的解决办法，既能完成这项工作，又保护了她自己的名声。她对于她上司的要求既没有应承也没有回绝。她告诉他，她很乐意帮忙，但是她会在团队里找一个职位比较低的人来主持这项工作。

通过给出这样的答复，希拉**打断**了她上司让她扮演一个刻板印象中的女性服务性角色的企图。希拉意识到她放弃了一个做出更强硬声明的重要机会，因为她并不希望给出这样的信息：她不是一个忠诚的团队成员，或者她过于"自高自大"和缺乏灵活性，不能担当这类的工作任务。希拉从来没有站出来直接指明那些带有偏见色彩的期待。她也不曾挑明接受这样一份任务会给她带来的潜在后果，不论是它对她的形象造成什么样的影响，还是它将怎样耗费她本来可以用在更有价值的任务上的时间。她本可以通过说明他的要求如何把她置于一个刻板印象中的女性服务性角色上，以及指出一些可能促使他提出这种要求的设想，来纠正她上司的做法。

鉴于当时希拉对自己所处地位的感觉，她的反应在她看来已经是最大程度的实用主义了。她的名誉和她与上司之间的关系都过于脆弱，而她过于依赖他在下次升迁时对她的支持，因此对他不能有更多一点的直接顶撞。

然而，在一个不同的状况下，希拉用另一种转移方式做出了回应。一天早上，她在自己的办公室里，偶然听到她的一个同事对4个路过的黑人男子说："呃哦，出事了。你们这帮家伙是在策划什么阴谋吗？"虽然这个人时常像这样说话不经大脑，但是她相当了解他，知道他能够接受教育，而且并不真的想冒犯别人。她还知道他信任她，所以她觉得在这种情况下反驳他的评论是安全的，尤其是在她甚至并没有直接卷入这次具体的交往过程的情况下。

在听到这一评论之后，希拉马上走进了她同事的办公室，把门关上，说：

> 4个黑人一起去吃午饭怎么会让你这么紧张？我需要理解这一点。让我们来谈谈你为什么认为他们是在针对公司，或者为什么他们可能会不高兴？当你和3名白人哥们儿一起去喝酒的时候，我是不是应该断定你们有什么阴谋？

你应该使用多大的推力

当你在碰撞过程中选择适当的反应方式的时候，下面的这些重要因素是应当考虑的。[12]

时间。对于冒险和提出挑战而言，这是一个很好的时机吗？对于其他人来说，这是一个让他们接受你的"转向"的良好时机吗？

风险。让其他群体的人卷进这次碰撞要担多大的风险？打这一仗值得吗？

成功的可能性。你所盼望的结果能有多大的前途？人们能够从这种转化中学到东西吗？他们能够通过自己的表现引发他们所盼望的改变吗？

选择余地。比起那些容易引起很大风险的反应方式，是不是还有其他更好的选择呢？有没有能够让你采取一种避免过度损害你的信用立场的反应方式呢？

失败的后果。不同的选择可能产生的最坏后果是什么？它们糟糕到什么程度，以及它们出现的可能性有多大？

个人方面的联系。这只会被认为是"你的问题"吗？你是这个交往过程的旁观者，还是它的目标对象？如果你是它的目标对象的话，如果你能够让第三方代表你来插手的话，会不会使一个挑战性的反应变得更有成效？

可行性。这个反应方式让人觉得"可行"吗？是否有一种反应方式不会引起别人的不安，使你能够更成功地施行？

通过这些问题，希拉把讨论的焦点从那4个男子转移到她的同事身上，转移到他为什么会认为（不论是不是开玩笑）出了问题上面。她把话题集中在他为什么会认为他们可能具有威胁性这个更大的问题上面——公司在什么方面可能使他们感到不满，而他为什么会有特别的担心？她还指出了他想当然认为自己具有的特权——他在与一群白人男性同事进行社交活动的时候从来没有受到过怀疑——这是正常的事情。通过采取扭转方向的做法，希拉改变了对于这个问题的判断，并且制造了一个学习的机会。

这种反应方式比上一个例子中的那一种更具有挑战性。对于希拉来说，它还是一种非常不同的状况。在第一个案例中，她是贬低性评价直接针对的目标；在第二个例子里，她与做出这些评价的人同样有着非同一般的关系。在第一个案例中，她依靠的是她上司的认可，但她并不是完全信任他；在第二个案例里，她信任她的同事，但是并没有直接以任何方式依靠他。

结论

我们可以把碰撞看成是一些微型的事件，而其中体现的则是更大的文化和政治上的力量。[13] 它们能够巩固现存的部署安排，也能提供促进学习行为和导致变革的机会。

如果给出了在这些碰撞中所能做出的可能反应的范围，一个人将怎样选择哪个是最有效的？有这么多的因素在起作用——你是什么人，你处在事业的哪一点上，冒犯你的人是谁，通过扭转这次碰撞你能取得多少成就，等等。为了让你在面对一个激烈的交往过程时，能够在许多选项面前做出明确的选择，而不是感到陷入了沉默的僵局或是勃然大怒，关注这些不同的因素是非常重要的。

这 6 种改变方向的回应——打断、指明、纠正、转化、幽默和拖延，不仅能够在我们本章中研究的面对面型的即时性碰撞中得到应用，还能够适用于下一章中我们将要讨论的那类情形。对它们加以利用的，既有直接参与了交往过程的双方，也包括了旁观的第三方。最重要的一点是，察觉到一些可能的反应方式，能够建立对于**选择余地**的认知，而这本身就能够制造一种机遇意识和成就感了。

认识到碰撞常常代表的是非常现实的冲突，但是只有一部分参与者能够认识和承认它们，这也是相当重要的。[14] 因此，在许多交往过程中，一个参与者必须决定是揭露这种冲突还是维持那种没发生什么问题的错觉。挑起一个潜在的冲突可能会带来风险，被人看作不忠诚的或者只被当作惹是生非的人。关键在于明确大多数冲突并不是由温和激进派造成的,但是温和激进派常常是说出"真相"并把被掩盖起来的问题公之于众的人。

在这一章中,我们主要讨论了在事情发生的当时或者一两天之后人们所采取的直接反应方式。其中的许多反应方法把具有威胁性的碰撞变成了学习的机会,但是这种学习行为和它的影响所波及的范围,主要受到当时环境或者直接卷入这次碰撞的群体的限制。在下一章中我们将研究的情况是,人们花费时间、运筹策划,而他们所考虑的不仅仅是对于当前状况的最佳应对方式,还有如何能够采取某种应对方式,将这种状况转化为一个更广泛的学习的场合。我们将探讨建立在谈判原则上的一些不同策略。

第 5 章
TEMPERED RADICALS

通过谈判来扩大影响

> 我相信勇气往往被人错误地看成就是"不会害怕"。如果你顺着一根绳子从悬崖峭壁上爬下来,却丝毫不觉得恐惧的话,那你要么就是疯了,要么就是麻木不仁。勇气是从现实的角度看待你的恐惧,对它做出正确的解释,考虑其他的选择,并且不畏风险地选择采取行动。
>
> ——莱昂纳德·祖尼(Leonard Zunin)

琼妮·马森在商家网公司的工作包括与遍布全世界的经济落后地区发展贸易关系,并且把它们培养成向不同生产线提供原材料的供应来源。对她来说,比起与这些贸易伙伴打交道,更为困难的是在商家网公司内部进行协商。当琼妮提出把从贸易伙伴那里得到的原料纳入他们的配方的时候,那些负责产品化合物的研究与开发的科学家们总是推三阻四,而采购部的人则找尽一切理由避免从这些来源供货。他们的拒绝使她很难实现她的方案。

一天下午,琼妮安排与研发部门的主管见面,试图说服他在一个特殊的产品配方中使用来自一个南美村庄的可可油,而他立即反复声明这是"绝对不行"的。琼妮回忆道:"他告诉我他有一个非常可靠的来源,不会把他的配方质量弄得一团糟。他对我声称他有很多工作要做,没时间应付我的'好计划'。"

结束这次会面的时候,琼妮火冒三丈:"他怎么敢不拿我当回事?"她知道在她接手"公平贸易"项目之前,负责它的是公司的创建人艾莉斯,而研发部门那时候除了合作之外别无选择。琼妮则并没有具备相同的影响力。

在恼火了一阵之后,琼妮决定争取艾莉斯的支持,不是想让她来施加压力解决问题,而是让她与研发部门的主管坐下来谈谈,听听他的想法。琼妮知道艾莉斯与这个人仍然保持着紧密的工作关系。仅仅在午饭的时候聊了几分钟,研发部门的主管就向艾莉斯透露出因为她把公平贸易项目移交给琼妮负责,所以他相信商家网公司不再像以前那样重视这个项目了。由于那些地区通常没有使用足够的防腐剂,造成这些原料的质量和保存期很难预料,这就使用它们来开发高质量配方的做法常常受挫并耗费时间。既然看来它不再具有战略上的重要性,他就觉得没必要找这个麻烦了。

在从艾莉斯那里了解到这些想法之后,琼妮意识到他的拒绝并不是直接针对她个人的,甚至也不是针对她的"做善事"的计划的。这位主管的拒绝行为显示了公司里更大问题的迹象——在她的许多同事眼中,开展与贫困地区的贸易计划再也不是公司产品开发活动的中心了,而公司里的很多人把这些计划看成是一种昂贵的消遣。

了解了这个观点,琼妮改变了她努力的方向。她不再试图劝说研发部门的主管与她合作,而是想方设法提高从事对公平贸易产品的开发工作的外部形象。她请艾莉斯走访研发部门的实验室,向科学家重申公司仍然致力于它的公平贸易计划,并对他们为之做出的贡献表示感谢。她还安排公司的业务通讯集中报道了研发部门以前那些使用来自公平贸易项目的材料的配方,以便更广泛地对这些计划为公司带来的成果和那些遍布世界各地的贸易伙伴地区加以强调。

随着时间的流逝,琼妮与研发部门建立了更好的工作关系,而其中几位科学家和公司里的其他人都变成了公平贸易项目的热烈支持者。琼妮意识到这只是朝着对公司里的人进行教育,使他们了解到这些计划的重要性的方向迈出的很小一步,但是正是这次与研发部门的冲突形成了踏出这一步的机会。

在上一章中,我们讨论了一系列反应方式,但人们很少会把问题扩展到超出当时情况下涉及的群体的范围之外。事实上,在一些案例中,人们错过了(或是选择放弃寻求)真正能够产生更广泛影响的机会。

在我们迄今所探讨过的大多数遭遇当中,参与者要么没有时间,要么没有眼光,因此无法退后一步,考虑他们真正希望发生的是什么事情,他们愿意冒什么样的风险,以及在他们的遭遇中有哪些更大的问题受到了威胁。如果致力于找出这些局部碰撞中埋藏的更广泛的问题和一些别样的策略的话,他们就可能为有效地采取行动和创造更广泛的学习机会开辟出更长远的道路了。做到这一点需要的是一个有意识的过程,以取得人们在谈判中所具备的眼光和影响力。

把困境当成谈判来处理

人们经常进行谈判——既有正式的谈判，谋职的谈判，买车的谈判，商业交易的谈判，也有非正式的谈判，比如在决定去哪儿吃午饭的时候，决定何时开始开会的时候，或者甚至在决定孩子们应该何时上床睡觉的时候。在前一章里以及整本书中所描述的大多数情况，最初看起来都不像是在谈判，它们给人的感觉更像是威胁、批评、侮辱或者彻底的攻击。但是如果我们把这些情况看作有潜在的互让可能的谈判行为，并运用具体的策略来进行成功的谈判，那么我们就能看到更多的做出反应的选择，包括那些能够带来更大范围学习和变革的选择。

用谈判的方式加以考虑就是考虑到相互竞争的利益，彼此不同的位置和想法，值得注意的影响因素，以及其他可以选择的对于事情进行阐释的方式。谈判要求的是规则和行动：人们必须参与决定如何将问题铺展开来。

一个谈判的视角强调的是下列这些温和激进派面对的与各种各样不同情况相适应的策略性考虑。

- **后退一步**。在任何谈判中，从尽可能宽广的角度去考虑问题，以发现所有可能的杠杆点都是非常关键的。同样，从一次困难的交谈中撤出一步能够让你避免把自己看作问题的中心——你的情绪会鼓励你这样做——并且给你一个更充分的选择范围。[1] 其中包括问这样一个问题："这里发生的更大的系统性问题是什么？"

- **内省**。在谈判过程中进行内省并找出个人的动机，有助于让你理解什么是真正重要的，什么是值得为之而战的，以及什么是可以放弃的。同样，当面对一个威胁的时候，问这样一个问题："我真正的利益是什么，可以商榷的是什么，不能让步的是什么，其他选择还有什么，害怕的又是什么？"这样能够帮助你把注意力集中在你真正想要的东西上面，而这是所有行动的开端。最后，这些洞察力可以提供担当风险、达成协定和为最重要的东西挺身而出的信心。

- **考虑其他人的利益所在**。了解另一方的需求和目标在任何谈判中都是相当关键的。这样做可以使你有能力设法找到双方都能接受的共同基础；不这样做的话就会导致僵持局面。这要求从对另一方的即刻反应和即时判断中脱离出来，问这样一个问题："另一方真正关注的和恐惧的东西是什么？"这使你能够对你必须讨价还价的东西做出判断——它给了你处理更广泛的问题的杠杆。

- **利用第三方**。在标准的谈判中，从朋友和同事那里寻求信息、建议和支持几乎是自然而然的。不幸的是，在威胁性的遭遇中，人们往往把自己孤立起来。因此，有意地询问"在这种情况下，第三方怎样能够帮助我"能够指出信息和影响力的额外来源。

掌握了这一基本框架，让我们再来看看琼妮的"谈判"。最开始的时候，她还不能跳出所处状态的直接的紧张关系。那些科学家的反应使她戒心十足，而且她觉得他们的拒绝是一种针对个人的侮辱。但是，琼妮的判断能力还是不错的，她去找了那位创建者，那位把她招进公司和过去主管过公平贸易计划的人。与第三方进行的交谈帮助她跳出了她对于被人看作一个不切实际的"做好事的人"的惊慌和恐惧，并且**重新把注意力集中在她自己所重视的东西**和计划上面。此外，那位创建者还有能力**集思广益**，了解事情的真相。正是这些信息使琼妮能够影响当前的局面，并且看到更广泛的问题。当她了解到那些科学家认为公平贸易计划不再具有战略上的中心地位的时候，她便能够处理这个问题，不论是对它的当前形势还是对它在公司里牵扯到的更整体的东西。作为她更广泛的努力的一部分，她帮助那些科学家认识到这个系统性的问题，并随后用这个例子来针对更大的紧张状态教育其他人。这样一来，她便把这个问题从她自己和研发部门之间一次局部的冲突转化为公司里一场关于相互矛盾的优先次序和价值观的辩论。

从一个关于时间安排的冲突中创造学习的机会

这里有另外一个例子，是关于一名温和激进派如何运用许多这些策略来把一个个人问题转化为更广泛的学习和变革机会的。你会记起在第 1 章中，我们看到约翰·齐瓦克拒绝在临时通知的情况下出差。当时，约翰拒绝了上司的要求，并且没有把事情闹大。后来，约翰遇到了一回与这次的重要性差不多的情况，不过这一回，他有了时间上的优势，能够从这件事情中跳出来，考虑他想达到的目的是什么和他怎样能够最成功地实现他的目标。

约翰所在的阿特拉斯公司的业务发展部门每个季度定期举行

研讨会,讨论过去订购业务中取得的进展和未来进行订购的工作策略,以及他们作为一个团队所起的作用。在以前那些年里,这些研讨会都安排在每季度的第三个周四和周五进行,而这一年,它们被安排在周五和周六了。约翰不大清楚是什么导致了这一变化。

他的部门中没有一个人看上去会介意在研讨会的时间安排上发生的这一变化。他们的工作都极其繁忙,似乎很高兴不用在他们的常规工作星期里挤出两天的时间来。除了他的上司之外,同事中没有一个人是有孩子的,而他的老板刚刚离婚,每隔一个周末才会有对孩子的监护权。约翰刚刚同意给他的大孩子所在的棒球队当教练;他们的最终比赛与第一次研讨会的时间发生了冲突。

当约翰发现这一变更的时候,他十分沮丧。他觉得他的上司和同事对他全然不关心。他们怎么能够如此麻木不仁而且仍然"不理解"?他们对尊重外部义务的重要性都讨论过多少次了?他之所以干这份工作,一部分是由于看上去他的上司与他持有一些相同的价值观。这是不是对他是否尽职的一种考验呢?

约翰知道在琢磨出应付的策略之前,他必须从自己的最初反应和个人感觉中撤出一步来。在对这件事考虑了几天之后,他便能够超脱自己的愤怒和伤心了,并且把这一时间安排上的小小变化不仅仅看作对于那些无动于衷的同事的证明,而且看成是更大问题的窥豹一斑。这一时间安排问题,与过去许多别的令他感到愤慨的事情一样,反映出公司的某些设想,这些设想认为严肃和尽职的员工应该随时都能进行工作——它们根源于工作场合中的一种能够把工作置于其他一切之上的传统。[2] 由于他的绝大多数同事的生活都符合这一描述——他们没有工作以外的义务，或者他们的配偶知道他们周末不会在家——他们的所作所为正是所谓"规范"的做法。对于他们来说，这一时间安排上的变化并不会特别麻烦地打乱他们的生活。

　　认识到这些，约翰看到了选择的余地，并且确定无疑地悟出他的同事为什么"不理解"。在决定如何应对之前，他仔细审视了自己想要得到的东西和对他来说真正重要的东西。这件事情仅仅与改变研讨会的日期有关吗？如果其他事情发生转变的话，他是否愿意在这件事情上做出让步，还是说他准备采取强硬的立场，拒绝放弃这些特定的与家人团聚的周六呢？他在什么问题上是不能商量的，又会愿意在什么问题上采取灵活的态度呢？通过问自己这些问题，约翰认识到尽管周六一般都是重要的，但是只有春天那个与他答应做教练的事情发生冲突的周六才让他觉得不容商议。约翰意识到这个周六的冲突对他而言象征了一些更大的问题，因此他不仅仅必须坚守自己的承诺，还需要对为什么这样做做出解释。他希望他的同事能够从这次"小小的"个人冲突中学到东西。

　　在他向上司提出他的想法之前，约翰意识到他如果能够首先理解为什么研讨会的时间表发生了变化的话，对他来说是有好处的。他的上司在想什么？他并不打算直接向他的上司提出这个问题，因为这将不可避免地直接引起一次他还没有做好充分准备的交谈，而他需要从他的上司那里得到这一信息，从而找到能够使引起时间安排变化的需求和他所在部门的整体需求得到满足的可行的解决方法。

于是他问他上司的助理为什么研讨会改了时间。他了解到他的上司对于每个季度让该部门的全体成员整整两天都离开办公室不能工作这件事情感到忧虑。这个答案并不出人意料，但是它给了约翰某种特殊的信息，使他能够琢磨出可行的建议。

约翰要求在下一次全体员工会议上发言。他首先讲述了他在知道重新安排研讨会的时间这件事的时候的想法。他解释说他不高兴看到在周六进行研讨会，尤其是第一个周六对他来说真的是个问题。他承认，是的，这只是一次孩子们的棒球比赛，但是他已经做出了一个对他来说相当重要的承诺。约翰还提出了另一个能够消除他上司的顾虑的可行计划：每隔一次，把研讨会的时间安排在从周四下午到周六早晨，而其他的则安排在周四和周五两天，在公司里的会议室中进行，把午饭时间延长，让员工们能够回复电话并且大体上做到"随叫随到"。

约翰的建议证明他并不是不能变通的——他愿意为公司牺牲一些周末的时间，而且他也理解他的上司的"全天候工作"的想法。员工就这一特殊提议讨论了一些其他可行办法，最终决定采取约翰的计划，只做了一处改动：周四至周五的会议不会在公司里举行，但是仍然延长午休时间。

在他们解决了当前的问题之后，约翰说："谢谢你们愿意制定出这个时间表。我认为这对每个人都更有好处。现在我想谈谈更大的问题。"约翰指出，该部门和该公司的诸多不言而喻的标准做法——"常规"时间表以外临时通知的会议，对于出差的要求，以及他们的工作文化中普遍存在的危机倾向——作为一个整体是如何假定员工不会有工作之外的责任的。他承认每个人所重视的事情都有所不同,这带来了各种各样的束缚,但是他回忆起他听到该部门的每个人都以这样那样的方式说过,他们希望更好地平衡他们的生活。约翰还知道他的一些同事——有男性也有女性——正在考虑在近期内要个孩子,而他们担心的是如何在按照这个进度工作的同时做他们想要做的那种父母。他要求他们同他一道寻求解决之道,既能满足公司对于工作高效和尽职尽责的员工的要求,又能够允许他们在工作之外的生活中做到值得信赖。他们愿意制定出研讨会的时间表和讨论这些问题,已经是一个伟大的开端了。

通过表达意见,约翰积极地转化了问题,并且为他的上司和同事们重新阐释了这一当前问题的意义所在。他明确了一点,那就是这个关于研讨会时间表的矛盾冲突所关系到的并不仅仅是他是否乐于在周六的时间工作。它所牵扯到的,是对于他和其他所有人都不仅仅能够这样做,而且应该这样做的一种假设。

为了完成他所做到的一切,约翰需要从即刻的问题和它所引发的他的情绪反应中抽身出来,透过所处环境非个人化的做法看到发生的更大问题,否则他和其他人就会一直把它当作一个仅限于个人的矛盾冲突。同样,他必须仔细考虑对他来说什么是重要的,而且在第三方的帮助下琢磨出如何消除他的"敌人"的顾虑。了解了这些,他便能够把这个对于他个人所重视的东西的威胁看作一个他实际上可以对其有所处置的更大问题。

在种族骚扰中引发变革

让我们再来看看另一个关于运用谈判策略来转换问题和为建

设性的行为开辟道路的例子。

凯西·琼斯（化名）是一位很有魅力的、肤色较浅的黑人女性，居住在英格兰乡间的一座小城镇中。她在该城的一家小型顾问公司上班，这使她成为在那里居住和工作的很少几个少数种族成员之一。就在她买下了一辆新跑车不久，一天早上，警察示意她把车停到路边，问她开的是谁的车。在接下来的几个星期里，警察多次截住凯西，每次都像上一次一样羞辱她。由于怒火不断郁积，凯西盘算着把一个关于骚扰的故事拿到当地的报纸去发表，还考虑有可能把警察告上法庭。

一天早晨，凯西上班迟到了，她看上去显然心烦意乱，因为警察又一次截住了她。她的老板艾尔把她叫进了自己的办公室，问她出了什么麻烦。他提出了许多不同的问题，而凯西由于能够把胸中的一切郁积倾吐出来感到十分畅快。那天他们一同去吃了午饭，进一步讨论她应该怎样做。在这次谈话结束的时候，她已经能够超脱出她个人的愤怒，并且把这件事看作一个更系统化的问题。她看到这些事件并不仅仅和她一个人有关——警方正在致力于推行种族多样化，这项制度化的行动实际上禁止了种族成见和种族歧视。[3]

对凯西来说，这次交谈使她身心为之一畅。现在她发现这种行为不会被允许继续下去，但是同时她也确信自己一开始想要通过付诸媒体的方法来羞辱警方并不是解决问题的办法。她希望找到一种行动方式来有效地提出她对于该社区的人权和种族歧视问题的更深层的关注。

艾尔认为如果他代表凯西写一封署名信件的话，她就会得到最好的吸引警方注意力并且与警方进行交涉的机会。在社区内，他是一名交友广泛的白人男子，而警方不会认为他有任何特殊的个人企图。艾尔知道写封信并不是处理这个问题的理想途径，但它会为凯西的声音增加声势和造成共鸣，并且充当一个良好的开端。第三方（恰恰是一名白人男子）会对她自己的可信度造成损害吗？凯西是一位独立的女性，并不喜欢依靠其他人来替她进行战斗。但是在这一情况下，她意识到她真正想要的是阻止骚扰行为，并且如果有可能的话，为更深层次的问题做些事情。由一名"圈内人"写下的一封信可能是最有效的启动方式。

正如他们所希望的，艾尔的信立即引起了警长的注意。在为那些骚扰行为直接向她道歉之后，警长和凯西进行了一次关于警察队伍中的文化的长谈。原来他也希望改变这种文化，但是遇到了麻烦，他希望得到她的帮助。凯西回忆道："我以为我会受不了那家伙（警长），但是他表现得非常坦率。他把所有的骚扰事件都告诉了我。他告诉我想在社区中找到与警方进行交谈，并且共同合作解决这一问题的少数种族人士是多么的不容易。"警长要求她助他一臂之力，把这些事件转化成一个让全体警察得到学习的机会，"他对我乐于同警方合作进行努力感激不尽"。他组建了一个地区性的委员会来检查警方与少数种族打交道时的表现，并且发现骚扰行为比比皆是。"我每隔几个月跟他碰一次面。另一天，我和他一起去吃午饭，他告诉我是我全盘改变了他对于黑人的看法。"后来，凯西被要求同更大的调查委员会谈话，并随后受到邀请，帮助实施一个给警方提供的教育计划。她告诉我：

> 看上去好像是我通过开启一扇门和与一个曾经被我看成是敌人的群体进行交谈，向前迈出了小小的几步。现在我看到了一个试图正直地做他的工作的人。他有着一些由他所受的教育熏陶出来的自己的观点，但他正在改变着他的看法，而我对于他们的看法也在发生变化。

凯西知道在这一过程当中，她和警长彼此都从对方身上学到了东西。她希望其他人都能直接从他们身上学到东西，同时也能把他们之间本来看似不可能的合作当作一种代表希望和可能性的典范。

凯西从一名警察的骚扰行为和种族主义的个人受害者转变成为一个卓有成效的改革倡导者。[4] 通过从她的个人怒火中后退一步，并且仔仔细细地审视她自己的目标，她便能够超越复仇和赔偿的想法，找到符合她更深层次愿望的行动方式。知道自己想要什么使她能够吞下她的骄傲，在与警方交涉的过程中寻求帮助。

警长在从她的故事中学习东西的这种做法中表现出来的坦率使凯西更深地介入了这件事情。尽管愤慨和疏远的感觉依然存在，但她选择了参与到问题的解决工作中来。凯西对目标的明确性、发现她的"敌人"真正意图的坦率性，以及对发生的更大问题的与日俱增的认知，使她能够用以前从来没有想象到的方式与她原先的敌人并肩作战。她能够看到，它们也是一个系统性问题的产物。

使用谈判的策略

现在我们开始更深入地研究琼妮、约翰、凯西用来把他们面对的即时性问题转化为更广泛的学习机会和变革机会的 4 种谈判策略。

退后一步

退后一步的做法提供了处于对某个即时事件的个人经验之外的一块"立足之地"。[5] 尽管当某个事件让人觉得在情感上受到了攻击的时候想要后退是尤为困难的,但是这恰恰是使这样做显得最为重要的时机。当人们的情绪激动起来的时候,他们的想法就会变得自我防护,缺少创造性,而且更加狭隘。[6] 过于个人化地看待某个事件会挡住人们的视线,使他们无法看到更大范围内的问题,也无法有效地对它们进行处理。

当我们改变自己所处位置的时候,我们对问题的理解就会发生转变,也就能够开启一些选择来对其产生影响。当我们站得过于近的时候,我们就只见树木、不见森林了。退后一步的做法包括的最核心的一点是问这样一个问题:"事情是仅仅与我有关,还是说有一些更大的问题和更大的利益在这个事件中展现出来呢?"

约翰的案例对于后退一步的价值来说是非常有力的例证。他不得不暂时使自己脱离受伤感和愤怒,以便看到隐藏在研讨会时间表变动之下的更广泛的假设。通过看到他的个人问题以外的东西,约翰便能够把问题从一次个人时间安排上的冲突和对他个人优先次序的威胁,转化为一个在组织对于什么是全心投入的"优秀"员工的假设和组织很大一部分得力的员工的日常现实之间的无形矛盾。同样,当凯西从她的怒火中脱离出来的时候,她也就能够看到发生的更大问题了,而这些问题是她深深关注并希望帮助纠正的。

退后一步说起来容易做起来难。记住,这些事件中的大多数都给人非常深刻的个人化感觉。它们伤害人们、激怒人们、贬低人们。因此,我们怎样在对一个给人以如此彻底的个人感觉的紧张局面面前做到非个人化呢?我们来看看两条途径:把问题归于外部原因和影响映射。

家庭心理医生依靠一种被称为"问题外化"的方法帮助人们开拓宽广的眼界,并开辟新的途径去介入那些一般和特殊的问题。对问题进行外化要求的是把问题**当成故事**来想。其目的在于构造一个拿某次具体事件当成例证的一般性故事。[7] 尽管写在纸上好像是非常容易的事情但是它往往并不简单。有一点阻止了人们从特殊情况中构造出一个一般故事的做法,这就是他们倾向于把一模一样的情节和一模一样的结果,强加到每个事件当中。

心理医生帮助人们为他们的故事创造可供选择的不同结局,或者研究让一个问题以不同的方式展露出来的途径。这样做既使得人们脱离了他们的"典型故事",也开启了采取行动的选择。[8] 有一条策略是对过去进行回顾,并且试图回忆起与一般问题展露出来的方式相矛盾的那些因素或者事件。琼妮不需要看得很远,她可以回忆起当商家网公司的创建者主管"公平贸易"的时候,人们曾经更严肃地看待这个计划。另一条策略是从幻想中抽取成分来变出一个称心如意的关于未来的可选剧本。例如，琼妮可能会幻想商家网公司的"商标"可以根据它的公平贸易产品和公平贸易实践来进行设计。凯西可能会幻想一个没有体制性种族主义的社区，在那里警察不会毫无理由地截住任何人并向他们提出问题。运用幻想来揭示称心如意的可供选择的结果，这样做可以对人们的行动能力产生有力的影响。[9] 研究表明，"肯定的幻想"制造了一种控制感，它会促使人们更有目的地采取行动，这反过来也会提高创造称心如意的结果的可能性。[10]

一种被称作"影响映射"的理论同样可以有助于让人们从他们对于一个问题的典型故事中脱离出去。影响映射要求首先认识到一个处于其一般形态的问题是如何对人们产生影响的，其次是那个人可能对一般的问题产生怎样的影响。[11] 其中第二部分的意义更大。凯西能够运用她的经验来判断她是尽可能用力推动，还是错过了机会，没能介入她所面对的不仅存在于警察队伍中，还更为普遍地存在于她所在社区当中的种族主义问题。她可以考虑她做些什么以便在工作场合中影响白人对种族的看法。她为他们引发了什么，还有她能够对顾客做些什么，以便在其他那些体制性种族主义丑态百出的环境中创造学习行为？她是否错过了与她的同事合作的机会呢？

通过运用不同的"故事"来外化某个问题的过程有助于使人们从激烈的环境中脱离出来，并且开辟以其他形式对一个问题进行重构的途径。这不仅仅提高了更有效地处理手头问题的可能性，还有助于辨识崭新的途径去对一个问题施加影响，有时采取的途径能够制造一个范围更大、更加持久的影响。

> **退后一步使自我与问题分离**
>
> 在采取行动时做到超我,说来容易做来难。回答下列问题可以有助于问题的"外化"过程:
>
> 1. 这一问题可能产生的其他结果会是什么?以往的结果比较好的例子是什么?
>
> 2. 为了对这个问题的一般形式产生影响,你或者其他人做了什么或者能做些什么?
>
> 3. 想要让一个渴望的结果在这种环境中变成现实,需要发生什么事?

反躬自省

有效的谈判要求人们明确他们真正希望得到的是什么,他们希望得到多少,以及如果理想的话,清楚他们害怕的是什么。按照彼得·圣吉(Peter Senge)的话说,这种自问自答是系统学习中所包括的最重要的实践之一。[12]

这一过程要求的是直面那些尖锐的问题:"我希望实现的更深远的目标是什么?""对我来说什么是没有谈判余地的?""我愿意放弃的是什么?""我内心隐藏着的恐惧是什么?""我的其他选择是什么?"这些问题的答案都是个人化的,因此在不同情况下会发生变化。例如,不是每个人处在约翰的位置上都会对周六上班或是耽误了做一次义务教练有着那么强烈的感受——有些人不会把它与他们最核心的价值观和最关注的事情这样紧密地联系起来。其他人所看重的东西虽然有所不同，但对他们来说一样是不可侵犯的。当对某种行为方式加以评价的时候——做什么，做到什么程度，放弃什么——这种自我认识是无法估价的。

人们可能每时每刻都在用一种随随便便的方式考虑着他们的个人想法，尤其是在面对矛盾冲突的时候，但是显得似乎十分关键的那种自我评价却是既不随便也不容易的，它中间包含着原则，至少明确更深层次的目标，在"可以商议"和"不容妥协"之间进行区分，直面恐惧，以及确认其他选择。

明确更深层次的目标。我不知道我所研究的温和激进派们是如何着手澄清他们的个人目标的。然而我知道，如果他们沉溺于当前所处的情况中不能自拔，并且被他们的焦虑感、自我防御感和愤怒所控制的话，就很不容易做到这一点。这就是为什么退步抽身，离开激烈的环境，明确你在一个特殊环境中和一般情况下真正关心的东西，并确定如何最好地依照这些愿望采取行动是非常重要的。[13]没有这种认知，你就会被本能冲动所操纵。

在"可以商议"和"不容妥协"之间进行区分。明确你更深层的目标和想法为你在哪里可以做出让步、在哪里无论付出什么代价都不能妥协加以区分提供了依据和原则。约翰·齐瓦克在对那个与他关于做教练的承诺发生冲突的周六的重要意义和其他的周六进行区分的时候就做到了这一点。尽管他更希望在其他的周六也不要上班，但对他来说，它们并不是那么重要的。同样，当导师要求爱伦·托马斯解开头发的时候，她对她发型的重要性和服装的重要性进行了区分。尽管她并不乐意穿一身保守的工作套装，但它们对于她而言，并没有像头发那样象征着重要意义。

正如了解什么是不容妥协的，能够给你一个坚定的立场，知道什么是你愿意商议的，给了你调节谋划的空间。琼妮由于能够区分对她来说可以商议和不容妥协的东西，赢得了灵活机动性。她回忆起与一位更资深的同事之间就公司人权声明的用词问题发生的一次争执，这份声明试图清晰地表述商家网公司在公司内外的人应该受到什么样的对待方面持有的信念。为了说服高级经理接受这个声明她做了大量的工作，而琼妮希望通过让它得到采纳来公开地巩固公司对于一系列人权原则的承诺。尽管她对于这份声明的基本原则寸步不让，但在对其中一些条款的词汇运用上，她的态度还是很灵活的。这种适应能力为她提供了所需的空间去战胜阻力，并使这份声明在整个体制当中一路绿灯。在《变革大师》(*The Change Masters*)一书中，罗莎白·默丝·坎特(Rosabeth Moss Kanter)得出的结论是，那些最成功地影响他人的人，就是那些清楚地知道自己想要什么，但却以灵活机变的方式实现他们目标的人。[14]

伊莎贝尔·纽恩兹在阿特拉斯公司的实例就得益于这种灵活性，它一部分来源于在对她来说可以商议和不容妥协的问题之间加以区分的能力，这在她去国外出差的过程当中表现出来（在她原来的岗位上，这种旅行是家常便饭）。当她面对那些与她自己的原则发生冲突的文化标准的时候，她不得不在何时毫不退让、何时顺其自然的问题上做出选择。

> 即便这是中东国家的风俗习惯，我也不愿意把脸藏在一层面纱后面，或者在一个男人后面几步的距离

> 内亦步亦趋。这完完全全是一种过于屈从的象征,而它会有损于我的专业权威性和我的身份。然而出于对这种文化的尊重,我也会做一些事情,但它们不会让我做出这么大的妥协。我很乐意穿上比我通常选择的那些裙子更长的裙子,或者像某些文化中的妇女所习惯的一样把头发扎起来而不露出来。

她的原则非常简单:她拒绝就任何明显牺牲她的核心价值观或自我身份的问题进行谈判。她在某些方面的灵活性使她能够在真正重要的时候坚定不移。

伊莎贝尔对可以商议的事情和不容商议的事情进行区分的能力同样在处理较大问题时表现出来。她回想起一次这样的例子,当时她打算如果她的同事否定了一名正在被考虑提拔的女同事,她就立即离职。伊莎贝尔知道那位妇女的资格是够的,但是她没有培养起一个内部关系网络来支持她。于是伊莎贝尔就这个问题与别人发生了争论。对于其他一些看上去没那么清楚明确的问题或者利害关系没那么强烈的问题,她表现出了更多的灵活性,而且她还试图在她最为关心的那些问题上利用这一灵活性来引发更大的影响。

认识恐惧。当人们不能辨识他们的恐惧的时候,他们就会成为森然笼罩着他们的焦虑感的傀儡,无论他们是否理智。我所观察的一些人变得如此急不可待,只是为了尽快解决某个问题,于是他们牺牲了自己的利益,通过做出一些让步才如愿以偿。

我看到过直面恐惧是如何给予人们主宰自己命运的能力的。

他们得到了信心，能够把注意力集中在重要的问题上，而不是为了可能会发生的无可名状的未来而忧心忡忡。而在大多数情况下，人们为恐惧感所驱使，在它的操纵下表现得顺从，在它的操纵下去追逐一些不当的利益，或者在它的操纵下缄默无言。

那些看上去愿意拒绝顺从的压力并担当风险的人似乎已经与他们的恐惧达成了谅解。一些人得出的结论是除了丢掉工作以外他们没什么可害怕的。其他人的结论则是丢掉工作也没那么糟糕，他们真正害怕的是失去信用或者被驱逐出某个非正式的关系网络。人们可以通过了解以前恐惧是以什么样的方式使他们不能全身心投入，在他们本可能大声疾呼的时候使他们保持沉默，或者促使他们过早地投降，来识别他们自身的弱点。当人们面对他们的恐惧的时候，他们可以对其加以控制并选择如何对它们做出反应。他们再也不是自身焦虑感的俘虏了。有了这种认知，真正的信心和自由也就随之而来了。[15]

识别恐惧

问问下面这些非常简单的问题，对于弄清楚恐惧可能在无意中引导行为的方式来说是非常有用的：

1. 如果你采取这种做法的话会发生什么事？
2. 可能发生的最坏的事是什么？
3. 你为什么如此害怕这些结果？
4. 如果害怕出现的结果成为事实的话会糟糕到什么程度？

确认其他选择。 在矛盾冲突的环境中找到其他选择或许是在谈判中一种最有效的影响方式，有助于减轻恐惧。当温和激进派拥有明确的选择时，他们就会为在辩论中保持坚定的立场做出更好的准备，而恐惧是不能把他们带上谈判桌的。这一基本谈判原则有时被称为"谈判协议的最佳替代方案"，或者缩写为BATNA。[16] 提前了解可行的选择使人们减轻了对于得到一个特定结果的依靠，并从而更加不用依靠谈判的另一方，而独立性则会引发自信和力量。

当玛莎·韦利向歧视行为发起挑战的时候，或者当她在考虑到西部公司关于是否会继续支持一个非营利组织的决定——该组织有一条排斥同性恋志愿者的正式政策——仍然坚持她的立场，她有信心坚持她觉得"不容商议"的东西。她已经做好了准备，如果西部公司决定继续支持这个组织的话，她就辞职：

> 我在这件事情上基本属于自己找死。这对我来说很可怕……但这是那些我知道自己正确无误的情况中的一次，而我必须为那些在这里受到威胁的事情挺身而出。

由于清楚地知道如果公司不依照她毫不妥协的标准来改变其行为的话她会怎样做，玛莎有了充分的信心挺身而出，反对那些重大的管理层的问题。尽管她不想离开西部公司，她还是有意识地记住了那几家给她打过电话的猎头公司的号码，这样一来她就能够一直都知道自己是可以离开的。对这一点的了解给了她力量，帮助她确定什么时候可以站出来说话，讨论什么问题，以及

她能够承担多大的风险。她告诉我:

> 在我面对某个人之前,我会让自己重新了解我的经验和成就,这样我就知道我的价值所在了。如果我没有仔细盘点我的技术,并说服自己我很容易就能找到另一份工作的话,那么我绝对不可能有勇气去冒那些风险。

在重视一个职位和彻底依赖它之间存在着巨大的差异。认识到你的其他选择能够使你有信心坚持全力追求你想要的东西,并使你有勇气拒绝向你的恐惧和焦虑屈服。

考虑其他人的利益所在

成功的谈判者知道是什么在驱动着他们的对手。对他们来说,什么是重要的?他们想要的是什么?他们潜藏的需求和恐惧是什么?同样,理解冲突或碰撞中的其他角色所注重的东西以及他们的需要和恐惧,能够极大地提高创造其他令人满意的可行之道的机会。它提供了一扇窗户,通过它我们可以看到他们可能重视的东西,而让其他群体在他们所重视的方面得到满足的能力越强,你在这个问题上的影响力就越大。

琼妮·马森的突破性成就来源于她对研发成员真实想法的揭示,而她与商家网公司的采购员打交道时也经历了同样的过程。在这个例子中,琼妮也害怕他们对她"做善事"的计划做出机械的反应,她的计划要求采购员进行复杂而昂贵的采购。最后,她跑去找采购部门的一位管理人员谈话,试图说服他进行合作,但是她在这次简单的交谈中了解到的东西需要的是一种不同的解决方式。采购员真正的顾虑主要集中在员工受到的评价上面。对他们的评估和给他们的报酬，依据的都是他们以等同或优于市场牌价的价格购进货物的能力。

琼妮一旦得知了这一阻止购买公平贸易产品（通常价格都比较贵）的内在障碍，她就可以直接着手解决这个问题了——用来对采购员进行评价的尺度。费了一番辛苦，她建立起了一个可调节的尺度——当采购员订购与公平贸易计划有关的产品时，衡量的标准就变成购买价格与一个标准的公平贸易价格之间的差价，而不是与"市场价格"的差价，这就避免了他们为了购买价钱更贵的公平贸易产品而得到严厉的评价。琼妮与采购主管之间的"个人"斗争根本就不是一个个人问题，而是一个系统性问题的体现——这是公司的激励机制与它所宣称的价值观和承诺支持的公平贸易之间的较量。

一旦其他群体的动机（他们的侧重点、需求和恐惧）显露出来，考虑怎么做能够满足他们是很有帮助的。把这些利益看成是用来讨价还价的"通货"是很有用的一种想法。[17] 它们的价值并不确定；它们的涨幅取决于特定个人的具体需要、利益和恐惧。琼妮揭示研发和采购主管真实想法的能力给予了她"货币等价物"，而她可以用它来做交易，推行她当前的和更宏伟的计划。

想法和动机是无穷无尽的，而许多用来使它们得到满足的不同形式的"通货"亦是如此。下面是一张罗列了若干动机和常见通货的单子。

组织中的动机和常见通货

1. **鼓励**：参与具有重大意义和中心地位的任务，出类拔萃的机会，以及投身于那些在道德上"正确"的任务当中。

2. **与工作任务有关的**：得到额外的资源、帮助、通路、合作，以及有助于完成任务的信息。

3. **地位和合法性**：获得头衔、晋升、地位、认知、显著性、名声、重要感，以及提高声誉的人际关系。

4. **人际关系**：通过重要的人际关系赢得接受、喜爱、支持、指导和理解。

5. **专业发展和自豪感**：参与具有挑战性的任务，在提高专业技术和独立性方面具备所有权和自主权。

资料来源：摘自 Alan Cohen 和 David Bradford, *Influence without Authority*（纽约：Wiley, 1989）经授权由 John Wiley & Sons, Inc. 再版。

利用第三方

老练的谈判者知道在矛盾重重的时候，第三方是多么不可或缺。在温和激进派面对的问题中，第三方——朋友、同盟者、同事、上司、下属等都在许多方面有所帮助，从给一项特殊任务提供协助到帮助阐释某个矛盾的内在含义。

帮助做准备。由于他们并没有卷入当前的碰撞，而且不大会被怀疑由于个人的参与和个人的情绪而受到蒙蔽，因此在帮助温和激进派实施前面提到的三种策略——退后一步、反躬自省和理解其他人的想法的方面，第三方扮演了关键的角色。同时做到退后一步和反躬自省是很困难的，尤其是当一个人被矛盾带来的痛苦折磨得筋疲力尽的时候。因为有一定距离，同盟者就能够帮助一个人从问题中摆脱出来，并提出尖锐的问题。艾尔就是以这种方式来帮助凯西的。她一开始被对警方的愤怒蒙住了眼睛，渴望进行复仇。在谈了几次话、流了几次泪之后，她就能够看到冲动之下掩盖的是一种无力感。她真正希望的是致力于解决问题。困在一个报复的动态过程当中只能产生更多的无力感。在帮助她看到走出这种状态的道路方面，艾尔的价值是不可估量的。

第三方还能够有助于人们揭示对立方的担忧顾虑和利害关系，多半是采取他们帮助琼妮和约翰时的做法。琼妮所在公司的创建人帮助她了解到的一些问题，在她能够与研发部门协作这件事情上起到了至关重要的作用。约翰上司的助理为他提供的信息使他能够针对研讨会时间表的改变，研究出另一套可行的方案。此外，通过提供一些关于采取不同的行为途径所存在的风险和其潜在后果的信息，同盟者所给予的帮助会特别有效。

给予合法性、影响力和人际关系网。 除了提供信息之外，正确的第三方还会给予你的想法以合法性和影响力。或许艾尔为凯西所做的最重要的事情，是通过代表她写了一封信，使她在该社区拥有了可信度和影响力。

温和激进派并不总是能够通过直接接触那些当权者来推动他们的事业，但是换作一个同事的话就经常能够做到这一点。当琼妮意识到她需要改变那些购买者的估价标准时，她需要得到的是公司首席财务官（CFO）的认可，而她和这个人并不熟悉。然而对琼妮的工作给予了支持的商家网公司的创建人却十分轻松地为她牵线搭桥。

在某个冲突最大限度地使学习行为得以扩散之后,与范围更大的关系网络之间的联系同样可以起到辅助作用。故事的散布传播只能在关系网络所允许的范围内进行。凯西交友广泛,在她的交际圈中既包括有色人种的男男女女,也包括白人男性和白人妇女。此外,她的上司在当地社区中与重要的选民关系密切,在帮助散播故事并且从而扩大有可能从她的努力中受到教育的人的范围方面,他是十分有威力的。

提供情绪上、社交上和事业上的支持。同盟者和朋友能够帮助温和激进派打起精神,能够让他们知道自己不是孤军作战,而且能够提供鼓励和支持,使他们不断前进,不会在面对不可避免的阻挠和挫折时选择放弃。同盟者还可以在其他方面上有所帮助,他们通过提供工作上和事业上的支持,使温和激进派能够在适当的时候办成事情。他们可以提供资源,提供技术支持,提供反馈,也可以直接帮助他们完成一项工作。

居中调停。处于适当位置的第三方还可以充任调停者的角色,帮忙打破僵局,中止争论,规劝人们表现得好一点,并且让所有人"公平竞争"。调停者的这个角色需要由得到所有参与方信任的人来担任。[18]尽管琼妮要求他们谨慎地进行调停,但当她在她认为十分关键的问题上与同事僵持不下的时候,她还是会求助于某个高级管理人员来打破僵局。在以含蓄或者明确的方式威胁说自己会向这些居于高层的同事求助的时候,她不得不做到极度审慎,否则就很可能有损于她自己的权威性。

减轻焦虑和抗拒程度。第三方通过减轻人们的焦虑程度，还能够带来安全并把抗拒减小到最低水平。高度的恐惧和焦虑会妨碍学习的可能。[19] 当恐惧程度降低的时候，人们就能够开始主动承担起解决问题的任务了，他们可以在对事物进行判断假设的时候更为变通，还能在对矛盾冲突做出反应的时候考虑到采取更为大胆的行为。[20] 如果最开始的时候警方对于凯西的建议并没有采取坦率开放的态度的话，那么第三方可以通过告诉他们凯西并不打算找他们的麻烦来减轻他们的恐惧感。

帮助保持多重的"自我"。或许最重要的一点在于，温和激进派所依靠的同盟者能够代表矛盾冲突的双方——代表那些帮助他们与其互不相同的"自我"保持联系的人。这对于避免沉默不语和受到同化，以及缓和可能出现的导致勃然大怒或者采取过激做法的冲动来说是非常关键的。在冲突发生的时候，直奔其中某一个方向，要么放弃你的原则和价值观，要么在暴怒的情况下说出一些有损你的目标的话，这是极其容易的。温和激进派所依靠的同盟者是那些能够帮助他们坚持自己"不容妥协之处"的人，和那些使他们能够控制脾气以保持可信度的人。通常，实现这种平衡需要听取的不仅仅是一个人的意见，它意味着找到那些可能比你更为激进的人和那些比你更加温和的人，并且倾向于做出让步。在没有别人帮助的情况下，想要在两股相反的拉力之间保持平衡是相当困难的。这个结论是普遍适用的，且对于那些处于矛盾冲突之中的人则尤为重要。

有些温和激进派会回避一些像琼妮与她公司的创办者之间建立的，或是凯西与她老板之间保持的那种关系——这些同盟者是完完全全毫无疑问的圈内人,所以他们怎么可能值得信赖呢?这就是为什么对于凯西和琼妮来说,同时拥有一些能够让她们与自己作为"局外人"的自我保持联系的同盟者是至关重要的。在一个给定的紧张状态下,能够求助于这些不同的盟友将是极为重要的。

帮助阐释问题。最后,第三方参与者可以有助于对问题进行界定分析。某个特定的碰撞如何得到处理,以及它所导致的更广范围的学习行为,往往会受到某个人对于这个事件的明确描述的影响。在他写给警方的信中,艾尔把他提及的事件描述成具有更广泛重要意义的问题。他使它脱离了一名抱有偏见的警官和一位受到不公正对待的妇女之间存在的问题的窠臼,并且把它界定为一个关于警方内部体制性种族主义的例子——把它看成了一个他所关心的社会问题。

第三方扮演的不同角色:一个归总

第三方可以扮演许多重要的角色,来帮助温和激进派有效地"谈判"并扩大他们的影响范围。

1. 为谈判做准备
   - 帮助温和激进派退一步进行思考
   - 促使温和激进派进行自省
   - 帮助揭示其他方群体的真正想法/问题
2. 给予合法性、影响力和人际关系网

3. 提供情绪上、社交上和事业上的支持
4. 当事情出现僵局的时候居中调停
5. 减轻对手的焦虑和抗拒程度
6. 帮助保持多重"自我"
7. 阐释问题
   - 帮助解释一些行为并使他们理解即时的冲突
   - 帮助用更广范围内的重要性来解释局部的问题

诚然,艾尔的信导致了一个有意义的反应,但是他或者其他人本来甚至可以做得更多。在凯西与警长进行了最初的会面之后,艾尔或者其他第三方人士本来可以把他们双方不谋而合的对于解决更大问题的尝试明确地解释为对于一个体制性问题的积极介入。他们本来可以说:"是的,这是个大问题,但它也不是不能解决的。如果我们协同合作,用滴水穿石的方式来处理它,那么我们就能给人们的生活带来一个良好的改变。"通过这种解释性的工作,第三方就能够有助于引发关于更广泛问题的学习行为,并让其他人知道,人们通过努力解决问题,正在使情况发生着变化。如果说存在着一种行为方式,能够使由某个特定事件引起的学习行为所波及的范围得以扩大的话,那么它就是这种"阐释"的工作,而且由于它十分重要,我们将在下一章中对阐释意义的策略进行更加深入的研究。

温和激进派需要其他人。我经常建议人们去考虑组织那些提供截然不同的观点、技巧和关系网络的人们建立一个"个人顾问委员会"。这些个人指导委员会——或者像弗朗西丝·康利博士所说的"厨房内阁"[21]——能够帮助温和激进派坚持他们的理想并且最大限度地利用他们的机会去激发他们所在公司里的学习行为和进步的变革。

结论

太多的时候人们只根据其表面意义去看待事物——凯西受到了有种族主义倾向的警官的骚扰；约翰被迫违背家庭的义务；琼妮的计划被贬低为"做善事"的理想主义。至少，我们已经看到那些问题本身是如何具有多重面目的了。温和激进派扭转局面的最重要途径之一，就是通过把看似属于个人和局部的问题转化为具有更广泛、更复杂含义的问题。这不仅仅改变了我们看待问题的方法，还为采取行动和引发变革开辟了道路。对这些问题进行转化的开端是一段深思熟虑的过程，其中包括了许多在成功的谈判中运用的策略。

以处理谈判的方式来应对困难的环境或者解决棘手的冲突意味着采取参与者而不是受害者的态度。对于这一点，凯西可能是最好的例子。她把一次痛苦的和个人性质的遭遇转变为一次个人成长的机会，并且对她所在的社区产生了积极和广泛的影响。

通过对她心中暗藏的削弱该社区的种族主义的目标进行不懈的坚持，她十分坚定地扮演了操纵者的角色。这对于凯西，以及其他许多被她的行为所鼓舞的人，产生了一种持久的影响，而这种影响则远远超出了她与警方进行合作的范围。她的话成为对这一章的最好总结：

> 我与警方打交道的经历决定了我现在对公司会议室里坐着的那些人的看法。我走进一间屋子，发现那些人的态度与我大相径庭，尤其当我在更老的行业里和年长的男性一同工作的时候。我确定他们对我有成见。他们一辈子都被允许蔑视我这样的人。
>
> 但是现在我把自己看作某个运动的一部分，它帮助人们以缓慢的速度前行。我试图让他们注意到由于我的种族和性别，人们是怎样对待我的。只要有可能，我就会持续不断地发现和抓住机会以温和的方式影响他们。我试着对体制睁一只眼闭一只眼，并且不像以前那样把事情看作个人问题。现在我知道了自己是具有代表性的，而它并不只是我个人本身的问题。我看到事情在慢慢发生变化，而我希望能够为解决问题出一分力量。

下一章的内容是建立在这一章许多主题的基础之上的。在本章中我们集中研究的是成功应对各种不同环境的策略，而在下一章中，我们会接下去讨论一种更为积极主动的理念来寻找制造影响冲击的机会。我们将集中讨论一种关于"小胜"的策略，这种理念能够引发微小的、可行的改变，并且通过积极主动地阐述这些创举的意义来促使学习行为的产生。

第 6 章[一]

TEMPERED RADICALS

巧变小胜为大赢

> 最开始的时候不要受太多规则的束缚。尝试不同的事情,看看哪个能带来最好的结果。追求理想的目标,但是要把它付诸实践。所有取得成功的事情都不是某个事先制订的计划或者某些规则和法令的产物,而是源于一种对意愿和事件进行观察并调整自己的思维方式。
>
> ——弗洛伦斯·南丁格尔

自从彼得·格兰特在20世纪60年代中期受聘参加工作开始,他就觉得西部公司应该雇用更多的来自少数民族群体和少数种族群体的员工。他不仅仅相信更深程度的多元化能够让现存的少数民族员工更容易出人头地,还相信多元化带给公司的更宽广的视角能够使公司更加强大。更进一步,他了解到其中一些根深蒂固的做法,尤其是那些与招聘有关联的做法,使公司很难找到和吸引那些他相信应该招聘进来的应聘者。这并不是说其他人反

[一] 我从卡尔·韦克教授那里得到的观点和灵感奠定了这一章的基础,为此我对他表示特别的感谢。

对他的想法，这只是因为他们没有像他看得那么清楚，而且的确没有看到这种阻碍。

彼得本来可以把他的意见变成一个公开的大问题，但是他基本上相信，如果他直截了当地尝试去改变招聘的政策或者挑战某些潜藏的设想，他就可能对他的同事构成威胁，并且有可能激起很多抵制的行为，所以他选择以沉静的方式开始行动。

在开展正常的招聘工作的时候，彼得努力辨别出那些可靠的少数种族应聘者。当他找到了他们并随即成功地聘用了他们的时候，他就会要求他们做出承诺——承诺他们未来也会聘用其他少数种族的应聘者。"我会说，'你们的工作之一是雇用其他少数种族的人。如果你们做不到这一点，如果你们不承诺这样做的话，那么你们就不应该干这份工作'。"他还要求他们积极主动地保持与西部公司里他们新招聘来的员工之间的关系。彼得坚信产生变革的唯一一条途径就是"我们都去提携其他人"。对每一个招聘来的员工，他都会传达这一理念。

在许多年里，彼得一直坚持执行着这一程序。由于所有这些对少数民族的招聘都是在一个实际上规模更大、范围更广的招聘活动的环境中进行的，它并没有引起人们的注意。然而随着时间流逝，这些分散的创举累积起来了。在他头两年的公司生活中，彼得估计他直接或间接地雇用了40名少数种族应聘者。10年后，他猜测那个数字已经扩大到1500名了。20年后，彼得已经进入了高级管理层，并且积极地参与到西部公司管理活动的许多方面当中。在西部公司干了30年之后，他更加积极和公开地处理那些有关多元化的问题，到了这个时候，他估计，由于他几十年前用很小的步伐启动的这个程序，西部公司雇用的少数民族员工超过了 3500 人，而这个程序还令一个使这些少数种族员工更容易取得成功的支持性沟通网络得以产生。⊖

彼得进行沉静招聘的策略是一个被卡尔·韦克称作"小胜"的例子。一次小胜就是一个"有限的、可行的、能够产生某些具体和明显结果的进程"。¹ 彼得知道他希望实现的是什么——极大程度地提高西部公司中少数种族的代表性，并且营造一个能让少数种族员工在其中取得成功的环境。他从自己力所能及的地方出发，采取一些可行的创新举措。通过从小处开始，他取得了当即奏效的进展，并随着时间的推移创造了一个递进的程序，它不仅自身导致了一场意义重大的变革，而且还起到了为以后的更多变化营造环境氛围的作用。

较之于前面章节中所勾勒的那些策略，采取赢得小胜的方法的前提是存在一个变革方案，以及某种积极的手段，用以捕捉机会去推行这一方案。它是一种有意识的策略，目的在于对自己的价值观遵循不悖并且引发变革，但是并不是以一种公开而具有攻击性的形式与体制发生直接的冲突。

让我们来看看琼妮·马森是如何利用小胜在商家网公司推行她的方案的。最开始的时候，她直接向公司的创办者和首席执行官艾莉斯汇报。琼妮需要同产品开发部进行合作来使她的产品得以投产，但是他们给予的合作（就像公司里其他部门那样）有时候不够及时有力。尽管该部门的许多人愿意在原则上支持公平贸

⊖ 他的三名同事经过他们自己的独立估计证实了这些数字，而它们略高于彼得的"保守"估计。

易计划，但他们往往只把生产线上的那些产品算作社会责任性质的"附加品"。

> **小胜的例子**
>
> 　　这些例子是由一名温和激进派提供的，这个人一直在致力于提高她所在公司的社会责任感和环境保护意识。
> - 在每个人的桌子上放置一个绿色箱子，这样他们甚至不用站起来走到最近的回收箱去扔东西。付钱给清洁工，让他们搜集所有的可回收垃圾。
> - 在停车场设置一个瓶子堆放处，这样一来人们就不用为了回收玻璃再多走一趟了。
> - 给计算机设置短时间无操作行为后自动关闭的指令，这样人们就不会老是忘记把显示器关掉了。
> - 大量购买节能灯泡，这样员工就可以低价买到它们并在家里使用。
> - 为午休时间人们去超市买东西开辟一个停车场。
> - 转而从进行公平贸易的供应商那里购买茶叶和咖啡。

　　当公司对许多部门进行重组的时候，琼妮发现了一个扭转局面的机会。她认为如果她自己成为产品开发部的一员的话，就可能减轻来自该部门的抵制。于是她申请把她的那个组改划归到产品开发部，并且要求直接向该部门的总监汇报。没有人拒绝她的要求；事实上，许多人把这看成一种自愿的降职，因为琼妮再也

不能向首席执行官进行汇报了。²

她的计划取得了进展。作为一名"圈内人",她更加成功地使产品开发部的同事认识到了她的公平贸易产品的价值,理解了这些产品如何能够使整个生产线得到提高。很快,她的同事就要求她参加产品开发部的头脑风暴会议,为下一季度的零件出谋划策。她的小组成为这一流程的一部分,而很快她在"常规"产品小组中的同事就开始把公平贸易产品看作他们某些生产线上不可或缺的一部分了。她还寻找机会来谈论她新的汇报结构,谈论较之于待在一个与主要业务活动毫无牵连的分离的项目当中,她被纳入产品开发流程是多么的合适。一旦有可能,她就会用她调职这件事情来创造机会,引发一场关于公平贸易产品在公司扮演的角色的交谈。

像彼得一样,琼妮有着一个改革的计划。她以前曾经尝试过以更直接的方式推行它。她曾经用几个月的努力试图直接改变公司所注重的东西,试图让人们在行动上支持符合商家网公司言之凿凿的价值观的那类项目。这些努力中的一部分在某些人群中明显取得了进展,但是它们需要耗费大量的时间和精力。相对于她的其他努力,琼妮转入产品开发部的做法就没那么具有威胁性,而且更加可行了。她要求改变汇报结构的做法使她只受到了很小的抵制。然而通过这个细微的举动,通过把它阐释为一次深思熟虑的将她的项目纳入产品开发程序之中的努力,琼妮彻底地改变了一个重要部门对公平贸易产品的看待方式、评价方式和对待方式。作为一次小小的举动,干得很不错呢!

为什么以"小"的方式开始

作为一种变革的手段，小胜策略有着若干优点，其中一些与第3章中讨论过的沉默抵制的益处颇为相似。首先也是最重要的一点是，小胜之所以有很大效用是因为它们的可行性。这种手段鼓励人们通过做他们现在可以做的事情来采取行动，而不是被挑战击垮或者无休止地寻求"完美的"解决其问题的方法。当他还是个新雇员的时候，彼得可能无法想象去挑战西部公司的正式招聘政策，但是他的岗位责任中包括招聘这一项，因此对他来说自己去招聘少数种族的应聘者是很自然的事情。

由于它们被认为具有"可行性"，小胜还透出了一种希望、自尊和自信的感觉。更高的自尊和自信会导致高涨的雄心和更多的努力，而后者反过来更有可能产生渴望得到的结果。[3] 小胜所具有的创造希望和吸引其他人参与进来的能力，使它们成为组织社群努力的一块奠基石。索尔·阿林斯基是组织社群的"祖师爷"，他相信反过来说也是正确的，就是说当人们相信他们没有力量去改变所处情形的时候，他们会停止寻找扭转局面的机会（猜猜怎样），他们一点儿机会也找不到。[4] 这样，这些开端无论对于创造积极进展，还是完成一项任务，都是同样有意义的。朝着渴望的方向采取的细微行动使得一切有了个开头，无论对个人而言还是对群体来说。

小胜策略的一个吸引人的因素在于它使忧虑感和个人风险降到了最低程度。由于它削减了一次创举的规模，并且提高了人们所感觉到的实现期盼目标的能力，于是就降低了与革新行为相关的焦虑感。⁵ 此外，小胜通常是足够"不起眼的"，于是便不会与组织的"免疫系统"发生对抗，至少在它们经过充分的积累引起更大注意之前是不会的。当彼得选择他的策略以引发一次最终体现出其重要价值的变革的时候，这种动态过程是俨然在目的。

无论细微创举的结果是胜利还是失败，其另一个益处在于它们能够导致意义重大的学习行为。正如科特·莱文（Kurt Lewin）曾经观察到的，要想对系统进行理解，没有比试图改变它们更好的办法了，即便这种改变是以小的方式进行的。⁶ 小的行动能够揭示不为人知的同盟者和信息、抵抗的来源，以及另外的变革机会。小胜挑起了问题，并且引发了交谈。

此外，小胜的最重要优点之一是它们体现和保持了温和激进派的"不同的"价值观和身份。有了它们具体的提示，人们就不会抑制这些方面的自我了。小胜可能是避免被同化的最好解药，因为它们展示了他们是什么样的人和他们关注的是什么。

批判这一手段的人会迅速指出这种策略的缺点。他们声称小胜能够"诱使人们陷入一种错误的自得情绪"，而且他们声称"大的问题需要的是大的解决方式，而不是零敲碎打"。然而小胜证明了事情并不一定像它们现在的样子。一个部门性的再循环计划并不能解决全球变暖的问题，但是它的确证明了垃圾是可以减少的。为了迁就一名员工的时间表而改变会议时间并不会改变工作场合的文化，但是它的确表明了工作行为并不一定就得是不讲人情的、须臾不能分身的。小胜就是小的证据。即便当变革微不足道，而且一直保持微不足道的状态的时候，小胜还是在性质上,如果不是在数量上的话,证明了事情是可以改变的。[7]

批评者抱怨小胜会一直持续微不足道的状态。谁说的?如果一个人决定做到确保它们不会维持微不足道的状态,那么它们就未必会一直微不足道下去。通过一些努力,小胜可以被捆扎在一起,而它们的重大意义就会明确地促进更大范围的学习行为,而学习行为则会导致更进一步的改善。

为了赢得小胜而定位

在前面的章节中,我们集中关注的是人们如何应对威胁性的局面,并且讨论了一些能够让人做好准备、更有效地做出反应的建议策略。同时我们还发现了许多状态条件,使得人们准备好去寻找和赢得小胜。

培养一种"模糊的展望"

那些希望促进变革的温和激进派如果对于他们所追求的变革没有一个大概的展望,是无法有所作为的,然而过于清晰和过于具体的展望也会带来过多的束缚。对未来的模糊展望能够让人们做到灵活应变,并且在机会出现的时候能够加以利用。这并不意味着温和激进派摒弃了所有的方向感,它的意思只是说他们抱有足够模糊的展望,能够容许他们采取灵活的策略。[8] 例如,我怀疑彼得会抱有比对提高工作环境中的社会公正度和多元化程度的希望更为具体的展望。琼妮希望的是让公平贸易计划成为商家网公司整体业务活动中不可或缺的一部分。他们展望的模糊性使他们能够在选择策略和对机会做出反应的时候做到能屈能伸,随机应变。

在日常的细节中搜寻机会

正如我在全书中一直强调的,学习和改变的机会往往隐藏在组织生活的细枝末节中——在每天的业务活动中,在寻常的交往中,在"正常"的思维方式中。温和激进派还能够在细节当中找到赢得小胜的机会。[9]

当西部公司的一名员工某一天注意到公司正在向员工提供一个"父母之道"研讨会的时候,就出现了一个这方面的绝佳例子。她把这次机会看作一个邀请,它鼓励人们迫切地要求一种相同的关于"另类父母"的专题讨论会:同性恋父母、单身父母,以及有监护权的祖父母。这看上去像是对掌管这些专题讨论会的人力资源主管提出的一个合理要求,所以员工就对这些专题讨论会进行组织和宣传活动。在专题讨论会举行了几个月之后,一名与会者注意到了一个看似微不足道的细节,那就是员工手册对"家庭"的定义是严格遵循"传统家庭"概念的,这名与会者同时是公司多元化工作组的成员,现在她对西部公司中"另类家庭"的数目已经更加熟悉了。几个月后,她和其他同性恋员工说服了公司高层改变这一正式的定义,以做到对不同类型的家庭更加包容。这一并非微不足道的、十分具有代表性的胜利导致了后继的学习行为,并且为一些在给"家庭"提供的利益方面的物质上的改变铺平了道路。

通过对这些细节做出反应来引发变革，意味着同时搜寻一些能够以细微的方式改弦更张或者重新定义的行为和语言，来制造一些在性质上有所不同的结果。总之，这种手段要求一种临场发挥的能力——敏感地察觉周遭环境中的细枝末节，并乐于在机会出现的时候采取行动。

挑战组织的容忍度

由于组织当中存在的多元化观点，一次小胜为了避免招致抵抗，究竟需要细微到什么程度，往往是并不清楚的。然而人们常常会把容忍的程度想象得比实际情况更加拘束。回忆一下西部公司的汤姆·诺瓦克，他把自己的男性伴侣带到了一个高层次的社交典礼上。在他原来的想象当中，这个行为将会导致一切形式的负面反响，然而结果证明现实比他想象的情况要好得多。

同样，从前在福特汽车公司工作的时候，罗杰·赛兰特被派往墨西哥去建设和经营一家新工厂。按照预料，罗杰应该遵循福特公司设计和建造工厂的根深蒂固的规范，其中包括与哪些建筑师合作，使用什么材料，以及最重要的，工厂的楼房看上去得是什么样子。罗杰相信在一个外国文化当中进行运作的正确方式应该是做一个亲切的客人，建造起一个符合当地品位和适应当地环境的工厂。因此不顾习以为常的规范，他与当地的建筑学院签订了设计他的工厂的合同。他的几个同事对他的行为提出了警告，提醒他采取这一行动如果不会使他遭到撤职的话，也只能使来自总部的"缰索"束得更紧。尽管这一举动确实招致了怀疑，但是身在公司总部的他的上司和其他高级经理还是给了他比他的同事更多的空间去做他的"事情",而连罗杰自己甚至也料到了这一点。后来,工厂在预计的金额和时间内竣工和他成功地与当地的墨西哥社区建立了前所未有的友好关系之后,许多同事都对罗杰能够抗拒固有的规范并去做他相信正确而且有效的事情赞不绝口。

小胜可能未必总会有如此美满的结局,但是把想象中对于我们能做什么、不能做什么的束缚强加给自己的危险性在于,我们在无意之间变成了对那些我们急切盼望着去挑战的限制加以维持的帮凶。当我们发现自己在逃避那些我们害怕风险过大的行动的时候,或许明智的做法是挑战那些使我们走到这种地步的设想。我们是不是真的看到了那些能够证明我们担忧的负面后果呢?通过依靠创造小胜的手段来轻轻地推动组织能够容忍的限度,我们使组织处于一种流动的状态,并且在不需要担当过度风险的条件下减轻了它的束缚力度。[10]

明智地选择战斗的规模和时机

由于精力、时间和可信度的有限性,温和激进派不得不谨慎地选择他们的战斗。做出进行哪些变革的决定,依靠的多半是捕捉一个成熟的机遇,而不是找到完美的解决办法或理想的时机。抓住恰当的机会需要的是一种对于时机、对于相关的"风险和回报"、对于潜在后果中包含的危险性,以及对于在一个人的利益、手段和机遇之间进行权衡的敏感性。在一个特定时间里敏感地判断其他人的接受程度也是重要的:在这个环境中,另一方会对变革表示接受吗？模糊展望的美妙之处在于它给等待一个恰当的时机和机会去采取行动提供了一种灵活性，它还提供了捕捉意料之外而又特别好的机会的灵活性。

琼妮·马森调入商家网公司产品开发部门的主意并不是在一个隔绝的环境中平白兴起的。她是在她周围正在发生的规模更大的重组这一环境当中想到这个主意的。想要在不引起阻挠或怀疑的前提下建议进行一次汇报结构上的变化，再没有比这更好的时机了。

西部公司的希拉·约翰逊解释说她对于选择进行哪一次战斗的判断一部分是根据时机而定，一部分是根据处于危险境地的是什么东西而定的。

> 我经常停下来想："这个问题是不是大到足以让我愿意挺身而出说这些话呢？"……比起为了一名白人妇女，我可能会为一名有色人种的妇女进行更持久和更艰难的抗争。我认为我的抗争会起到更大的作用，而我试图在有意义和有价值的问题上扭转局面。

为了反馈和学习的目的来策划小胜

小胜曾经被当作是系统性学习的工具。它们挑起了关于事情为何如此的问题，并且可以被看作"实验"。实验倾向于瓦解做事的"正常"途径。然而，由于它们看上去只是"些微琐事"，因而它们并不会像一次更显著的变革那样引起那么多的焦虑或者抵制。但是恰恰从那些被瓦解和未被瓦解的事物当中，我们可以学到很多东西。

正如用药后的反应能够证明诊断的正确或者错误一样，一次小胜实验的效力需要依靠这个小胜能否以及在何种程度上产生预期的结果来进行评判。[11]琼妮当然不能担保她调到产品组的做法能够使公平贸易的产品进入主流，但是至少她将得到不可估价的信息，来帮助她策划她的下一次"实验"。

约翰·齐瓦克试图在他所处的阿特拉斯公司业务发展部中发动一项政策，来阻止晚饭时间给员工家里打电话的行为。他的上司把这当作一个非正式的准则和目标，对其表示同意，但是他不打算把它作为一种白纸黑字写出来的规则来采纳，因为他们的订购工作所具有的时效性非常强的本质有时会要求在决定性时刻随传随到。约翰意识到或许在与时间有关的政策当中创造"绝对的"规则是并不合理的。他得做到更加灵活机变，否则他的上司就会干干脆脆地拒绝任何启动照顾家庭的做法的尝试了。这重要的一课帮助约翰决定了他如何阐释随后的创新举措。

想要像约翰做到的那样从小胜的尝试中学到东西，要求的是密切地关注它们导致的后果：什么发生了改变，什么毫无变化？谁感到兴奋而谁又表示抗拒，为什么？卡尔·韦克提出，小胜的最有力结果之一就是它们通过对我们能够改变的事物和我们不能改变的事物加以区分，有助于培养组织智慧。

> **为了赢得小胜而定位：小结**
>
> 1. 持有一种"模糊的展望"。建立一种对于变革的展望，使它能够接纳许许多多特定的结果和可供选择的道路，以便创造灵活性和容许机会主义。
>
> 2. 在细枝末节中创造机会、寻找机会，并且为在行动中利用它们做好准备。
>
> 3. 挑战你对组织容忍度的判断。把小胜当成一条减轻现存的习俗套路和限制规范束缚的途径来加以利用。
>
> 4. 明智地决定你的挑战的规模和时机。在有限的资源、时间、可信度和精力的前提下，根据时机、影响范围、成功可能性等因素来选择你的战斗。
>
> 5. 策划小胜以引发学习行为。把小胜看作探察情况和帮助你和他人学习的实验行为。

阐释小胜的意义

一旦某个人初次成功地赢得了一次或更多次小胜，他就可能希望扩大它们的潜在影响。这样做要求组织中的其他人能够理解这种介入的重要性。发起这种学习行为，需要的是一个积极主动的对小胜的意义进行阐释的过程。

正如我在上一章中略微提到的，人们对于某项行为意义的理解与这项行为本身就重要性来说可以是毫无差别的。温和激进派扩大小胜的影响的最有效途径,就是明确它们的重大意义,或者把其中若干次胜利联系在一起,并且用回顾的方式把它们阐释为一种连贯的组合,或者抱有同一目的的"计划"。这就给单个的小胜赋予了更猛烈的冲击力。

回忆一下玛莎·韦利在一名员工提出增加工作安排的灵活性的要求时做出的反应。玛莎承认她并不打算直接尝试去改变西部公司在工作时间表和机动性方面的正式政策。她只是寻找机会在那些希望这样的人身上尝试灵活安排而已,而这些年中她进行了若干次"实验"。结果,由于她的实验的消息不胫而走,到处流传,于是她发现她所有那些非正式的调节措施累积起来,为她所在部门的员工创造出了一个成功的计划。

显然玛莎对她员工的工作时间表采取的调节措施对于他们当中的每一个人都是非常重要的。但是更重大的意义来自把这些创举作为一个"计划"捆扎到一起的做法,以及玛莎后来进行的明确地将其阐释为一种解决更大问题的方式的努力,这一更大的问题便是长期而固定的工作时间表会给某些特定的员工造成困境。

"阐释"意义的重要性

让我们后退一步,看看一些关于为什么阐释意义是变革过程中如此重要一部分的另外一些原因。

第一,帮助他人看到小胜意味着什么,使除了创新者之外的人能够从变革中学到东西。在玛莎的案例当中,她的同事学到了灵活性能够在实际上提高人们的工作效率,因为固定不变的工作时间安排对于某些员工来说十分压抑。玛莎清楚明白地对假设提出了与众不同的质疑。把罗杰·赛兰特在墨西哥的创举阐释为向与当地社区进行合作迈出的一步，起到了质疑现存标准规范的作用，并且提供了关于以更负责、更有效的方式进入一个东道主文化的更广泛的组织学习。

第二，捆扎和阐释的做法还在那些会被看成是一些互不相干的临时创意之间创造了连贯性。把一系列小胜阐释为一个成功的"计划"，一个可行的"别种选择"，或者一种有存活力的"实践"，为这些行为赋予了重大的意义。玛莎在工作时间表上的调整不仅仅会被看作她这方面的成功管理行为，还会被看成是一种迹象，显示出在整个公司里，这些安排可能是比现存状况更富吸引力的选择。

第三，按照远大的理想来阐释细微的创举，能够有助于避免挫折、沮丧和心力交瘁，这是极其重要的。在温和激进派当中，被委派大规模改革的任务并不是常见的事，通常他们都是在一个有限制的竞技场上施展身手，而他们的影响范围是有限的，但是其中许多人都有着远大的理想。当你希望做到的是例如消除环境垃圾这样的大事情，而你所看到的却是部门性再循环计划的有限效果，你就很容易受到挫折打击了。因此，按照其希望实现的更广大的理想来阐释你自己和其他人的有限努力的能力，对于使你坚持继续前进和鼓励他人的参与是非常关键的。

第四，当我们指出一次小胜的更广泛的重要意义时，就会自然而然地提出两个问题：其他的小胜能够为同一个计划做出什么样的贡献，而我沿着相同的途径还能够做到什么？这一更为开阔的眼界有助于避免自满情绪。随着西部公司为另类父母举行的专题讨论会的召开，与会者开始寻找其他受到过度限制的计划。当玛莎对其他部门的一名同事解释说她的灵活的工作时间表是为了适应那些有孩子的员工而设计的，那名同事就决定通过阻止强制性的傍晚会议来解决她那个部门的需要。当更大的目标明确下来的时候，变革就会更容易被引发。

第五，通过审慎地阐释它们的意义，明确地将小胜与它们的更大目标联系起来，就能够有效地指出人们所关心的问题，并且确保问题不会由于其他那些可能没看到这种联系的人的缘故变得不可认知或者被琐碎化。如果玛莎从来没有公开地指出她所担忧的更大的问题（那些妨碍了工作场合的人性和公平的体制性问题），人们就可能会继续认为她只是在解决由于一部分员工的癖性而产生的需求。她对于更大问题的阐释引发了更为广泛的组织学习行为，对那些阻碍了任何担负着外部责任的人的文化规范进行了解。这种学习行为反过来为那些在非正式的规范标准方面追加的变革和关于灵活机动性工作的政策铺平了道路。

阐释意义的工具

人们是如何对小胜的意义进行阐释和传递的呢？尽管我所观察的温和激进派使用了各种各样的手段和媒介，但在这一章中，我们将要集中讨论的方法是用故事和语言来阐释意义，以及通过口头、笔端和象征性的表达方式来对意义进行传递。

解释和修改故事。人们所讲述的关于他们自己、关于他人和关于他们的行为的故事有意识地或者在潜意识中创造了意义，并且界定了人们对他们的"现实"的理解方式。[12] 小胜创造了质疑和修改人们深信不疑的现实"故事"的机会,从而打开了缺口,让人们能够改变他们对于周围世界的理解。

那些在某种文化中被一再讲述的故事在相当大的程度上成为意识的一部分,结果我们根本就不把它们当成是故事来看待。它们决定了被我们看作"朴素真理"的东西——事情"是"什么样子。例如,关于什么是"好的"、谁是应该受到奖励的、什么是"正常的"的故事是如此的根深蒂固、如此的想当然,使得这些故事本身变成了透明无形的东西。所有的文化中都存在着这些"占主导地位的说法"。[13]

其他一些故事使得占主导地位的说法更加显眼,从而让它们再也不能担当无可反驳的真理的角色。这些故事通过提出不一样的真理和对现实的看法,揭露了占主导地位的说法的透明性和有限性。这些"颠覆性说法"通过质疑人们习以为常的观念,为学习和变革创造了开端。[14]

美国文化中关于单凭自我奋斗取得成功的故事就是一种占主导地位的说法,它对为什么人在组织中获得成功,什么人做不到这一点,以及为什么会这样提供了现成的解释。被人们所接受的故事是"努力尝试和拥有能力的人会取得成功"。当然,相反的说法是非常明确的:"那些没有取得成功的人必定是没能像那些取得了成功的人一样拥有能力或者付出了努力。"这个关于单凭自我奋斗取得成功的故事将许许多多现存的组织安排合理化了,其中包括组织性的招聘、评价和提拔体制,然而由于它在美国文化中是如此制度化的一种说法,以至于极少有人会承认或挑战它的真实性。[15]

西部公司的行为也强调了这一占主导地位的关于单凭自我奋斗取得成功的故事,而那里的大多数员工可能都认为自身本领是成功的来源。然而,这些占主导地位的说法是可以被颠覆的,尽管这种颠覆只是暂时的,但是这样的颠覆提供了不同的解释,并且为全新的工作行为方式创造了开端。例如,玛莎的灵活的工作时间表挑起了对于单凭个人奋斗取得成功这一"真理"的怀疑。如果那些有着外界束缚的人在灵活的时间安排下能够表现得更加卓有成效,那么一些得不到这种选择的"表现欠佳者"之所以没能成功,或许就并非由于他们能力不足。这个问题提出了体制性偏见可能是工作表现的因素之一的这种可能性。这样,小胜就能够含蓄或者明白地对那些解释和维持现行做法的占主导地位的说法进行质疑了。它们还能够为解释事情为什么是现在这个样子的等不同以往的真理开辟道路,而这些真理能够教给人们很有力的一课,并且为随后而来的实践中的变革铺平道路。

让我们看看另一个例子,一家投资公司希望从商学院招收更多的女生和少数种族学生。由于他们相信以前之所以招不到足够的女生和少数种族学生是因为"输送渠道"方面的问题,从而得出的结论是面试的应聘者越多,识别出人才的机会就越多。于是,该公司在进行校园招聘时增加了接受 30 分钟面试的应聘者的名额,而这一改变却丝毫没起作用。[16]

这家公司里占主导地位的说法是该公司对于性别和种族丝毫不加区分,而且它的招聘活动是中立的(意思是说公司对不同种族的男性和女性的喜爱程度是毫无二致的)和不偏不倚的。这种说法使得招聘工作实际上无可争辩,并且暗示那些应聘者本人多多少少与工作不能相称,或者达不到合格的标准。这就是人们普遍认同的他们"失败"的含义。

公司的一名成员发现了这个故事的破绽。他看到了对于那些主持大多数面试的中年白人高级管理者来说,标准的 30 分钟校园面试的时间不足以让他们充分地接触少数种族和女性应聘者,了解初次印象之外的东西。认识到了这一点,该公司就推行了若干细小的变革:他们改变了初次面试的时间长度(改成 45 分钟),改变了他们在面试过程中提的问题(强调了与"工作经验"相对的潜在的贡献),并且增加了他们允许参加第二轮面试的人数,这样就可以进行时间更长的、更为舒适的交谈了。

这些细微的变革在创造一个迥然不同的合格应聘者群体方面起了作用,并且导致了好几次成功的招聘,但是更大的影响却是来自在这些小胜前前后后的学习行为。公司的成员认识到他们的标准招聘做法是如何屏蔽了那些合乎要求的应聘者,并且了解到这些原以为中立的做法其实并不是那么回事。一旦他们认识和改正了他们关于工作行为中立性的主导说法,他们就开始继续寻找其他可能在无意之中给妇女和少数种族设置了障碍的做法,而最后,他们进行了追加的改革,逐渐对这其中的一些做法进行改变。

通过具备无可争辩的"真理"的特性,占主导地位的说法维持了现行的安排,使其岿然不动。不同以往的故事能够成为一种对广泛持有的看法进行刺激和为学习行为及随后的改革开辟道路的重要工具,就像在那家投资公司中所发生的那样。小胜既可以是新故事产生的结果,也可以是创造它们的情境。

使用语言去创造意义。在讲述关于小胜的故事的时候（而且在日常的谈话中这样做的时候），温和激进派对使用什么样的语言去阐释小胜的意义做出选择。[17]

一方面，用一种对于圈内人来说已经是熟悉和正当的语言来阐释小胜是非常重要的。通过指出小胜是怎样有助于导致一些组织已经确认其重要性的结果，可以证明小胜的合理性。玛莎·韦利可以在谈到她的灵活机动的工作安排时，把它说成是一条改善员工保有率和节省招聘新员工成本的途径。彼得·格兰特可以将少数种族范围延伸和关系网络计划描述成一个进行成本上划算的招聘和专业发展的计划。罗杰·赛兰特可以将他与当地建筑学院的合作形容为一条加速建设过程的途径。用一种符合组织的工具性/经济性利益的语言来阐释小胜，会提高占主导地位的群体接受它们的可能性。

然而，如果我们的目的是引起变革，那么完全依靠已经正当化的语言和标准，对于把人们从他们现在的思维方式中解脱出来就起不了多大作用。[18] 仅仅使用习以为常的词汇和遵循相关的意义系统来说话，会引导人们按照那些限定的措辞来进行思考。如果我们将一个公司环境计划单单说成一个减少成本的计划，我们就可能把节约成本当成首要的标准，而我们就可能看不到可持续性的动机。[19] 如果彼得在讨论他的招聘活动时，只把它当成一个成本上划算的措施，那么一支多元化的员工队伍的益处就不会引起注意了。这样，语言就可以成为无意中改变人们的侧重点，并与此同时支持那些现行的优先次序的最有力的工具之一。

使用那些适当地反映信念和价值观的语言是非常重要的。这要求既留在那些我们试图去影响的人的经验之内，与此同时又要从这种经验当中脱离出来。留在内部意味着依靠人们所接受的理论基础去展示小胜带来的好处，脱离出来要求的是介绍另外一些理论基础和词语，来传递这些创举的微妙而且更广泛的暗示。归结起来就是用多种语言讲话，而不是冲淡一种语言的重要性，也就是使用圈内人的语言来淡化信息和用局外人的语言来逐步推进，但是要恰到好处。[20] 如果你做了其中的一样，而没有做另一样的话，你就会担负失去正当性或者冲淡你的变革计划的风险。

商家网公司的琼妮·马森做到了这一点。她在谈论自己在公司中的新职位时，把它说成了一次明智的组织性调动，说它把她的行动更有效地纳入了所在的部门。她还谈到了她对于将公平贸易计划与公司提高全球贫穷地区的状况和经济增长力这一核心活动结合起来的期望。

随着彼得通过努力所取得的成功逐渐增长，他开始越来越多地谈论他对于提高西部公司员工队伍的多元化程度、对于创建一个有助于解决人们不能够成为贵族俱乐部中的一员的少数种族关系网的影响。彼得还在那些被更广泛接受的关于有效招聘和有效发展、稳定员工队伍的谈论当中，加上了他的这个故事版本。

我必须承认，对同样的对象使用多种语言来讲话，常常是说起来容易做起来难。詹妮弗·杰克逊是阿特拉斯公司的同性恋员工组织的一位领导者，她宣称她为了寻找一条用自己的声音引起别人注意的途径而进行的奋斗，是她早期事业中遇到的最困难的事情。她作为一名温和激进派所面对的双重拉力表现为一种语言学上的诡辩行为。

我们有着关于我们组织的目标和期望，然而我们心里还惦记着公司的最高利益。我们给予他们很好的理由来相信我们，而他们的确这样做了，但是我们从未冲淡我们的期望……我们的组织要求一项无歧视政策来保护同性恋员工。我们讨论了阿特拉斯公司如何能够为社会做出榜样来扭转局面。我们还指出，这样做能够帮助阿特拉斯公司有效地使用公司中存在的10%的最好员工，因为至少有10%的最优秀的员工是同性恋者。我们还认为它会提高男女同性恋员工对于阿特拉斯的投入。我们迫切地提出了个人的、政治的和公司的问题，而它们都起到了帮助的作用。

另一种语言上的策略是为了你自己的利益使用圈内人熟悉的词汇。这种语言学上的手段与军事上的柔术非常类似，在军事上，防御的一方会利用敌人的能量和力量使自己强大起来。温和激进派能够通过使用组织或组织的一部分遵守它们所采纳的修辞手法来引发变革。如果当时需要的话，琼妮·马森本可以要求产品开发部门的成员遵循该小组自己的说法（提供创新的、对社会负责的产品）来对他们施加影响，使他们对他们正常生产线以外的产品加以考虑。彼得可以使用管理层所信奉的多元化的承诺来证明他的招聘行为的合理性。这样，"语言柔术"就可以通过被假定能够反映一个组织的行为和价值观的语言来为小胜做出辩护。

语言并不仅仅是一种给小胜创造意义的工具，语言还可以作为目标对象。语言中的细微变化——无论是改变某个固定词语的含义（例如"家庭"）或是改变这个词语本身（例如把"chairman"改成"chairperson"）——都能够改变人们的想法和行为。比如，那些为了使世界更为包容而努力的女权主义者，很久以来一直将语言看作一种关键的变革手段。当词语变得更加包容，当它们普遍的男性化程度有所降低，角色、预期值和行为都发生了同样的变化。

使用多种媒介来进行传递

无论是以叙述的形式还是以其他的形式，为了引发学习行为，必须通过某种媒介来对意义进行传递。或许口头上的交流是组织中最为普遍的，它既能以非正式的、自然而然的形式发生在会议上的即席交谈中，发生在咖啡壶的附近，或者发生在洗手间里，也会以更有组织的方式发生在求职面试中，条理分明的讨论中，或是在业绩评估当中。我们曾经一再地看到交往过程是如何提供抵抗机会的，当人们相互交往的时候，他们就会积极主动地对意义进行商议和传播。

我们还通过正式的和经过策划的媒介来传递意义。演讲和非正式的交谈可以创造和传播意义。那些研究抗议运动的研究者认识到了作为挑战传统观念和创造崭新观念的论坛、集会、讨论会和庆典所具备的重要性。例如，玛丽·芬索德·卡岑施泰因（Mary Fainsod Katzenstein）教授观察了天主教会中进行的女权主义运动是如何主要把这些散漫的过程当作她们抗议的意义所在来依靠的。[21]通过专题讨论会、集会和其他一些允许进行关于忠诚的意义、包容的暗示和妇女与教会之间的历史的正式讲话和非正式交谈的论坛,女权主义者对人们习以为常的教义发起了挑战,并且提出了新的观念和新的可能性。她们的目的在于用所有这些散乱的工具来为那些感觉到与教会的疏远,但却仍然致力于扮演其中一员的人瓦解和修改现存的说法。

书面媒介(会议记录、发表的文章、业务通讯、社评、使命宣言、备忘录等诸如此类的东西)也是传递意义的工具。人们依靠这些媒介来挑战占主导地位的故事,并且将不一样的"真理"介绍给人们。

最后,流行文化中视觉上的表达方式,比如 T 恤衫和汽车保险杠贴纸,对传播行为起到了十分重要的象征和媒介的作用。[22] 阿特拉斯公司的多元文化部门在它们一年一度的多元化集会上分发 T 恤衫。T 恤衫上的信息为新鲜的交谈创造了开端。人们说当他们穿着 T 恤衫去上班的时候,其他人会问他们关于多元化的问题,这就为严肃的讨论提供了机会,而这些讨论在其他情况下会让人觉得是被迫进行的。

阐释和散播小胜的意义:一个小结

阐释意义的工具

1. **故事**:占主导地位的文化说法会促进目前状态中的"真理";颠覆性的说法则通过指出占主导地位的说法当中的缺陷和提供另外一种观点创造了变革的机会。小胜能够创造出发展颠覆性说法和崭新故事的情境。

2. **语言**：在圈内人的语言（以及理论基础）和变革计划的语言之间进行平衡；小胜还可以通过细小的语言上的变化得以产生。

传递意义的媒介

1. **非正式的交往和交谈**。

2. **正式的/有组织的交谈**：辩论、面试、业绩评估、演讲。

3. **书面传播**：业务通讯、文章、备忘录、信件、报告、会议文集、使命宣言等。

4. **象征性传播**：T恤衫、保险杠贴纸、纽扣。

结论

小胜是可行的创举，它们并不是一个直线的变革顺序中合理的第一步。相反，小胜的主意在机会中涌现，而机会则常常潜伏在日常生活的细枝末节当中。任何想要创造小胜的人都必须做到警觉。这种手段更多的是要求娴熟灵巧的即兴发挥，而不是聪明的策略。尽管小胜的策略是一种柔和卑微的、轻推渐进的变革手段，但小胜的影响未必就是微不足道的。

人们鼓励小胜传播扩散的一条重要途径是按照它的更大意义来对其进行阐释。当一个小胜被用作质疑现存的看法和观念、培养系统学习和改善行为的机会时，它就更容易引发一场意义重大的变革。这一点是通过积极主动地阐释和传播它们的意义来完成的。

小胜受到人们的信仰、价值观和身份的驱使。它们是自发的行动，比我们在前面章节当中看到的许多表现方法都更加积极主动。但是，小胜还会影响决定人们的价值观、信仰和身份。通过依照它们来采取行动，人们就会对他们的"自我"进行肯定、扩展和改变。

小胜显然不是唯一一种能够从组织内部开始推动先进变化的积极策略，巨大的胜利当然也是非常重要的。但是，巨大的胜利往往要冒更多的风险，而且很难在没有一个整体的支持、资源和影响力作为后盾的情况下，被人成功地独立完成。在下一章中，我们将转而研究组织集体去赢得巨大胜利的种种策略。正如我们将要看到的，小胜在为这些规模庞大的机构性改革奠定基础和吸引其他人参与方面，起到了关键作用。

| 第7章 |

TEMPERED RADICALS

组织集体行动

> 我是一个人,我无法单独去做这件事情。我可以呼喊,可以尖叫,可以推动它使之前行,可以做所有的这些事,但我确实只是一个单薄的声音。必须有一大群人和我一起做同样的事情,而我迄今还没有看到过这样的事情发生。
>
> ——阿特拉斯公司员工

戴维·韦尔顿自称是一个温和激进派,他在瑞士一家大银行里上班,刚刚开完为期两周的关于社会责任的专题研讨会回来,这个会议是一项长达两年的关于同一主题的硕士学位项目的一部分。[1] 戴维受聘于这家银行,加入了一个"未来领导者"的团队,招募他们这些人是为了让他们参加一个特殊的为期两年的银行内部轮岗培训项目。这一项目的成员通过不寻常的途径走向重要管理人员的岗位,他们被看作下一代的领导班子。

戴维觉得他的一部分责任是提出和实施一些支持在银行内进行向社会负责的、保持环境可持续性的业务活动的计划。他相信第一步是让银行为它的活动设置一个社会监督,来评判它在社会责任和环境保护的不同方面所达到的水平，确定不同的利益相关者（包括员工）对它的评价，以及判定在哪一个方面它更需要进行努力。这一体制性方案是目标远大的，而他知道单凭一己之力是无法将其推行的。

戴维利用他在未来领导项目中度过的头一年的大部分时间，向这个团队的其他成员传授他的这个方案，并鼓动他们对其产生热情。虽然这个小组作为一个团队存在着——这些成员之间经常相互接触，有着共同的业务目标——他们并没有任何真正的集体身份或是共同的目标感，而他希望改变这种状况。

戴维向他的同伴描述银行在全球经济中扮演的角色，以及它在世界范围内进行的招聘和贷款怎样对当地的社区产生各种各样的经济和社会影响。他解释说如果银行能够略微地转变一下它的政策，将会怎样对这些社区做出积极的贡献。他还指出这个团队在银行里的可信度，以及如果他们作为一个整体进行努力的话，将怎样抓住一个独一无二的机会去影响银行的领导者，让他们改进业务活动并为其他机构做出表率。

在第一年结束的时候，戴维已经说服了他的队友把这个方案当作他们共同计划的目标，这就为更加坚固的整体身份奠定了基础。现在，他们拥有了共同的目标感和责任感。

在与银行最高层管理人员共同参加的年度会议上，未来领导班子被要求提出他们关于未来的方案和一个实施他们最优先考虑的政策的计划。戴维代表他的团队发言，他提出了一个令人瞩目的方案，要求将社会责任列入银行的工作议程，以及一个为银行现行做法安排社会监督的计划。这个社会监督的任务是，在设置标准尺度来衡量关键革新目标进度的同时，提高人们对它的关注。

那些管理人员赞同这一创新，并授权一个由戴维和另一名未来领导班子成员共同率领的工作组开始执行该方案。在回顾这次成就的时候，戴维知道他之所以能够在体制范围内推行这个革新方案，是由于他所在班子的一致支持和他们作为一个团队的合法性。他永远不可能独立取得这样的成就。

我在整本书中一直强调的都是人们如何能够通过坚持不懈的努力和抓住机遇来引起细微的转变，从而引发显著的变革。而相对于许多人通过个人的努力所产生的结果，那些被我和琼·马丁称作"不约而同的联合行动"将会产生更大的影响。[2] 但是对于个人，甚至众多独立行动的人来说，他们单凭自己的努力能够取得的成就是有限的。

在第 5 章中，我们讨论过依靠第三方的好处——这当中，他们可以拓宽你的沟通网络，提供社会支持，帮你出谋划策，并且使你能够坚持自己的价值观和身份。同盟者会提醒你，你不是孤军奋战。有一些能够与你相互对照经历的人，可以帮助你辨别自身之外有待改变的更大的模式。

然而，当改变的目标是某个大型的或者即时行动的话，比如一项新的组织活动或政策、一次资源的重新分配，或者一次明确而独立的机构性方向调整，就可能需要一个集合的整体来引导变革运动。通过与其他抱有共同目标的人合作，人们能够更有效地推动大规模的、即刻的变革，这是不无道理的，尤其是当他们没有得到正式的授权来进行所希望的改革的时候。

与他人合作的最大优点在于，集体比个人具有更大的合法性、更强的力量和更多的资源。对于实施戴维提出的关于社会监督的先进创意，上级管理人员本来很可能不会给予关注或支持。他或许改变了一些人的看法，在前进过程中汇集了一些人的支持，而且可能在几个月或几年的努力之后使社会监督得以建立。但是，要引起这样一个迅速的、体制级的反应，他就需要汲取集体的力量了。在他的这个案例中，这种力量尤其强大，因为未来领导班子在那些重要的利益相关者的心目中是值得信赖的。

让我们想一想任何近来发生的社会运动和它所取得的成果。如果是一群互不相干、自行其是的母亲——即使她们是热情高涨和百折不挠的人——能够取得像"母亲反对酒后开车"这样的集体运动所取得的成就吗？一个受到激发的人意识到，如果有一个母亲联盟的力量作为后盾，她能做到的事情会多得多。从人权运动到更为局部化的街区运动，到组织内部的一些集体，这一原则都是成立的。[3]

显然，与他人进行合作并不总是正确的。有时候，孤军奋战才是合理的；有时候，温和激进派只是需要同盟者或朋友的帮助；而有些时候，为了实现期望的变革，最好的方法是与他人合作，作为一个整体为大家共同重视的变革而付出努力。这些选择并不是相互排斥的。大多数温和激进派会采用所有的这些方式。因此，问题并不在于"我是独行侠还是团队的组织者"，重要的问题是"在什么情况下，为了什么问题和在什么环境中，为了实现一个共同关注的目标与其他人进行合作是正确合理的"。而且当这样做的确合理的时候,你如何动员独立的个人,让他们怀着共同的目标和身份去进行集体活动。

组织集体的不同途径

我对于那些成功地组织了集体的温和激进派的观察,与我从大量的对于社会运动的研究中得出的结论是一致的。这一研究汇聚总结了三种培养集体行为的情况的重要性:①目前的政治机遇或威胁的存在;②使得成员能够自发组织一个集体的框架的存在;③对于集体身份、机遇和威胁的阐释。[4] 我将简要地对每一种加以解释。

首先,社会学家发现,由于一些事情的发生,构成了对一群人利益的迫切威胁,或者突然向一群人提供了可以利用的政治机会,这时候,集体就会被组织起来并受到激发、采取行动。威胁或机遇的存在,能够瓦解一个系统体制的基础,并且有潜力激发一群人开展集体运动。

其次,在威胁或机会出现的时候,资源的可靠框架的存在有助于决定一个集合性的实体是否真正地被组织起来,以应付发生的情况。[5] 员工团体、工会委员会,或者在戴维的案例中,未来领导班子为集体行动提供了已然存在的和合理合法的组织框架。

最后,对于一个问题或一系列利益的阐释,起到了将迫在眉睫的威胁或机会与行动连接起来的作用。通过阐释的方式,人们可以联系一群人的利益而对某个威胁或机会进行积极的分析。至少，它使这一群人觉得通过共同行动，可以解决那个问题或利用那个机会。一些研究者将这些阐释方法称作"集体行动阐释"。[6] 在最低程度上，有效的集体行为阐释可以界定一个共同的身份和目标、一种愤怒感（或者机遇感）以及一种对于集体行为能够扭转局面的希望。如果不能有效地对某一状况进行阐释，人们就不大可能成为集体中的一员，或者受到激发而采取整体行动。

戴维的处境对于集体行动来说是条件成熟的。尽管在未来领导班子中，只有很少几个人具有集体归属感，或者觉得它除了是一个专业项目之外，还为其他的目标服务，但是这个群体的存在就为协同行动提供了一个可能的框架。戴维向他的同伴说明作为一个群体，他们有一个独一无二的政治机会去扭转局面，因为他们的地位是"未来的领导者"。他在动员这个群体方面取得成功，一部分是由于他能够提出一个引人注目的集体行动的阐释——一个共同的目标、一种共同的机遇意识以及一种作为下一代领导者，他们都身在局内并有责任共同改变局面的共识。

虽然培养集体行动的这三种条件是共同的，人们组建集体所采取的途径以及他们这样做的理由却各不相同。我的研究指出了三种不同的途径：为了应对一个共同的威胁或机遇而组织的一个群体；由一个单独的个人行为激起一个群体的产生；为了抵抗社会的孤立而组建群体。戴维所遵循的就是第一条途径。它反映出一种有意识地动员一个群体，使之应付某个威胁或机遇的行为。第二条途径反映的例子是一次个人的单独行动促进了他人的兴趣，并有意无意地阐释了一个群体的身份和目标。第三条途径是以争取社会和职业上的支持的目标为开端,一旦成型,该群体便会奉行一个共同的改革计划。这三条途径所采取的鼓动参与和动员群体的方式虽有不同,视其结果却是殊途同归。

针对共同面对的威胁或机遇组织相应的行动

在阿特拉斯公司,詹妮弗·杰克逊招募了一个由男女同性恋和双性恋员工组成的组织(GLB),以反抗一项威胁到他们利益的新法规。[7]她对我说道:

> 我之所以认为自己需要帮助,是因为64号提案的出台,这项新提案决定限制那些关注艾滋病的公共健康政策。在外面的世界里,人们已经组织起来进行斗争,但在阿特拉斯公司里并非如此。在一次政治会议中,我本想站起来说:"我将到阿特拉斯公司里我所认识的所有富有却无动于衷的同性恋者中间去募集资金。"但是随即我意识到我一共只认识三个这样的人。于是我想:"我要创建一个组织。"

由于有64号提案所带来的直接威胁摆在GLB这个圈子面前,詹妮弗发现她很容易以一种给人们以集体目标意识和集体身份意识的途径来阐释这件事。然而相对困难的是为这个组织寻找一种适合的结构,因为那个时候阿特拉斯还没有以身份为基础成立员工组织的先例,詹妮弗需要做第一个吃螃蟹的人。她希望阿特拉斯能够正式发起主办这个组织,因为她相信会有更多的人去参加一个官方的组织。她还认为,阿特拉斯的名义能够给予该组织在社区里的合法地位。为了使组织得到批准,她给人力资源部的副经理写了一封信来解释该组织的目标。信中用合作的、温和的口吻写道:"我们并不是对你生气。我们认为阿特拉斯是一个对同性恋员工很好的地方。我们只是想和你们商量一些事,而这样会让这里变成一个更好的地方。"

詹妮弗的策略是行之有效的。阿特拉斯的管理部门同意建立一个正式的由男女同性恋员工和双性恋员工参加的组织。当她在第一次会议上宣布该组织成立,以及它的目的是反对64号提案的时候,只有12个人出席。随即这些人向其他人谈起了这个组织,于是第三次会议来了50个人,其中许多人在此之前一直在他们的性倾向问题上保持沉默,他们都签名加入组织并同意反抗64号提案。当他们明显成为一个更大规模的反抗这项新政策运动的一部分的时候,阿特拉斯GLB组织就在帮助引起公司上下对于这件事的关注这个问题上扮演了一个引人注目的、具有潜在重要性的角色。

詹妮弗的行为还带来了更多的益处。首先,阿特拉斯同意批准成立其他员工组织;在作者搁笔之前,已经有11个这样的组织开展活动了。其次,借着反抗新法规的东风,该组织顺势找到了其他引起共同关注的事情去加以解决,并继续努力把性倾向问题明确具体地纳入公司的非歧视条款。在一年半的起起伏伏之后,该组织不仅成功地扩大了非歧视政策的涵盖范围,而且确保了公司内部伴侣的权利。詹妮弗有点儿怀疑他们能够获得这些成就,是不是由于该组织的集体影响力和它与公司管理部门的合作伙伴关系。

这样，由于一个意义重大的威胁的存在，以及一个指出采取共同行动来改变这种威胁的重要性的阐释，使得一个关系松散的、由个人组成的群体被作为整体力量动员起来。一旦他们有了组织结构，他们就做好了在更多威胁和机遇出现的时候行动起来的准备。

激发集体行为的个人行为

当一个或更多的温和激进派采取细微行动的时候，就为通过广泛的途径去揭示和阐释某个问题创造了条件。这与利用小胜去吸引人们参与进来的策略是异曲同工的。

麻省理工学院的生物学教授南茜·霍普金斯（Nancy Hopkins）的案例展示的就是这条引导集体行为的途径。[8] 出于沮丧、愤怒和绝望，霍普金斯认定她必须对她在科学院看到的由来已久的性别歧视做些什么。她决定给麻省理工学院的校长写一封信，汇报一个她认为只有她看到的问题。对于是否寄出这封信，她一直犹豫不决，因为她害怕它会影响她在职位更高的同事心目中的名声。因此，在寄信之前，她决定给一位受人敬重的女同事看看这封信，而这样做对她来说颇为不易：

> 回想起来，我可以看出给她看我的信是多么困难的一件事。我不得不在情绪上使自己坚定起来。我认为它之所以这么困难，原因在于我们从小到大一直相信如果你确实足够出色，你就能够独立解决问题，即便你面对的问题是歧视。[9]

使霍普金斯感到惊讶的是，看了那封信的那个同事要求与她联合署名，并与她一同去见校长。原来她也曾经体验并目睹过霍普金斯描述的这种偏见，但是，像霍普金斯一样，她害怕自己势单力薄，于是选择了保持沉默。霍普金斯的信改变了这种状况，现在她觉得受到了鼓舞，想要有所作为。在这个时候，这两名妇女意识到其他女性教员可能有着相同的感受，于是她们拜访了科学院全部17名终身教职的女性，讨论她们的经历。她们发现<u>除了一个人之外的所有人</u>都同意她们对于麻省理工学院里出现的性别歧视的做法的描述。所有人在此之前都抑制自己、一言不发，即便在彼此之间也是如此，但现在所有人都要求在信上签名，她们决定把这封信寄给科学院的院长。虽然她们每个人都曾经把歧视看成一个个人问题，现在她们则把它阐释为一个困扰了整个系统的共同面对的问题。

这个女性教员组织向院长提出的要求是，通过设立一个委员会来搜集数据并彻底调查这件事，从而解决这个问题。院长和校长赞同信里的分析，同意按她们的建议去做。在她们确保得到这一支持后，这些女科学家和几名管理人员开始携手处理这件事，如果不经过全体通过，绝不采取进一步行动。[10] 这些妇女为能够与管理层建立这种工作关系并避免付诸正式的控诉、诉讼，或者其他对抗性纠正手段而松了口气。这些努力所得到的结果至今还没有完全展现出来，但是麻省理工学院的每个学院现在都应用了一套针对微妙形式的性别偏见进行自我检查的程序。而且，由于它愿意以如此深入和公开的方式处理这个问题，麻省理工学院已经成为其他院校效仿的楷模。2001年1月，麻省理工学院主办了一个"峰会",与会者是来自其他 5 所名牌大学的若干名官员,目的是解决"科学与工程领域女性学生"的问题。现在,霍普金斯的大量时间都被用在与其他院校的那些希望采取相同革新创举的官员进行讨论上面了。

霍普金斯给大学校长寄信的这一初始行为,使同盟者得以现身,创造了交谈的机会。妇女讨论信的内容并要求在上面签名,这一具体行为引起了对这件事的集体阐释,而这一阐释有助于动员妇女共同采取行动,因为它描画了她们的共同利益。最后,这些妇女继续努力扭转局面,这一部分是因为校长和院长的最初反应告诉她们,她们有了一个真正的引起变革的机会。在这个临时凑成的群体初次的推动之后,管理部门设立了一个正式的机构以进行未来的改革。

看上去似乎导致大规模变革的合理途径是明确一个共同的威胁、组织一个集体,并随后动员这个集体去处理这个问题。霍普金斯教授的案例和贯穿 20 世纪的那些关于团体组织者的经验教训,表明了这一可选道路的潜在效用:行动为先,组织随后。[11]

为争取个人和职业上的支持而进行组织

行动可以成为组织形成的动力或原因,也可以是出于其他目的组建一个集体所产生的副产品。汤姆·诺瓦克最开始与西部公司中其他男女同性恋者打交道只是带有社交性质,而随后这种关系就不可避免地变成了一股引发变革的集体力量。当汤姆和其他几个曾一同参加一次艾滋病游行的人决定散播一个非正式邀请的时候,这种转变就开始了。按汤姆的话说如下。

传单上写着:"如果你有兴趣与西部公司的男女同性恋员工一同参加社会活动的话,给我们中的某个人打电话或发邮件,我们会做一些安排。"我们在大概 6 个星期以后策划了一次野餐,时间定在周日,地点在一个公园。我们预计会有大约 15 个人出席,可是几乎来了 100 个人,真是出乎意料。

那次野餐是我曾拥有过的最令人激动的经历,因为这些人原本是许多年来彼此在同一楼层上班,却是平生第一次谋面。对于那些只在业务活动过程中彼此通电话交谈过的人,突然出现了一张面孔,而那是一张同性恋者的脸,是一张友善的脸。我认为它改变了人们的生活,这听上去可能有些夸大其词,但我并不这么认为。

依照汤姆看来,这次野餐使男女同性恋员工了解到,在美国企业界中工作的同性恋者比他们意识到的多得多:"我一向知道我不是唯一的一个,但看到这些联系被建立起来,真是令人不敢相信。我体会到一种难以置信的自豪感。"

在阿特拉斯公司和西部公司里,妇女都成立了一些组织来进行网络沟通,并且与其他妇女建立联系,以便于反抗一些她们受到的孤立。有些妇女聚到一起是为了分享经验,并且得到和提供道义上和社交上的支持。在西部公司里许多位处高层的白人妇女定期在社交场合上碰头,那时她们就会对照经验,互相帮助,并提供情感上的支持。按其中一名成员的话说:"这本来不是那种

'女校友的交流会㊀',但我想它多少带点儿那个意思。"

来自西部公司的一群黑人女性员工同样定期举行聚会,讨论她们作为黑人妇女的经历。这个群体偶尔会在社区里为一些目标而努力,但是其成员的活跃倾向始终不断变化,而且在大多数时间里,她们凑在一起是为了社交和"感受彼此的灵魂"。

所有这些群体都是为了争取社交和专业上的支持而作为沟通网络建立起来的。它们为了一个明确的目的服务,把人们聚集到一起,彼此分享业务上的小小建议和见解,以及与其他人的联系,但这并不意味着这样的一些群体不会产生政治上的结果。作为以身份或利益为基础建立的组织中的一员,人们得到了所需要的心理力量去抵抗迫使他们就范的压力,或者将迫在眉睫的威胁转化为更大的学习机会。

此外,在适当的起催化作用的条件下(要么是在该集体面前出现的威胁,要么是一个政治机会)并且有一个对于这些情况做出的令人不得不接受的阐释,这些社会组织的成员就会做好采取集体行动的准备。[12] 例如,当那些童子军禁止同性恋者担任领导职务时,西部公司的民间同性恋组织就聚在一起发起抗议了。那些原本以为他们参加这个组织只是为了社交目的的同性恋员工立即凝聚成了一个有核心的集合性整体。他们帮助动员那些感兴趣的非同性恋员工,并随即与他们一起向高级管理层施加压力,迫使他们停止向童子军提供资金。尽管这个组织仍旧保持着一个非正式的实体,但适当的催化剂还是促使了那些成员作为一个团结

㊀ 女校友的交流会:职业妇女在其中通过友谊、讨论、学习和信息分享来帮助其他妇女在某些选定的工作领域中取得成功。——译者注

的整体为实现变革而进行颇有成效的努力。最终，这个组织致力于并确保了同性恋员工的内部伴侣的权利。

组织集体所面对的矛盾处境

　　组织人们采取集体行动并不能减少面前的挑战。对当权者来说，集体行动通常会比个人行为更具威胁性，所以走这一步可能会承担额外的风险，并要求更高程度的付出。回忆一下第4章中的那四个一起去吃午饭的黑人男子，他们甚至并没有试图去组织任何活动，他们只是去吃午饭而已。但是仅仅因为聚在一起，他们就引起了别人的怀疑。由于集体的努力比个人的独立行动更加引人注目，它们可能招致更多的抵制。

　　温和激进派常常选择独自行动的另一个原因，是这样做只不过没那么多麻烦而已。他们可以按照自己的速度、依据自身的激进程度，采取自己的策略，并且向着对他们来说最重要的特定目标，自由地推行他们的计划。他们用不着通过和人们谈判来达成一致，担心彼此的交换协议，或是协调不同的行动方式。个人可以节省推行改革计划的时间和精力——最大限度地满足他们在正式工作中取得成功的要求，而有些时候他们只要选择不把它们耗费在组织其他人身上就可以了。

　　无论如何，正如我们在前面所看到的，从一名个人演员的角色转变为更大的集体力量中的一员是有很多好处的，而温和激进派每时每刻都在领导或参与着这些工作。我的研究确定了两种影响他们策略的附加事物。第一种涉及的是对如何有效地阐释集体的计划来涵盖各种各样的支持者的利益和身份的挑战。第二种所涉及的，则是拿在官方批准的员工组织中和在非正式的、有机的组织框架结构中进行集体活动之间做比较，衡量各自的利弊。这些问题对应了前面描述过的为了组建集体而必须具备的三种关键条件中的两种，我们将依次对它们进行讨论。

在各种各样的支持者中形成一个集体的阐释

詹妮弗在创建男女同性恋和双性恋员工组织以应付行将生效的法规时面对的第一个挑战，是弄出一个有效的方案，使它能够促使一个原本毫无组织的人群变成一个集体。幸运的是，她很容易就能辨别一个共同的、受到威胁的"我们"，并且营造出一种鲜明的、共有的目标意识来一同行动。然而，有些问题不是这么容易就能延伸推广到某些明确的改革目标或是身份鲜明、定义明确的组织的。在某些案例中，人们对于一个威胁的意义何在，对于谁受到了它的影响，对于组织共同的计划应该是什么抱有不同的意见。那些在身份、优先考虑的问题和计划方案上部分相同却又不完全相同的互不干连的群体之间建立联盟，是一个典型的问题。

传统的解决这一矛盾的方式是在不同人之间求同存异。这种解决方式与政治领域中被社会运动研究人员称为"最低共同要素法"的策略带有相同的性质，而在政治上，组织的身份和改革目标正是各个群体之间的相同之处。[13] 这种方法之所以吸引人，是因为它强调一个共同的改革目标，但它存在的问题是它凭借全体一致的名义忽略了**什么和谁**。关于身份和改革目标的意识往往变得如此淡薄，以至于许多人失去了兴奋度甚至兴趣去继续留在集体之中。这种原动力有助于解释为什么一些联盟在遇到具有真正和普遍的重要性的问题时会土崩瓦解。白人妇女和有色人种的妇女，黑人妇女和拉美妇女，非同性恋妇女和女同性恋者都真正关注妇女在组织中面临的不公正待遇。然而当一次集体行动将妇女问题浓缩为具有"最低共同要素"的意见的时候，它同样往往忽略了种族主义问题和异性恋主义问题，为的是只关注所有妇女都在面对的基本形式的性别歧视。"性别歧视"的这一浓缩版本多半是建立在非同性恋白人（职业）女性经历的基础上，就好像这些经历在所有妇女中都是放之四海而皆准似的。[14] 在这些情况下，当她们的非同性恋白人同伴在试图为"所有"妇女争取转变却忽略她们的特殊问题的时候，有色人种妇女和女同性恋者就可能变得心灰意冷而避而远之了。因此，那些妇女组织便有了分裂瓦解的趋势，而许多有色人种妇女，尤其是黑人妇女，则倾向于参加以种族为基础的组织而不是妇女组织。结果有的时候，她们不得不压抑自己的性别身份，绝口不提她们对于性别问题的关注，以便增强种族团结。[15]

由于任何一个人都有着多重的身份，为了融入一个集体而抑制自我的某一部分会让人觉得受到了贬低。这些力量同样起着让温和激进派"与众不同"的自我在主流文化中沉默无声的作用。一名妇女几乎退出了阿特拉斯公司的同性恋组织，因为她觉得该组织忽视了女同性恋者的经历，而这些经历与男同性恋者的经历并不相同。尽管作为一名女同性恋者，詹妮弗创办了这个组织，男性很快便开始与她共掌领导权了，而一些妇女觉得该组织并没有适当地代表她们的利益。这些妇女认为，该组织只不过是在重复一些她们在更广范围的公司文化中遭遇过的性别歧视罢了。

为了在集体中有效地处理存在多重利益的现实，要求组织不仅仅强调共性——使组织聚集起来的身份、价值观或人们关注的问题，而且还要强调共性中有差别的经历。例如，你可以把视线集中在一个普遍的问题上，比如能够激发一大群妇女的支持和热情的性别不公正待遇问题。与此同时，你还可以组织一次积极热烈的意见交流，讨论每个人由于彼此之间存在的差异（比如以种族、性倾向或阶级上的区别）所体会过的不同经历。

在许多方面，那些想要驾驭各种大相径庭的成分的集体领导者所面对的挑战，与温和激进派作为一个整体向他们所在的组织提出的挑战是一样的。他们怎样才能在鼓舞人们追求一个共同目标的同时，为互不相同的经历和个人计划留下空间呢？下面的方框中展示了有意识地控制某些特定东西的重要性，比如整体的目标、集体自身的内部文化、组织结构和领导方式，以及为了争取外援而对同盟者和第三方势力做出的选择。

想要动员一群利益各异、观点不一的人朝着同一个目标前进，必须设法引起意见的交流和争论。当事态发展得轻松顺利的时候，动员并不一定会更有效果。意见的交流使人们能够在明确共同问题的同时辨别出有分歧的地方。最开始在女教员中间进行的关于麻省理工学院存在问题的交谈，使参与者能够发现意见相同之处，讨论她们经历中的差异，并彻底地相互了解。这些交谈为形成组织和共同行动铺平了道路。

> **考虑集体中存在的差异**
>
> 莎蓉·昆兹的研究提出,考虑下列因素有助于有效地处理集体成员之间的差异,并使他们致力于一个共同的目标。[16]
>
> **阐明问题和行动**:为了争取支持和激发行动,通过概括但是清楚地分析问题来阐明你的意图。无论如何,确定你能积极主动地鼓励那些反映了不同参与者不同经历的分目标(subgoal),这样做有利于保证兼容并蓄,避免分崩离析。
>
> **内部文化**:关注集体自身的文化,它会在行为、服装、音乐、食物、语言、笑话等东西的标准规范中体现出来。确定你能把不同身份的群体包容在你的组织当中。多元的文化表现会增强成员的忠诚度,否则的话他们之间的差异就可能会有碍于精诚团结。
>
> **组织结构和领导方式**:确定组织的领导方式和结构并不只反映主要群体,而是反映着各种各样的身份和利益。
>
> **外部支援**:既要向那些关注核心问题的人和群体恳请支持,也要向那些关注次要目标的人和群体寻求帮助,以便于照顾到所有与集体有关的支持者,从而营造一种包容意识。

被批准和未被批准的员工组织

一个员工组织是否得到了官方的批准呢?不论正式还是非正式的组织,都是有利有弊的。当时我的两个基本调查点——西部公司和阿特拉斯公司在其对待员工联盟的方式上是大相径庭的,而这就形成了一组有趣的对比。

被批准的组织。阿特拉斯公司对员工组织进行了正式的组建和批准：不仅仅是 GLB 员工组织，还有由职业妇女、女性管理人员、黑人、拉美人、亚裔、太平洋群岛人组成的一些组织，以及若干以利益为基础的组织，其中之一是为了解决单亲问题而成立的。得到官方批准意味着每个组织都可以在自己的名字中使用"阿特拉斯"的字样（例如阿特拉斯男女同性恋及双性恋员工组织），得到适当的经济支持，可以在阿特拉斯公司设施内和工作时间里聚会，还可以使用阿特拉斯的联络渠道，如电话和电子邮件。阿特拉斯还成立了一个人员配备良好的多元文化部门来支持这些组织，以及一个多元文化工作组，其成员包括来自不同员工组织的代表。用来交换这些支持的是，阿特拉斯的管理部门可以要求这些组织在公司活动、产品、营销宣传品方面做出反馈，也可以依靠这些组织扩大劳动力、顾客和供应商的沟通网络。公司将这些组织视为合法的，并在很多情况下具有建设性的资源。

官方的批准为这些员工组织的成员提供了其他一些重要的有利条件。最显著的一点是，管理部门的支持为那些希望参与集体行动的人提供了合法的机构和保障。[17]这一合法性质可能对那些认为他们努力引发学习行为和扭转局面的做法会在一定程度上给他们的职位带来风险的员工显得尤为重要。

得到批准还可能在员工群体和它的假想敌之间培养起一种更加合作的工作关系。在麻省理工学院很快就发展起了一种合作关系，而有些人，包括南茜·霍普金斯本人，认为这种关系是妇女取得成功的关键所在。尽管那些女教员可能不得不略微地缓和她们提出的方案,以保证管理部门与她们同舟共济,她们所提出的循序渐进的、颇有道理的方案或许同样解释了为什么会有这么多妇女积极地签名以提出控诉,为什么在一段时间之后,她们能够处理一些最深入和最棘手的问题,以及为什么其他院校中会有这么多人热衷于学习她们。[18]

在组织得到批准的这一条件下,最基本的组织优势在于,在没有立即采取行动的动机或者一些成员不认为一个集体处理的问题合理合法的时候,这些组织分化瓦解的可能性比较小。正规的结构能够保证一个"最小群体"的存在,从而一旦需要就能把人们动员起来。[19]

官方批准的员工组织同样有着一些弱点。例如,阿特拉斯的管理部门试图限定一些组织的集体目标。而当他们这样做的时候,他们就把这些组织的目标限定为要求社会上和专业上的支持,而不是为了争取政治上的拥护。此外,由于这些组织希望包含所有那些拥有某个概念广泛的身份或利益的人(比如所有的亚裔),他们时不时会发现拿出一些理由来动员并非易事。为了把问题界定在足够大的范围以适应该组织的要求,他们经常付诸寻求最低共同因素的手段,而这种做法淡化了问题,从而无法赢得多少支持。

未经批准的组织。与阿特拉斯不同,在我进行研究的时候,西部公司并未组建或批准以身份或利益为基础的员工组织,并且禁止员工使用公司的资源,比如复印机和电子邮件,来组织集体聚会。[20]西部公司的官员告诉我这类组织"与工会过于类似",而西部公司历来是反对工会组织的。尽管有这样的反对,一些温和激进派还是经常创办非正式的、以身份为基础的联盟,而许多员工组织定期聚会,通常选择非上班时间和下班后。汤姆·诺瓦克组织的男女同性恋员工参加的公园野餐会就是个例子。

即便有这些不利因素,没有官方的批准能够使员工有更多的自由去定义他们的集体身份和集体计划。西部公司的某个黑人员工组织,是由一群高级黑人员工的民间网络组成的,他们中的大多数人都是彼得·格兰特招聘进来的,他们向彼得寻求领导和监护,彼此之间获得信息、拓宽沟通网络、寻求可以选择的职业前景。一旦有必要,他们会通过幕后工作,相互提供资源、信息和帮助,而且他们经常会支持其他人为改革所付出的努力。西部公司的民间组织在政治活跃程度上各不相同,这基本取决于是否出现了迫使他们采取行动的紧急问题(比如童子军对于同性恋领导者的排斥,或者保证内部伴侣利益的问题),而不是由高级管理部门规定的目标。

公司里未经批准的组织的一个重要弱点在于,它们缺乏合法地位和资源,以至于它们在公司中的影响范围比较狭小。通过个人的邀请和非正式的交流,它们有机地发展着,依靠众口相传的方式成长着。因此,非正式的组织更倾向于排外,这要么是由于其对于内部成员的界定(如高层白人妇女那个组织的例子),要么是它们的成长方式在无意中产生的结果。显然,有些组织可以以非正式的方式建立,而后来设法得到批准。相反,在一些公司里,得到批准的组织是偶然成立起来的。其原因是可以得到资源和支持,而随后却发展成更加非正式化的小派别和次级组织。[21]

不论组织是否得到了官方的批准，看上去对于使任何特殊人士参与到集体努力之中而言，最关键的地方在于他与该集体已然存在的社会联系或者与集体中个人的社会联系。[22] 官方的组织可能更为持久，因此会以其更大的确定性吸引人们参加，但非正式的组织也能够保持一些社会纽带。即便只是一群人的松散组合，已然存在的未来领导班子也使得戴维动员一个组织的任务变得易如反掌。由于人们觉得自己与戴维有了联系，所以他的方案中涉及的一点点相关利益就足以动员班子里的成员投身于那个集体的事业了。

结论

看上去温和激进派可以通过若干条途径从个人转变为集体参与者。在任何情况下，它们都有赖于三个集体行动的基本条件：威胁或机遇的存在，集体的存在可能或潜在结构，以及一个能够把威胁或机会与一个集体的目标和身份联系起来的有效阐释。这些条件可以在组织过程的不同点上被激活，而其动因也可以是各不相同的。

你所选择的动员他人的方式取决于任何几种因素：是否已经有一个现存的集体做好了采取行动的准备呢？如果是的话，用什么样的阐释方式才能够坚定该组织的身份和目标，使它能够采取行动呢？是否存在一个迫在眉睫的威胁，能够自然而然地引起他人的关注，激发他们的活力，导致一个清晰的、共同的方案产生呢？或者，关于一个集体应该包括什么人和其共同的方案应该是什么，是否有足够的不确定性，以至于你需要首先通过某个激发性的行为去挑起一场争论呢？

或许最直接的途径需要的是，一个迫在眉睫的威胁或机遇出现在一个明显的群体面前，而它会对他们的利益产生影响。这便是戴维·韦尔顿面临的局面。如果你没有任何现存的组织，却面临着一个威胁的话，那么你就需要使那些关系松散的人团结起来，并且用一种能够使一群人组成一个拥有共同目标和身份的集体的方法来对这个威胁做出阐释。詹妮弗·杰克逊很好地利用了这些条件。如果既不存在一个现有的群体，也没有关于共同威胁和机会的意识，可能就需要一次个人行动作为导火索来引起讨论，确认盟友和激发集体行动了。南茜·霍普金斯最开始的细微举动引发了一系列讨论，从而导致了范围广泛而颇有影响力的集体参与行为。

在他们为建立和动员集体组织而进行努力的时候，南茜·霍普金斯、汤姆·诺瓦克、戴维·韦尔顿和詹妮弗·杰克逊都在担当着领导的基本任务。不论他们是否在所在公司里担任领导角色，这种创立一个整体的计划方案并动员一群人将其推而行之的做法就是领导的行为。[23] 这些人中的每个人都不仅仅扮演了组建一个群体的角色，而且还使它能够突破内部的矛盾、动员外部的支持，并且抗拒面前的阻力。詹妮弗和戴维在谈论这些情形的时候都将其看作无价的领导经验。无论同性恋员工还是非同性恋员工，都把汤姆看成西部公司男女同性恋者中的无冕之王。全美的知识女性则都把南茜·霍普金斯视为一个尽管很能克制自己，却是广泛流传的集体计划的领袖。

尽管温和激进派的确通过沉静的个人行动引发了重要的变革,聚集各方力量并领导集体行为的做法显然使影响有所扩大,并且往往深化了这些转变所带来的益处。在本书的最后一章中,我们会讨论温和激进派在组织和社会中展现领导才能的不同方式。不过首先,我们将探讨温和激进派在组织中面对的各种挑战,以及那些多少能够有助于他们进行努力的各种各样的情况。

03

TEMPERED RADICALS

| 第三部分 |

温和激进派面对的挑战

举足轻重的人并不是那些批评家,不是那些指出强者如何蹉跌的人,或者那些指出实干家本该做得更好的人。荣誉属于真正下场竞技的人,他的脸上点点斑斑都是尘土、汗水和鲜血的痕迹;荣誉属于英勇奋斗的人;荣誉属于出错的人,属于屡战屡败的人,因为没有任何努力是能够摒弃错误和缺点的;荣誉只属于真正为了完成事业而拼搏的人;荣誉属于深知巨大的狂热和伟大献身的人;荣誉属于为了一个有价值的目标而倾尽一生的人;荣誉属于那些最幸福的、在最后品尝到巨大成就所带来的欣喜的人;属于那最不幸的,倘若他失败的话,至少是在发起巨大冲锋时失败了的人,那么他便永远不会沦落到与那些冷漠而怯懦的灵魂为伍的地步,而那些人既不知道什么是胜利,也不知道什么是失败。

——西奥多·罗斯福,
History as Literature

第 8 章

TEMPERED RADICALS

面对困难

> "当那一天到来的时候,"他回忆道,"当我希望打破沉默的时候,却发现自己无法开口:这个演员再也不能把自己和他所扮演的角色区分开来了。"……(他)比其他任何人都清楚,一副面具是如何使它下面的那张脸孔改变形状的。
>
> ——亨利·盖茨,在"The Welfare Table"中,追述起他的导师詹姆斯·鲍德温[一]的一次回忆

摩根·戴维斯是一名环保主义者,他在非营利性行业工作,直到 35 岁的时候重返商学院学习。他用了 12 年的时间全心全意地致力于提高太平洋西北部水域的水质,并且与那些继续往普吉特海湾中倾倒垃圾的巨型企业进行斗争。而后,他认定自己如果在公司行业内部工作的话,可能会取得更大的成果。他不仅仅期盼着那些他知道有可能得到的物质利益,而且相信如果他打进那个制造了大量麻烦的系统的话,就能够在环保问题上产生更大的影响。

[一] 詹姆斯·鲍德温(1924—1987):美国黑人作家,20 世纪杰出散文家,1957 年起参加黑人民权运动。——译者注

商学院为摩根提供了一个巨大的转型机会。通过接受第一流的管理教育和加入商学院同事的关系网络，他计划从商学院毕业之后，找一份从事环保管理的工作。他相信他在该领域的经验、他所接受的商务教育和他在制造行业一个夏天的实习能够给他带来一份工作，而他在这个岗位上能够对企业环保主义的未来产生直接的影响。他知道有些公司已经开始采取积极主动的态度，而他希望自己能够起到推波助澜的作用。

在商学院的第一年里，摩根学习了通常要求的课程和一些选修课。像他的许多同学一样，他开始被高科技的世界深深吸引，决定利用选修课的机会更多地学习如何在高科技公司做市场营销。对于这些选择他并没有太在意。除此之外，他还能在什么时候学到关于高科技公司市场营销方面的知识呢？他相信自己会在第二年里选修大规模生产和环境保护方面的课程。由于在市场营销班里表现出色，他在一家新兴的高科技公司里得到了一份暑期工作。尽管他心知自己在背离他的初衷，但是他告诉自己这份工作并不是持久的，而这么好的一个机会不容错过。在商学院的第二年，摩根发现自己做出了一系列小小的决定，使他离自己最初的计划越来越远，其中包括为了抓住新创公司里一个千载难逢的机会，在第二学年中途做出的回去找他暑期打工的老板的决定。

离开商学院已经五年了，在高科技行业内又跳了两次槽之后，他发现自己拥有着一份大权在握、全心投入的工作，在另一家发展迅速的高科技公司担任市场营销部门的副经理。无论以任何传统标准来衡量，摩根都是成功的。然而他还是被低沉郁闷的迷失感和悔恨感不断困扰着。使他感到大惑不解的是，他是如何与指引他走进商学院的那种信念背道而驰，又是如何与最初所在公司部门相去甚远的呢？沿途走来的每一步看上去都有足够的理由，然而每迈出一步，他就失去了一小部分自我，而这一部分是他格外珍重、不愿失去的。

摩根是以一个温和激进派的身份踏上从商之路的。他有着进步的价值观，对于企业环保主义胸中自有丘壑，而且他全心全意地希望得到一份工作，在这份工作中他能够对企业行为造成巨大的影响，从而达到这个目的。然而在极其缓慢的过程中，他的进步的理想和信念似乎渐渐淡去，而且在他觉察之前，它们已经不复存在。

到处都有像摩根这样的人——那些在依从某项使他们着迷的事业的过程中把他们"不同"的价值观、特性和理想抛在一边的人。对于有些可能在出发的时候觉得与主流文化格格不入的人来说，发生这种情况，是他们有意选择遵守游戏规则而导致的一部分结果。而且对许多人而言，相对于游戏所给予的战利品，他们沿途所做出的妥协让步是非常值得的。有些人是从来也不曾回顾的。

但是也有一些像摩根这样的人掉头回顾，对他们变成了什么样的人和他们所放弃的"自我"不甚满意。其他那些在受到所在体制阻挠的情况下保持并奉行着他们"不同"的价值观、身份和信念的人，一路上承受的则是相当大的心理上和职业上的混乱纷扰。

在整本书里，我们集中讨论了温和激进派用来坚持他们与众不同的自我和推行进步的革新方案的策略，而且对于这些，我也强调了那些取得了或多或少的成功的努力，但是我对成功的重点讨论并不意味着这些努力不需要承担风险或者遭遇困难。

许许多多温和激进派表达着他们与众不同的自我,抗拒着他人的预期,挑战着习以为常的做法,得到的结果却只是发现自己陷于失业或者再也得不到提拔。即便是我在本书中所引述的一些人(例如希拉·约翰逊和玛莎·韦利)也相信他们的抵制行为很可能给他们的事业拖了后腿。他们声称对自己的选择无怨无悔,但是他们相信为了激起波澜他们付出了代价。如果他们不是同时在自己的岗位上有出色表现的话,那么这些人和其他温和激进派恐怕连想生存下去都会希望渺茫,更不用说取得成功了。一名温和激进派这样解释道:"他们相信我能够拿出成果来,而这是我之所以还在这儿待着的唯一缘故。"

我们在这一章中研究了两个相关的问题:是什么使温和激进派在坚持他们与众不同的自我及将他们进步的价值观和计划方案付诸行动的时候困难重重,以及在他们的工作环境中,是什么特殊的因素扩大和减少了这些奋斗挣扎的难度?换句话说,在什么样的情况下做一名温和激进派会变得更加困难或者更加容易?

温和激进派所面对的挑战

当温和激进派同时被朝着顺从和反叛两个方向拉扯,并且在二者之间徘徊的时候,他们至少要对付四种压力:①矛盾心态带来的困难;②不断增长的被同化的诱惑;③对他们名誉的潜在危害;④失败挫折和心力交瘁。前两种是与保持双重态度有关的心理上的拉力;后两种则是当温和激进派表现出自己与众不同之处时产生的结果。[1]

矛盾情绪的代价

矛盾情绪意味着对同一事物同时具有两种恰恰相反的感受，比如爱和恨，吸引和排斥。我们倾向于认为矛盾情绪是一种不稳定的状态，然而，温和激进派和其他一些人却可以在很长一段时间里维持这种矛盾情绪。不过，这样做也付出了一定心理上的代价。

焦虑。心理学家证实，矛盾情绪会导致焦虑，[2] 为了消除这种焦虑，人们有时会通过抑制或者"抛弃"相互矛盾的感觉之中的一种并夸大另一种的冲击力度来抗拒矛盾情绪。[3] 在组织环境下，人们倾向于抑制他们身上与众不同的那部分自我，并且对和大家一致的那部分自我加以强调。因此，一种消除从矛盾情绪中产生的焦虑的基本心理驱动力引导人们走向了顺从。

内疚感。矛盾情绪也会带来内疚感——比如，你并未能履行承诺，或者你让其他人失望了。这种内疚感是一种很自然的心理副作用，这种副作用源自不能够完全实现成功的愿望或者是彻底履行组织性变革的承诺。[4] 例如，一位大学校长为了在她的学院里提高性别平等而不知疲倦地工作，但是仍然感觉到力不从心。"尽管这是制度上的问题，而且我做了什么并不重要，但我还是用最特别的、最有创造性的方法来鞭笞我自己。我做不到高枕无忧。"[5]

在理智上你或许知道你所能够做到的只有这些，但是你还是有可能觉得对于某个你所重视的支持者或者目标，你本来可以做得更多。这种内疚感会促使你削减你的某一部分信念。

孤独感。温和激进派的双重态度使得他们在组织中既是圈内人又是局外人，而且他们又不完全是其中的任何一种。结果，他们既不能被组织的内部人员完全接受，又不能被那些持有和他们相同的"有差异的"身份或价值观的外人完全接受。觉得在某种程度上与这两个世界都有点儿格格不入的这种感觉导致了孤独感的产生。

随着温和激进派在组织阶梯上不断攀升，他们的孤独感往往会愈发强烈。这样的情况尤其容易发生在某些群体当中，比如白人妇女群体和有色人种群体，因为他们的地位越高，同一阶层当中和他们自己相似的人或是面临同样处境的人就越少。[6] 一些人声称他们在与他们地位相同的人群当中找不到能在吃午饭的时候进行一次随随便便交谈的人。另外，人们的地位越高，他们彼此之间以及与其他像他们一样的"局外人"之间的距离就越大。

对虚伪的指控。 温和激进派面临着另外一个困难，这个困难与他们的矛盾情绪有关，特别是与他们努力去扮演两方面的角色却不能完全演好任何一方有关。组织以外的伙伴和朋友可能会指控他们没有"说话算数"，就这点而言，他们很容易被看成伪君子。[7] 这种被人注意到的不一致毁坏了他们的名誉，疏远了他们与那些本来可以很自然地成为联盟的人之间的距离。尽管西部公司中的很多同事看到了彼得·格兰特坚持不懈的努力，公司以外的一些人却倾向于把他看成一个伪君子。社区中的一些成员赞赏他的努力，但是另外一些人却认为他嘴里说的虽然是他对社区的承诺，但却通过遵循那些将人们排斥在社区之外的特定规则，在"社区以外履行承诺"。彼得解释说他对成功的追求一部分是为了黑人社区的利益，但是对那些抱怨说相对于他们而言彼得已经变得太过重要的老朋友来说，这种解释并没有给他们带来多少满意。这种处境对温和激进派来说是非常痛苦的，事实上，他们正在非常努力地尝试去善待他人。

这些奋斗是在矛盾心态的范围内进行的。无论是在心理上还是在行动上，在相互竞争的拉力之间从容游弋并且保持截然不同的自我都是很不容易的。这些压力会使得人们放弃一方面或者另一方面的自我。面对着所有那些吸引人们顺从的体制性诱惑，最经常受到压抑的就是与占优势地位的大多数人有所不同的那一部分自我。

为了抵制这些诱惑和维持矛盾情绪，温和激进派做出了持续不断的、谨小慎微的努力，以保持友好的关系，使他们的努力得到认可，而且使得他们局部的努力与更广泛的重要性之间的联系更加明确。不幸的是，没有什么灵丹妙药能成功地克服其中一些与矛盾心态有关的自然的心理压力。不过，重要的是能找到一些细微的途径来缓解这种压力，而且更重要的是，要认识到矛盾心态是一种很必要也很自然的心理状态。

不断增加的趋向于同化的诱惑

尽管天花乱坠地鼓吹组织适应性的重要性，大多数组织还是暗中奖励那些维持现状而不是颠覆现状的人。作为对人们表示顺从的交换条件，组织做出了包容性、合法性、地位、机会、认同以及物质补偿等方面的承诺。我并不是暗示表现顺从就保证能够得到这些奖励，或者说，如果你不完全顺从的话就不可能得到它们（就像许多温和激进派证实的那样）。然而人们往往会看到对那些按规矩办事的人来说，获得这些奖励的机会要多得多。

或许你会觉得在你事业的某点上，你当时的职务、地位和声誉会缓和与脱离正轨有关的风险。然而事实上，随着职位的提高，人们总是变得越来越不喜欢挺身而出挑战文化预期值所带来的风险。他们担当风险的东西太多了。阿特拉斯公司一位同性恋的高级经理只是有选择地在工作中"脱轨"，他解释道：

> 我从自己迄今为止的经历中可以看出，随着我的不断升职，我已经变得比以前更加隐秘了。我确信如果爬到了董事的地位，我就不会告诉任何人我是同性恋。这样做变得越来越困难，因为那时候担风险的东西就太多了。

除了一些促使人们顺从占统治地位的文化预期值（并且使与众不同的那部分自我保持沉默）的物质激励，一些心理机制也促使人们表示顺从。[8] 顺从社会群体中大多数人的这种心理冲动是很强烈的，以至于它成为社会心理学中一套完整的传统研究的焦点，而这项研究的灵感大半是来自对于纳粹时期展现出来的顺从的恐惧所进行的观察。[9] 这项研究表明，对于被社会群体中大多数人排除在外或排斥放逐的恐惧是如何驾驭人们的行动、言语甚至思想，使它们与人们所信仰的真实和正确背道而驰的。

在一次经典的研究中，实验者让每个人估量一下灯投影在墙上的光线长度。[10] 为了测验人们顺从相异观点的倾向，他们将单个的实验者与一组故意给出相同错误答案的实验"同谋者"放在一个房间里。所有其他群体成员都同意一个相同的答案，在这种社会性影响下，个人便会倾向于附和这种错误的回答，改变自己对光线长度的认识。他们没有坚持自己的看法，而是为了逃避与群体中其他人意见偏离所带来的被社会排斥的风险，对自己的判断保持沉默。

一项相关研究，研究了人们眼中的权威对他们顺从的倾向造成的影响。斯坦利·米尔格伦（Stanley Milgram）㊀证明了人们甚至为了顺从他们眼中的权威，愿意将痛苦强加于人。[11]他在实验中将两个人放到一起：一个被安排了"学生"的角色（但事实上是这个实验的合谋者），而另外一个则被安排了"教师"的角色（实验的主体）。

一位大学的官员（权威）告诉"教师"这是个关于学习和巩固的研究。"学生"假设被绑在一个单间里的椅子上，通过按下操作杆为教师点亮一个演示灯来回答老师的问题。每当学生给出错误的答案时，教师就会按照指示实施他所确信的电击。而那名"权威"告诉教师，每个错误的回答都会增大电击强度。

尽管教师感觉到他们有时在将巨大的痛苦强加给学生，但是仍有近2/3的教师按照他们接受的指示采取行动。之后，很多教师用这样的话来解释他们的行动——"他（大学的官员）告诉我这样做的。"绝大部分实验主体抑制了他们自己对于什么是"正确的"的看法，以顺从他们眼中的权威。

在工作场合的群体当中，很多人屈从于同样的社会影响，抵

㊀ 斯坦利·米尔格伦（1933—1984）：哈佛大学心理学教授，1967年提出著名的"六度分离"（six degrees of separation）说法。本文中提到的"服从权威"的实验是在1960年进行的。——译者注

制这些影响在心理上是非常困难的。这种脱轨行为——既有组织中的"揭发者"针对那些违背环保标准和健康安全标准的做法的英雄主义行为，也有温和激进派没那么戏剧化的日常行为——需要的是能够克服巨大压力的自知之明和自信心，这种压力迫使人们表示顺从并对那些挑战优势群体的信念进行压制。

想要克服这些压力，尤其是温和激进派所面对的微妙压力，需要的是我们在整本书中所看到的那种处处留心的态度。尽管那些揭发者显然进退维谷，但温和激进派也必须做到特别警觉，因为他们更微妙的选择可能看上去会显得微不足道。他们必须做出的让步有时候会显得合情合理而又不值一提，这是为了成为集体一分子的必要代价，而成员的身份是尤其具有吸引力的。

当这些妥协累积起来的时候，温和激进派的问题就出现了。正如本章开头部分中摩根发现的那样，我们往往会在做出一系列看似微不足道的决定时丢掉一小部分自我，而有时在我们还毫无察觉的时候，这种事情就已经发生了。为了避开这个陷阱，我描述了一些特别容易累积起来，并且在无意之中把人们引向被同化的"合理的妥协"，这个过程不断地要求人们增加对那些同化他们的群体所做出的投入。

等待一个"更好的时机"。当面临是否接受有风险计划选择的时候，有些人或许认为现在不是一个好时机。采取延期的做法仅仅需要等待几分钟或者是几天，直到你找到了合适的答复，定下了更恰当的时间，或者仅仅让事情冷却下来。或者，等待可以是不确定的，你认定自己现在就出头露面还不是地方，而一旦你在系统中赢得了更多的可信度、权利和合法性，你就会在一个更好的位置上表明自己的态度。这样一来，你就能够安全地做出更大胆的举动了。

这种策略被称为存储"特别信用"（idiosyncrasy credits）。[12]这个概念所依据的一种理念就是人们通过表示顺从来积攒信用。之后，他们就可以从他们的一些信用当中获得与大多数人背离和引发变革的资本了。

这种逻辑看起来足够合理，事实上也是这样，除了这种等待往往一直都没有尽头，而之所以会这样有好几个理由。首先，人们永远不会真正知道什么时候已经积攒了"足够"的信用。由于究竟什么构成"足够"的安全或者"足够"的力量是很模糊的概念，于是便总是存在着拖得略微久一点的诱惑，所以这种拖延就一直持续下去了。

其次，等到人们认为时机良好而大声疾呼的时候，却发现已经错过了这样做的机会。再次，在花费了这么多的精力去成为一个内部人之后，人们有了更多名誉上和物质上的东西担当风险，这使他们随着时间的流逝，对风险的厌恶程度有所增加，而不是有所减少。如果一个人的方向或者事业被证明是成功的，那么改弦易辙就要付出太多的代价，就像摩根所经历的艰难历程一样。如果他回到五年前的计划，就会丧失他在高科技领域建立的关系网络和声誉，并且不得不在企业环保主义的领域中将这一切重新从零开始。

使用"圈内人"的语言。我们已经看到语言是如何作为一种工具，对人们如何看待和理解他们的现实产生影响的。同时它还是一种同化机制。当人们排外地使用占有统治地位的文化语言的时候，他们循着同样的思路。[13]

社会学家卡罗尔·科恩（Carol Cohn）在她对于防御专家（那些针对战争中的偶然事件出谋划策的人）的世界进行研究的过程中观察到了语言的同化潜力。当她第一次到军队中开始对一个军事"智囊团"进行研究时，她是以一个批评者的身份加入的，她不明白这些组织中的专家怎么能够这么随随便便地谈论毁灭性武器。他们所用的词汇中包含着像"有限核战争""清洁炸弹""近距离接触"，以及"间接损害"这样的委婉说法。"接触"这个词听起来更像是一次友好的谈话，而不是一场血淋淋的战争，而"间接损害"则没有像大范围的百姓伤亡听起来那么刺耳。[14]

为了获得信任并与组织内的人谈话，科恩学着用圈内人的语言说话。起初是很困难的，但是过了一段时间，她说得愈来愈流利，并且很少因为使用他们的语言而感到不安。"它的一部分魅力在于加入这个神秘王国、成为知情人的那种力量。"她写道，"知道内情的人很少，但是知道的人是很有力量的。"[15]

然而随着她对语言的适应能力越来越强，她具有的以批评的方式谈论和看待这个群体的能力却消失了。

> "我发现我在参与这种交谈时表现得越好，就越不可能表达我自己的看法和价值观念。尽管语言给予了我接近那些我以前不能谈论的事情的途径，但是它强烈地排斥了其他语言。我不能用这种语言来表达我的（真实的）看法，因为这实际上是不可能的。这种语言不允许提出某些问题和表达某种价值观念。"[16]

语言完全改变了她的意识。某投资银行中一个历史悠久的组织里的女性管理者也曾有过这样的经历。这个组织最初的形式是一个论坛,它的目的在于引发一场重大变革来扫除那些阻止妇女得到晋升的障碍。当接触到高级管理层时,该组织的成员认为采用"交易性"的语言来表达她们的想法会是有所帮助的。于是她们用经济学术语来阐释她们的解决办法所带来的好处,例如给银行带来更低的周转成本。

然而她们的策略也会带来一种意想不到的结果。通过按照可以计量的经济利益来阐释该组织的计划,使得产生的结果对该组织而言变得更有影响力。在这种工具性的和交易性的语言当中,并没有包括一套用来描述歧视来源(她们努力的核心目标)的词汇。这些妇女为了避免威胁到那些当权者而十分娴熟地使用内部人的语言,以至于削弱和掩盖了所表达的信息。毫无疑问,她们表现得更加合法化了,但是结果却使她们失去了激进的一面。正如我们所讨论过的,那些促进多元化或推行其他挑战现状计划的人随时随地都能看到这种状况,在使用一种足够温和的、能让人听进去的语言的努力过程中,他们使自己发出的挑战变得悄无声息,使自己的计划发生了改变。

使用内部人的语言就像是在挥舞着一把双刃剑。一方面,我们必须试图在内部施加影响的文化当中使用那些术语,使我们能够赢得信任并进行有效的沟通。[17]另一方面,采用内部人的语言也伴随着一种风险,它会改变我们的思维方式,使我们自己的看法沉默无声。这就是为什么在第 6 章中我们谈到学会同时使用内部人和外部人的语言的重要性。

树立一种专业的形象。无论在任何专业中，人们都会很快了解到为了取得成功，他们必须设定一个恰当的形象，这个形象需要符合他们所在组织对其自身的形容描述。在一些公司里，学习恰当的自我表达的过程和掌握工作的技能这二者的重要性或许不相上下。[18] 就像爱伦·托马斯得到解开头发的建议的经历一样，接受"正确的形象"的压力往往意味着顺从人们习以为常的对于"专业性"的界定。有时，顺从这种正确的形象需要付出极大的代价，并且会被高度关注这个问题的企业详细检查。就像另一位温和激进派所解释的那样："我记不得有任何一次我穿的衣服、我化的妆，或者我的发型不出问题。妇女的形象屡屡被当作一个问题提出来，而且通常被认为反映出了她的成熟程度和判断力的水平。"

采用一个被人接受的专业形象的过程不仅仅意味着学会如何效仿内部人的言行举止，在某些情况下，它还要求对人自身某个重要的方面进行评价。最近进行一项对管理咨询人员和投资银行人员中男性和女性的职业转变的研究发现，那些成功地进行了最高水平转变的人，正是那些将他们精雕细琢的表面形象内化为他们自身特征一部分的专业人士。在他们职业的早期阶段，这些年轻的专业人士学会了模仿一个在他们所处的领域中表现出自信心和专业性的角色形象。对大多数人来说，这种角色形象在一开始仅仅是"表演"，但并不一直都是这样。为了在这些高标准严要求的职业中越过更高的障碍，专业人士会将这些角色形象和他们的自我意识结合起来。一开始这样做是为了控制自己给别人留下的印象，结果终于导致了自我的转变。[19] 有些人会以比别人更为天衣无缝的方式完成这种转变,而其他人从来都没有做到这一点。

当你长时期扮演一个专家"角色"的时候,便会越来越难将你的"自我"和你所扮演的角色区分开来。为了避免这个滑坡,在你工作环境内外设法表现出与你扮演的那个"角色"有所不同的那部分自我也是相当重要的。

证明忠诚度。我们曾经看到那些作为另类而居于人群之外的人面对着不断增长的向大多数人证明他们忠诚度的压力。人们做到这一点的方法之一就是疏远其他那些同样"另类"的人。例如,在一个规模很小的少数群体中的一些女性担负着有所增加的压力,试图证明她们是"男孩中的一员"。她们通过拒绝从事妇女事业,远离妇女计划和妇女群体,回绝那些给其他妇女提供指导的建议,来拉大她们和其他女性之间的距离。讲述带有性别歧视色彩的笑话并在听到这些笑话时大笑不已,对一些运动术语变得十分熟悉,奚落其他的女性,这种种做法所传达的信息就是她们与其他女性丝毫没有相似之处。

罗莎白·默丝·坎特(Rosabeth Moss Kanter)⊖在她的经典著作《公司中的男性和女性》中指明了这种动态过程。[20] 她发现这种有所增长的使某个人疏远其自身所属的特征群体的压力在

⊖ 罗莎白·默丝·坎特(Rosabeth Moss Kanter):哈佛商学院工商管理学教授,她是《当巨人学会跳舞时》(*When Giants Learn to Dance*)(Simon and Schuster, 1989)的作者,并与巴里·斯顿和托德·吉克(Barry A. Stein and Todd D. Jick)合著了《组织变革的挑战》(*The Challenge of Organizational Change*)(Free Press, 1992)。坎特还是1989~1992年《哈佛商业评论》的编辑。——译者注

少数群体的成员数目占有关人数中的比例达不到15%的时候会变得特别强大。当比例如此之低的时候，两个群体之间的对比就变得尤其明显，而这使得任何一个群体中的成员都更清楚地认识到他们之间的差异。在一个"标志"的妇女面前，男人更多地意识到自己的男性身份，而妇女则更多地意识到自己的女性身份。最重要的是，每个人都清醒地认识到那位标志女性不是一个男人，而这就迫使她为了工作的目的来证明自己是男性中的一员。

其他少数或多数的关系也深受这种动态过程的折磨。处于白人占主要地位的环境当中的有色人种受到了无形的压力，迫使他们为了证明对多数人的效忠而背离了他们自己的身份，疏远了他们自己民族和种族群体的其他成员。[21] 希拉·约翰逊在她早期的职业生涯中，感到一种迫使她与其他黑人划清界限的压力，而且她不惜任何代价去避免与任何有关多元化或与种族相关的问题有什么干系。她用了很多年矫正她身上这一部分特性，而后来她意识到这一部分是她的自我意识的核心所在。

除了会失去一部分自我，这种动态过程的危险还在于你疏远了一种特殊的纽带，这种纽带可以使你受到威胁的身份得以存在下去。看起来为了被包容而付出这样的代价似乎是值得的，但是从长远角度来看，疏远那些和你一样有着"不同"身份的人将会对你和其他人造成更严重的损失。

顺从性别角色。由于她们独一无二的与在多数社会机构中占主导地位的群体之间的历史性、文化性和社会性的关系，白人妇女面对着特殊的压力，迫使她们屈服于表示顺从的压力，而其他群体中的人则没有面对这样的压力。当白种女性面对多数派的时候，她们看到的是一些像她们的丈夫、兄弟、父亲一样的人，[22]她们看到的是一些重新制定了熟悉的对于角色和关系的预期值的人。这样，当妇女挑战传统、抵制那些刻板的对于性别角色的预期值的时候，她们不仅威胁到了男人头脑中关于什么是"好男人"的观念，也可能对她们自己关于什么是"好女人"的社会化观念提出了质疑。西部公司的一位高级执行官对此十分理解。尽管她履行着作为执行官的职责，她还是发现她的成功与她愿意接纳一个传统的"女性的"支撑性角色的程度息息相关。

> 在这里，做个女人在某种意义上说就是扮演女性的传统角色。我知道很多高级经理喜欢告诉我一些不愿意跟男人说的事情，仅仅是因为他们知道我没打算抢他们的职位。

她承认她之所以会接近权力，一部分是由于她的文化背景和那些大权在握的人非常相似，同时也由于她愿意顺从传统的性别角色和关系分工。[23]艾达·乌尔塔多（Aida Hurtado）曾经把这个过程说成是一种"诱惑"，它使得妇女（尤其是白人妇女）心甘情愿地在她们自己的沉默和服从当中助纣为虐。[24]

在这种情况下，妇女是可以选择的。抵制这些诱惑性力量虽然可能在某种程度上限制了前进的步伐，但是它却巩固了她们对于改变一个维持这些传统性别角色和关系的体系的信念。然而，无论如何选择，搭建与境遇相同的他人之间的桥梁，积极地开展揭示这些模式的讨论，对妇女（或者说任何人）来说都是有所裨益的，他们可以因此在更加清楚后果的情况下做出选择。

到目前为止提到的所有过程都体现了那些使人们走上顺从的道路以至于最终被同化的机制。这些过程通常十分微妙,使人们并没有意识到他们已经做出了选择或者他们不断增多的决定会产生长期的累积结果。由于这些机制的狡猾性和运作的微妙性,所以温和激进派一定要提高警惕,抵制它们,并且使他们"不同的"自我得以存在下去。

对名誉的损害

那些避开了同化的拉力,表达了他们的不同之处,或者推行了某个变革计划的温和激进派破坏了顺从所带来的物质上的奖励和职业上的奖励。而那些推行某个挑战现状的变革计划的人也担当着被与某个白热化问题联系起来,或是博得一个惹是生非名声的风险。害怕以这种方式损害名誉的心理足以让很多的温和激进派保持沉默。[25]

始终一贯地与某个问题保持联系带来了额外的危险,那就是被看作一个只此一招的人。Link.com 是硅谷最成功的高科技公司之一,它的营销部副经理就曾经历过这样的事情。在那些创业元老级执行官的核心队伍中待了很多年以后,退休的首席执行官在自己的退休晚会上给她一块金属装饰板(plaque),上面写着"娜塔莉·克莱默:在 Link.com 里创建了性别意识"。尽管她确实十分努力地在公司里提高平等意识,但她并不想让这个成为她主要的遗泽。由于某种原因,至少在她的一些同事眼中,她在性别平等方面做的工作盖过了她对公司成长所做的贡献和她功绩显赫的营销事业。她被看成是"只此一招"的人这件事让人感到可耻，她害怕这样的声誉损害一些同事对她的信任。[26]

挫折失败和心力交瘁

除了矛盾心态在心理上付出的代价和为了抗拒顺从的压力所需要的警觉之外，温和激进派的道路上还布满了阻碍和挫折以及崎岖和坎坷。这一部分是由于温和激进派所推行的那些变革的本质是缓慢的、渐进的和扩散的。当他们无法看到他们的努力如何进行累积，或者是否累积起来的时候，他们就会有受挫的感觉，还会因为尝试的无益性而变得愤世嫉俗。

但是尽管他们的努力得到很少的认同，而且不能保证他们的努力会带来期望的结果，温和激进派仍然会坚持不懈。琼·马丁在总结她作为温和激进派所受到的挫折时说道：

> 这是一种逆流而上的奋斗，而我们当中这样做的人经常觉得受到了不公平的贬低和排斥。是因为我们的价值观不属于主流吗……你永远不会知道。我说这些不是要打击别人，只是说在潮流涌动的时候，感到疲倦或者挫败是不可避免的。而轻松的时刻——当潮流转向你喜欢的方向，或者仅仅是当潮流在起伏涨落之间暂时停止的时候——实在是非常难得的。[27]

像其他的激进派一样，马丁成就的扩散本性以及她不知疲倦努力的最终产品都已无迹可寻。对她来说，和别人一样，这是一条始终如一、令人满意的道路，同时也布满了挫折、障碍和一次次的心力交瘁。

有时候的感觉远远不只是挫折沮丧和心力交瘁，一些环境具有无法忍受的毒害性。当我们的价值观或身份与文化中的主流迥然不同，以至于没有办法过上可靠的生活的时候，这个环境可能就过于恶劣，不适合我们留在这里了。太快地放弃是一种危险，但温和激进派也必须认识到何时承认并离开才是正确的选择。

形成温和激进主义环境的因素

前面提到的所有挑战（除了离开之外）在温和激进派逆潮流而动的时候或许都是不可避免的组成部分。但在一些环境下，逆流而上会比其他情况下更为容易，而且更为舒服。把一个友好的环境（你能够在其中颇有收获地按照你的价值观、身份和信仰采取行动）与一个有害的环境（你在其中经常会试图敷衍了事）区分开来的是什么样的条件呢？

文化上和亚文化上的支持

我一开始认为，西部公司和阿特拉斯公司在对温和激进派的忍耐程度上会有所不同。事实上，在我选择这两个研究点的时候这是一个很重要的因素。我的解释是：与阿特拉斯公司的非正式的、年轻的、创新的文化相比，西部公司的传统文化对差异的忍耐程度以及对那些挑战现存做法的计划的开放程度会比较低。进一步地，我认为商家网公司那种零零散散的、杂乱无章的、进步主义的文化也应该会欢迎不同特色和支持实验行为。

从一方面讲，我是正确的。阿特拉斯公司的一些规范标准有着更大的弹性。人们可以想穿什么就穿什么，在一些部门中还可以中午才来上班。而与商家网公司进步的文化相符，员工穿着很随便，越级的交流也是很随便的。除此以外，商家网公司的员工还谈论一些重要问题，比如公司在全世界人权问题上的地位，而这在其他公司中甚至是不会提及的。

另一方面，在关于差异方面我是错误的。在我的研究中很清楚地表明，一种文化表面上的不拘礼节或者先锋激进，未必能够决定人们拥有的表达差异和遵循差异采取行动的大量的日常自由。事实证明真正起重要作用的，是占主导地位的价值观和某人的个人价值观之间的差异究竟有多悬殊，是占主导地位的做法和假设在什么程度上将一个人变成了局外人，而最重要的是，如果不俯首帖耳、不随俗而变的话，究竟会有什么样的潜在后果。[28]

像西部公司一样，阿特拉斯公司和商家网公司都强制实施了一系列占主导地位的规则。虽然不同的公司之间的细则有所不同，每个公司的员工都感到了迫使他们遵守规则和适应环境的压力。阿特拉斯的员工说他们为了在公司内部取得成功而遵循自信、坦率而且永远随叫随到的"阿特拉斯方式"的时候感到了压力。对于"阿特拉斯方式"的含义以及什么人能做到和什么人做不到，存在着很多一致看法。比如，对于有色人种中的女性来说，在这种文化背景下取得成功尤为困难。即使她们想要适应环境，文化预期值也使她们很难做到这一点。另外，即使在关于专职人员何时上班工作这方面有着相对的灵活性，但公司还是期望人们能够把工作放在第一位，并且在任何时候都随叫随到。这种期望对于有着其他外部责任的员工来说有很多重要的暗示，这就是约翰·齐瓦克所搏击的潮流。同样,虽然商家网公司有着相对进步的价值观念,但一些特殊的实践行为,例如偏好经济优先权的激励机制,则会奖励那些完全遵循这种优先次序的人和惩罚另外一些人。

衡量普遍流行的文化遍布程度的一个附加标准,就是那些反映和支持了不同的价值观念和身份的"亚文化"的流行程度。[29] 尽管琼妮·马森在商家网公司进行的奋斗是非常真实的,但是公司创建者和一种员工的亚文化确实对她的努力给予了支持。起码她工作的存在、同盟的存在和亚文化的支持都无疑使她的奋斗更加容易,或者说至少给了她一定程度上的尊重和合法性。

无论在组织中正式团体的背景下还是非正式的个人集合中,亚文化的支持有时可以让人觉得自己是团体的一部分。作为团体的一员,温和激进派就不那么容易觉得孤单,更可能感觉到一些比自己更重要的东西,不再会以一个孤独的"脱轨者"或是麻烦制造者的身份与众人格格不入,更可能完成一些事情。颇具讽刺意味的是,在一个大团体的环境中,人们可能会隐姓埋名,同时却由于在团体中的成员身份而拥有一种个人稳定感。这样,以身份为基础或以利益为基础的群体,或者可以辨识的亚文化,就能够给温和激进派提供舒适感、稳定感、安全感和合法性了。

除了主流文化的力量和亚文化的存在,还有一些结构上和文化上的因素影响了温和激进派所处的环境。这些情况在不同的组织中,甚至不同的部门里都会有所差异。让我们详细地探讨以下三种在我或其他人的研究中看上去有关的情况。

人口统计上的构成成分

组织的构成成分,特别是传统的"圈内人"和"局外人"的比例,尤其是在最高管理层当中,决定了其文化能够在多大程度上接受温和激进派。当温和激进派环顾四周,发现其他人和他们有着一样的身份、价值观和信仰,或者只是其他一些以类似的方式脱离优势群体的人时,他们就更容易感觉到他们可以宣布这些身份,并依照它们来采取行动。例如,罗宾·艾莱(Robin Ely)的研究表明,在那些领导层中包括了不少于15%的女性组织当中,初级水平的职业妇女会更趋于把自己的身份界定为一名女性,更乐于与其他女性建立健康的关系,更易于效仿组织中的高层女性的榜样。[30] 换言之,领导层的构成成分,而不仅仅是当前工作群体的人口统计,对女性的经历、身份和关系产生了很大影响。

多数派和少数派的相对比例也表现出对于人们究竟在多大程度上愿意代表他们所属的受到排斥的群体进行呼吁或采取行动。例如,苏珊·阿什弗(Susan Ashford)和她的同事的研究表明,女人在高层位置上的相对比例影响着女性是否愿意代表性别问题进行呼吁。妇女倾向于这样想:"如果我看到高层有更多的女性,拿出女性的身份来就一定没问题,这样我的声誉才不会因为我作为一名女性或者代表妇女进行呼吁而受到损害。"相反,当组织中居于高层的女性相对很少的时候,就发出了信号说作为女性和取得成功是互不相容的,这样妇女就不那么倾向于自认女性的身份、代表妇女大声呼吁和采取行动。[31]

我的样本中的其他代表人数不足的群体着重强调了人口统计学的象征性重要意义。西部公司中一个女同性恋者声称，最近把一个公开的男同性恋者提拔为高级副经理的做法给同性恋者带来的好处，比赢得任何别的好处都大。她认为他的成就标志了官方的认可，而这反过来使得其他同性恋者更容易公开身份和表现他们这方面的自我。

> 每当一名同性恋者做到了高层职位，就是一次关于管理层把公司交托"我们当中的一个人"手中的声明。获得高层职位是根本的标志，尤其当被提升的这个人是按照自己的规则来生活，而不是向传统屈服的时候。他们开始着手改变那些在其他人眼中具有可能性的东西。

把那些在传统中受到排斥的人纳入权力圈的做法能够向组织内外的其他人发出强烈的信号，尤其当这种接纳并没有被看作一种表面姿态，而是一个真正的接受和尊重的标志的时候。[32]

问题群体和身份群体的文化合法性

相关的表征并不是一个组织用来传达它对那些"与众不同"的人的开放信号的唯一途径。阿特拉斯的大多数员工认为，公司对以身份为基础的员工团体的正式支持证明了它对所有人的接受，而不考虑他们是什么身份。一些拉美裔的员工说，拉美员工团体的存在使他们感到表达他们的这部分身份，并且仍然作为阿特拉斯的员工受到重视，这是合理合法的。一些尤为愤世嫉俗的温和激进派认为，管理层支持这些团体的目的在于对员工在何时或如何能够表达他们的身份加以抑制，而不是表达对不同群体的成员的真正接受。然而，对大多数人来说，这些团体的存在看上去对于他们的被接受感有着一种积极的影响。[33]

同样，某个问题感觉上的合法性影响着这个问题看起来究竟有多"热门"和究竟有多冒险。[34]当最高管理层表示出对某个问题的兴趣或支持时，这个问题看起来就更加合法化，人们会觉得如果他们与这个问题有什么牵扯的话，不会给名誉带来损害。[35]我怀疑一旦麻省理工学院的院长正式在学校里承认性别平等问题并成为对这个问题的共同研究者，人们就会更愿意大声呼吁了。管理部门的支持带来了资源，制造了处理问题的框架，并集中了大家的注意力。更重要的是，公开的承认赋予了这个问题在学校里的合法性，使得整个学校中的女性，甚至那些来自其他被排斥团体的原本保持沉默的人，都觉得说出她们自己的经历或者对其他人经历的观察，是一件更安全、更可靠的事情。管理层是通过赋予这个问题一个优先权、把它构架成一个学习的机会和建立一个清晰的处理过程或者处理结构来提供这样的保护的。[36]

虽然西部公司不批准建立以身份为基础的组织，但是其首席执行官已多次公开声明了多元化的重要性。对一些人来说，他对这个问题的支持使得提出与多元化相关的主题具有了合法性。对于关注这个问题的温和激进派来说，这种来自高层的对某个问题的支持是否真正创造了一个更加有益的环境，多半取决于华丽的言辞与日常的现实在何种程度上达成了一致。当多元化计划提倡一些与现存的工作实践和文化标准发生矛盾的价值观和期望值时，人们就会变得灰心丧气。例如，通过首席执行官对多元化表示赞同，彼得·格兰特感受到了支持，但是这种支持由于缺乏彼得在日复一日的工作生活中所体验的敏感性而受到了削弱。琼妮·马森在商家网公司体会到了类似的华丽辞藻和实际情况之间的格格不入。这样，尽管来自组织高层的宏观支持相当重要，但如果单凭磨嘴皮子来处理问题，而没有在人们日常的交往和经历中贯彻执行的话，事情也就是仅此而已。

影响温和激进派所处环境的宏观条件

下面的问题会有助于解释对温和激进派来说，通常环境的支持究竟有多大。

1. 文化和亚文化的支持
   - 你的价值观和信仰与主流文化中存在和巩固的那些有多大的差异？
   - 有没有一些对你脱离正轨的价值观和信仰表示支持的亚文化呢？
   - 如果不顺从占主导地位的文化，付出的代价会是什么？
2. 人口统计的构成成分
   - 在整个组织中像你一样的人所占的相对比例是多少？
   - 在你周围的工作组织里像你一样的人所占的相对比例是多少？
   - 在领导层中像你一样的人所占的相对比例是多少？

3. 相关问题和看法的文化合法性
   - 你所关注的问题和想法具有多大合法性？
   - 对这个问题表示支持的华丽辞藻是否能和日常的实践相符合呢？
   - 在组织中谈到这个问题或者处理这个问题的安全性如何？

这三个条件（文化和亚文化的支持、人口统计上的构成成分和文化合法性）和其他一些条件一起，对决定某个环境对温和激进派表示多大程度的欢迎起到了重要的作用。[37] 不幸的是，任何个人都不能对这些条件产生太大的影响。但是在考察工作环境或评估挫折来源的时候，这些条件却可以被看成是标准。然而，我所有的研究中都明确指出，温和激进派所处的局部工作团体的氛围，以及他们内部之间的特殊关系，超过了这些一般条件的重要性。

局部关系

正如日常的接触能成为权力演示（power plays）和身份威胁的来源，它们也能成为认可和确信的源泉。我所采访的西部公司和阿特拉斯的温和激进派不约而同地声称，他们与顶头上司的关系要么让他们安安全全地说出他们的想法和做他们自己，要么不然，这比其他任何因素的作用都大。[38]

回想一下汤姆·诺瓦克的导师建议他携带一名女友去参加一个高层社交典礼的那次碰撞。这个建议带来了痛苦和贬低，而汤姆从他的顶头上司那里得到的让他携带伴侣参加典礼的鼓励带给他的不仅仅是平衡。她的支持不仅帮助他决定带上他的伴侣，也重申了他工作中展现自我的能力。汤姆说道：

> "这个简单的因素确实扭转了局面。她发出的（让我带上同伴的）邀请与我以前接到过的邀请全然不同。这是一种'深入我的生活'的邀请。这对我意味着我干得不错，意味着作为一个同性恋者我有能力坐在公司的这个职位上；意味着我既能保持自我，同时还是这个组织中真正的一分子。我觉得当存在这样明确的接受时，思想在某种程度上也会改变。"

这件事情过去几个月以后，在回忆起这个姿态所代表了多少意义时，汤姆的眼中仍然充满了泪水。正是这种肯定（或者是缺少这样的肯定）对人们觉得自己受到了多少重视，对他们能够在工作中投入多少自我，以及他们在偏离文化模式时有多少安全感产生了影响。人们发现许多有助于建立支持性关系的行为，比如像汤姆的上司那样的做法，明确地反映了一个人在尊重他人（所有人）方面做出的努力。

玛莎的一位员工谈到了玛莎带给她的工作小组的仁慈和她对员工在公司的价值加以承认的细微方式："她在很多方面是一个很好的管理者。或许是因为她本身做事情经常与众不同，她尝试着挖掘每个人独到的和最好的方面。她并不去推行一种正确的模式。"另外一个人在谈到他上司的时候说："她并没有进行街头演说。她像一个真正的人与另一个真正的人之间相互交流一样和你谈话。"他同样从他的上司尊重的信号中感觉得到了认可。挖掘每个人的最好方面和以尊重的方式对待他们这种做法正是出色的管理行为。这也恰恰让人们更舒适地做他们自己、说他们自己认为正确的事情——这对温和激进派来说是一个尤其健康的环境。

在我的研究中，当温和激进派的管理者展现出对实验行为或脱轨行为表示高度容忍的时候，或者当他们感到自己给群体带来的差异被当作有益于组织效能的资源时，也就会觉得他们的战斗变得没那么困难了。[39]西部公司人力资源部的一位高级管理人员受命负责启动一项员工推荐奖励（referral reward）制度。她建议运用激进的语言和思想来穿越"人们的舒适地带，因为否则的话我们得到的结果将和我们以往经常得到的结果毫无区别"。她知道一些人会反对自己的激进想法，也知道她的最初建议将会被修改和冲淡，但是她感觉做到极限是很安全的，因为她的上司相信实验，而且经常对她想要做的与众不同的事情加以鼓励，即便这会导致一些错误和分歧。

同样，一些人解释说，给他们自由地表现自我和说出自己的想法带来最大变化的，是他们在多么深的程度上相信他们的上司能够在未证明他们的所言所行是错误的之前给予肯定的判断。阿特拉斯公司的一名温和激进派声称，这对于她在工作中能够扮演什么样的角色带来了翻天覆地的变化：

> "对克里丝（她的老板）我觉得很安全，因为我经常感到我可以对她说任何事，而且她都不会曲解。知

> 道她能够做出'无罪推定',给我带来了巨大的变化。她真的希望我取得成功,而且完全相信我会做到。我相信她对我总是会很诚实,因此我对她这个上司坦诚相待,而且与她这个上司共担风险。对其他人,我对我所说的话就不得不更加当心了。"

另外一个表现出相关性的因素(尤其是在玛莎·韦利的工作组中),就是人们的独立意识。正如独立性赋予了她信心去为她的信仰大声呼吁,并对她的信仰忠贞不渝一样,玛莎鼓励她的员工建立一种自我独立意识。结果,这些员工提高了自身的力量感和自信心,从而表达他们的价值观,并对玛莎和整个公司发起了挑战。

其他温和激进派强调的是有一个拥护者的重要性,这个拥护者关心他们的职业发展,并且能够用一种肯定的方式向别人解释他们的行为。这个拥护者或许是一个顶头上司,或者是关系亲密、地位相同的同事。一位直接向汤姆·诺瓦克汇报的拉美裔主管解释道:

> "当我和汤姆坦率地谈论到我自己的发展计划时,我感到有一个有意识的计划在维持我、栽培我。当他诚实地说出我的弱点,并帮助我制订在这些方面改进的计划时,他的做法就是在说'我们重视而且关心你'。"

阿特拉斯公司一位心直口快的助理律师由于知道她的上司即

便在和她意见相左的时候也会冒着风险保护她，于是体会到了安全感，她觉得他们之间的争执（这种争执是很多的）给他们两个人都带来了学习和成长，尽管存在着这些差异，她还是相信她的上司能够替她辩护。

希拉·约翰逊的经历恰恰相反——那是一种饱受怀疑折磨的关系，而这使得生活对她来说极为艰难。她感觉她先前的上司对她的一举一动观察得都非常仔细，他似乎很希望能证明她不适合这份工作。希拉回想起一次她把自己花几个小时完成的备忘录给别人传阅的情形。她的老板并没有就备忘录的实质性内容与她进行讨论，而是把注意力集中在这三页文件的一个打字错误上面。希拉把这次遭遇看成是对于她并不安全的鲜明提示，她的能力总是会受到怀疑，无论她的表现如何，她永远不会得到"无罪推定"，"不管怎么样，我总是被看成是半瓶子醋"。

在这样的关系当中，希拉的感觉是绝不会允许她偏离规则或说出自己的观点。她经常无论如何也要大声疾呼，因为她已经到达了生活中的一个点，而在这一点上她这样做的信念比她的恐惧更为强大。然而，她很少会觉得安全，她知道她的老板不会为她提出了某个棘手的问题、驳斥了某个冒犯性的评论，或仅仅是表达了与大多数人不同的意见而对她表示欣赏和称赞。这种关系使得她作为一名温和激进派的生活变得尤为艰难。

以相同的方式，西部公司的一名女同性恋者不是被她的上司，而是被她的同事暗中伤害。在冒着风险代表同性恋员工向高级管理层发出呼吁之后，当其他的同性恋员工对她敬而远之并拒绝支持她的行动时，她有一种遭到背叛的感觉。很明显，这样的反应会使她在下次去冒险之前三思而行。她的经历证明了拥有与顶头上司和那些能够沿途提供支持的可靠同盟者之间的强大支持性关系的重要性。

结论

对于温和激进派来说，生活并不总是很容易的。由于他们的性格特性和他们所关注的事物，使得他们的道路成为乔安妮·马丁所说的"逆流而上"。[40] 仅仅为了不被潮流淘汰而与其抗争所需要的努力是巨大的，而想要在逆流行进中取得进展则比这还困难得多。但是，正如我们所见到的，困难的程度一部分取决于当时盛行的文化的力量，以及我们在反其道而行之的过程中是否能够得到帮助。

尽管在受到了什么样的文化熏陶和对温和激进派存在着多少敌意方面，各个企业之间和各企业内部的组织之间几乎毫无疑问地存在差异，但注意企业生活中一些有可能至为关键的更为寻常的特点也是相当重要的。个人管理者，就像个人的温和激进派一样，能够带来巨大的变化，无论他所处的环境是让人感到安全还是充满风险，是乐于接受他的还是满怀敌意的，是可以通融的还是故步自封的。对于那些搏击怒潮的温和激进派而言，在公司里与上司和同事之间保持的支持和鼓励关系相当于他们身上的救生衣。

那些为他人（温和激进派中最好的管理者）提供这些救生衣的人，本身往往就是温和激进派，这毫不奇怪。事实上，有意识地助其他温和激进派一臂之力可能正是一名温和激进派最重要的成就。而且,如果你相信温和激进派引发的那些变革对于企业的学习和改善来说是非常关键的,那么你就能够把这些支持看作领导的一种基本要素。现在我们将转而研究的这个主题就是作为"平常领导者"的温和激进派。

| 第 9 章 |

TEMPERED RADICALS

作为平常领导者的温和激进派

> 温和激进派并没有被赶尽杀绝。他们像珍珠刺激牡蛎一样刺激着所在的组织。这些人身上有一些东西是他们所在的组织希望保留和培养的——即便他们相互之间的关系给彼此双方都带来痛楚。
>
> ——凯西·哈蒙德，*Fast Company*

当我询问西部公司的人，他们认为是谁真正使公司改头换面，有色人种的员工异口同声地回答说是彼得·格兰特。他们把他描述成一个鼓舞人心的人，一位天生的教练和良师（对于他们或其他一些他们认识的人而言），以及一场无声而又缓慢的文化变革的推动者。然而，并不只是有色人种员工对于彼得抱有这样的看法，他的许多白人同事对于他在职业生涯中所取得的一切成就和鼓舞的每个人都啧啧称叹。一位中层管理人员描述起在他已经准备撂挑子不干的时候，彼得是如何告诉他，他为了取得成功所进行的奋斗并不只是他自己一个人的事，从而使得他能够继续前行。"他对我非常严厉。他教我认识到，这件事不仅仅与我有关，也不仅仅是为了我一个人。他对待我的态度并不温和,但这是我在工作生涯中所记得的最受关怀的一次意见交换。"另一名执行官讲述了彼得如何帮助她在银行的另一个部门得到一个最好的职位,而这个职位后来成为她在事业上大展宏图的平台。这么多年以来,她一直试图效仿他,积极主动地招聘和指导其他少数种族员工。连那些甚至从来没有见到过彼得的人,都能够讲述一些关于他的决心和毅力的故事,讲述他为了创建一个更兼容并蓄、更人性化的工作环境而做出的无止无休的努力。他们被彼得的故事鼓舞着,如果没有直接被他本人鼓舞的话。

尽管有这些遗泽传世,我怀疑彼得·格兰特并不会作为公司颇具影响力的"领导者"之一被载入西部公司的史册。他从来没有正式领导过公司,或者担任少数几个顶层的职位。他从来没有出头露面地在某次巨大变革中领袖群伦,或者在公司危难当头的时候只手擎天。然而全公司的人还是把他看作他们职业生涯中最重要的人物之一。他们得到了他的指导,受到了他的鼓舞,还得到了他的栽培。对于这一点,我认为这是公司和社会中的一种十分关键的、全然不为人知的领导方式。

像彼得一样,我描写过的其他温和激进派都扮演着"平常领导者"的角色,在他们的日常行动和日常交往中扭转乾坤。他们往往并不会在公司中崭露头角,因为他们的行动有意地尽量避免引人注目。其中有些人从来没有担任过高于中层管理人员的职务,有些人则从始至终都是平头百姓。作为领导者,他们并不像是那些领导一场翻天覆地的革命的白衣骑士,而是犹如一群抓住了机会的拥有远大理想的即席表演者。

平常领导者并不会抑制自己对于速战速决的渴望,对于"必杀技"的向往,或者对于在今天这个充斥着一夜成名的英雄和恶魔的时代中激发巨大变革的热切憧憬。平常领导者是一些沉静的推动者,他们抗拒习以为常的标准,创造学习的行为,并且为缓慢然而从不间断的组织变革和社会变革奠定基础。

如果我们进行观察的话,我们会在邻里之间和当地学校里发现这种简朴谦逊形态的领导方式的痕迹。我们会发现那些深入到社会角落中的平常领导者正在为改变整个国家而努力——我们可以在南非、北爱尔兰或者波西尼亚找到那些每天都采取大大小小的行动以创建更加公平和人性化的社会的人。正如我在前面关于人权运动的例子中提到的那样,那些沉默无声的、坚持不懈的人为了推行他们的计划,为了替更为激烈的、彪炳史册的行为奠定基础,在幕后不知疲倦地工作着。

让我们仔细研究波兰的当代史,在很大程度上是由于平常领导者的努力,才使得这个国家转变为一个民主的国度。该国民主反对党的前身是保护工人委员会(KOR),而它的起源只是几个人在咖啡店里聚会,讨论他们对于一个民主国家的憧憬。[1] 当他们凑到一起的时候,这些人表现得好像他们是自由人、能够拥有言论自由一样。他们是"保守的越轨者",通过表现得与众不同,创造了积极主动的选择。[2] 他们的小小举动证明了事态是可以有所转变的,并且把对于自由权利的束缚略微松了松。许多年后,这些小小的举动形成了势头,扩散开来,并且为一次意义深远的社会变革铺设了平台。

问题在于在这次运动中,成百上千的领导者扮演着重要角色——如果不是关键角色的话。有时历史会留下记载，而我们会获知一些更引人注目的领导者的名字，比如亚当·米奇尼克（Adam Michnik）或者莱赫·瓦文萨（Lech Walesa）[⊖]。我们知道了罗萨·帕克斯，知道了马丁·路德·金，知道了其他一些因为在人权运动中所扮演的角色而被载入史册的勇敢的人的名字。但是在这些记载之外所遗漏的，是无数人的名字，他们率先展示了为人处世的另外一种选择，逐渐改变着现行的体制，激发鼓舞了其他人采取行动，并且在引发社会变革的趋势上起到了至关重要的作用。

对于我所描写的那些温和激进派而言，情况亦是如此。他们并没有像英雄式的领导者一样泽被后世，通常很难把重大的变革归功于某个特殊的人所采取的行动。但温和激进派的足迹却遍布在我们的周围，而他们所采取的领导方式也是各不相同、多种多样的。

或许温和激进派进行"领导"的最重要途径是创造一个合作的地方环境，并且培养与同事和雇员之间的关系。我们在前一章节中看到，有一些温和激进派本身就是其他温和激进派最好的管理者。伊莎贝尔·纽恩兹被认为是一名非常重视、信任和关怀员工的管理者。她想方设法去理解她的员工，并从他们的不同意见中学到东西。作为回报，她的员工觉得他们可以表现出自己的不同之处，并且在面对她的时候和在他们彼此之间做到诚恳和坦率。玛莎·韦利的手下依赖她，把她当作最好的管理者之一，因为她促使他们做出最好的表现，创造机会让他

[⊖] 莱赫·瓦文萨（1943—）：波兰第三共和国总统。——译者注

们能够出类拔萃，并且支持他们所取得的成功。她还鼓励他们建立一种独立意识，鼓励他们独立地进行思考，鼓励他们挑战习以为常的做法。除此之外，玛莎还营造了一种局部的具有适应性的氛围，能够从她的员工的创新举措中学到东西。她那个群体中的员工实验着不同的工作安排，而这些实验对群体中其他人如何看待他们自己的工作和生活产生了影响，而这鼓励人们进行更多的实验。建立一个对温和激进派的行动表示支持、能够适应变化并从他们那里学到东西的局部环境，这种能力本身就是领导之道的一个重要方面。[3]

通过营造支持性的局部环境和培养人际关系，温和激进派还依靠施加他们的影响力来达到预期目的的方法来进行领导。彼得不仅仅直接或间接地影响到了西部公司里超过3500名少数种族应聘者的聘用（按照他自己的"保守"估计），而且还通过他无尽的支持、他帮助保持的关系网络和他为了拥护他们的成功以及驱除他们前进路上的阻碍而进行的默默努力，维护了这些员工中的许多人，并且支持了他们自身为了扭转局面而进行的奋斗。这样一来就有了一个包括成百上千名（如果不是成千上万名的话）少数种族员工的网络，以他们自己的方式，使他们所处的局部环境变得更加包容、更加开放。

虽然影响其他温和激进派，并且为从他们那里学到东西而营造支持性的环境，可能是温和激进派用来激发变革的最显而易见的途径，他们还使用了其他一些重要方式来进行领导和引起变革。有时候，他们仅仅通过不一样的表现来激发变革，而他们小小的脱轨行为对正常规范发起了挑战，并且为其他人树立了一个纷纷效仿的榜样。[4] 回忆一下阿兰·莱维，那个请假庆祝犹太教节日的人。他脱离常规的行为鼓励了更多人遵循他们自己的传统，并且遵循他们自己所优先看重的东西。他那个部门的员工停止了对那些遵循他们的文化和宗教传统的同事的质疑。这些同事中的一部分调到了其他部门，并且在行动上遵循了同样的规范标准。尽管不可能把公司在政策上进行的改良，也就是说提供若干"个人假日"的做法追溯到阿兰·莱维最初的脱轨表现头上，但是他的同事几乎毫不怀疑阿兰的行为（以及类似的其他行为）得到了广泛流传，并且起到了一部分影响政策的作用。在特定的情况下，细微而进步的脱轨行为如此地拓宽和改变了环境，从而导致这些曾经的脱轨行为变成了新的规范标准。作为脱轨行为的源头，温和激进派能够成为体制当中有建设性改变的关键催化剂。[5]

其他温和激进派通过赢得一些带来新的人际关系、新的思维方法和新的行为模式的细微胜利，以更加深思熟虑的方式领导变革。当琼妮·马森改变她向上汇报的程序时，公平贸易产品和"正常"产品之间的关系得到了改变，而其结果是产生了一条不同以往的协同合作和将两条生产线相互结合的途径。玛莎·韦利尝试了灵活安排工作时间的实验，并且颇有策略地将这些调整阐释为一种对正规做法的重大偏离。她把这些细微的胜利当成了一个在体系中创造学习行为的机会。

研究领导学的学者曾经声称，推动人们去迎接某个体系所面对的矛盾冲突和对适应性挑战的能力，是真正的领导之道中最关键和最困难的方面之一。[6] 如果是这样，那么温和激进派代表的就是领导者中很重要的一批人。当约翰·齐瓦克让他的团队坐下来讨论体制中关于个人时间的假设和做法时,他指出了这些设想是怎样无法满足当前员工队伍中一部分数量不断增长的人的需求的。以他自己的细微方式,约翰推动了体系去适应这些需求。

当温和激进派推动人以这种方式质疑他们的看法和根深蒂固的工作做法时,他们就迫使这些人去面对困难的适应性挑战。要进行这些面对,可以通过坦率的交谈或者对体系进行的微弱但却意义深远的刺激——这些刺激揭示了假设和偏见,揭示了言辞和现实之间的抵触,揭示了现行做法无意中导致的后果。当琼妮与商家网公司的采购员一同工作,帮助他们处理由于从落后社区中购买原料而带来的额外费用的时候,她就开辟了改变其他采购行为和会计行为的可能。当他们这样做的时候,商家网公司发现它在无意中阻止了一些合乎社会需求的做法,这些做法从短期效应上讲代价高昂,但从长远角度讲却是令人满意的。在另一家欧洲生产制造公司里,一位温和激进派以同样的方式介入,并且提出了关于如何汇报原材料成本的问题。它促使公司的会计人员在一个期限更长而且更为合适的时间范围内分散地使用成本,并且将经济利益上的诱因和公司的环境可持续性计划协调起来。这一行为在生产制造部门和公司其他部门中激发了一个更为积极进取的可持续性计划。

在这本书里,我们在那些平凡的自我表达中,那些对于日常的碰撞所做出的机会主义的、策略性的反应中,以及那些细微的胜利中,看到了一些关于这些意义深远的刺激行为的例子。

这些向一个体系发起改良挑战的做法可能并不引人注目，甚至令人毫无察觉，但是它们可能是温和激进派所做的最有效果的事情。

我们还看到了温和激进派以更公开、更积极的方式来进行领导和引发变革。通过不同的途径，戴维·韦尔顿、詹妮弗·杰克逊、汤姆·诺瓦克和南茜·霍普金斯教授通过创造了充足的活力、希望和共同目标，来使一个个独立的个人走到一起，并把他们当作一股集体的力量来加以动员。社交圈中的组织者和积极分子长期以来一直把领导定义为动员集体行为的能力，用索尔·阿林斯基的话说："为了树立信心和希望……为了赢得有限的胜利，每个人都会树立信心，并且树立这样的一种感觉，那就是'如果我们以现在拥有的条件能够做这么多的话，那么想想当我们变得又大又强的时候能够做到什么吧'。"[7]

最后，但并不是至少，温和激进派通过激发鼓舞来进行领导。他们激发变革，他们鼓舞他人，他们能够做到这些，并不是通过采取大胆的勇敢行动，而是通过他们坚持不懈、坚忍不拔以及超越他们自身的挫折、羞辱和愤怒来为他们更远大的理想而奋斗的能力。这是另一种勇气，而它真的有着激发鼓舞的力量。

例如，彼得·格兰特和希拉·约翰逊通过坚持不懈，突破了无穷无尽的挫折和阻碍。使他们能够挺过无数伤害和挫折的，是他们对于自己反抗的是什么的理解，对于在一个体制中引发真正变革所需要的时间的认知，以及最重要的是，他们为了自己更远大的理想百折不挠时所付出的勇气和执着。他们两个都相信他们最好的策略是保持取得不断的成功，并且无论采取什么样的方式，都要慢慢地、持续不断地、潜移默化地进行，逐渐在他们通过努力取得成功的那个体制内部引发变革。正如我们在彼得身上所特别看到的，关于他的毅力、勇气和信念的遗泽鼓励了其他几十个人——如果不是几百个人的话，使他们能够继续前行，并且以他为榜样。

以同样的方式，由于拥有"错误的"肤色和驾驶一辆跑车而遭到警察拦截的凯西·琼斯，选择了控制自己的情绪，并且把她的精力引导到为她更大的削弱种族主义的理想而进行的奋斗上来。如果凯西听任复仇的冲动摆布她的话，她就会做出一个受害者的举动——要么是警方种族主义的受害者，要么是她自己的愤怒和无力感的受害者。无论是哪一种，她都会受到一些除了她的理想和选择以外的其他力量的驱使。凯西拒绝在她自己的怒火面前屈服的行为需要极大的勇气和原则性，以及一个深思熟虑地决定固守她的理想并且为解决问题而奋斗的选择，无论它可能是怎样的尚未完善。其他人，包括警方在内，从凯西将这一耻辱的局面转化为一个成为具有进步意义的改革者的能力中得到了鼓舞。她甚至使自己感到惊讶，她从前并不知道自己身上有着这样的勇气和信念。

温和激进派领导变革也领导人们。他们通过创造一些支持其他温和激进派的人际关系和局部环境，通过像"实际的出轨者"（positive deviation）一样采取行动，通过博取"小胜"和创造学习行为，通过推动人们和体制去面对他们潜在的矛盾、去迎接顺应形势的挑战，通过组织其他人为了共同的目标协同作战，通过激发变革和鼓舞人们来进行领导。

　　温和激进派反映出了领导之道的一些重要方面，而这些方面在传统的对于领导的描述中是找不到的。它是一种倾向于更不明显、更不协调、更不顺从正式权威的一种领导方式，而且比起当今那些英雄人物的行为，它还有着更多的局域性、更多的扩散性、更多的机会性、更多的卑微性。这种形式的领导之道依靠的并不是天生的领导气质、瞬间的成功，或者鼓舞人心的展望，而是一些像坚忍耐心、自知之明、谦逊恭谨、灵活机变、理想主义、警觉留心和信念坚定这样的品质。而且，尽管温和激进派常常以个人改革者的身份采取行动，但他们并非孤胆英雄。无论他们的目标仅仅是忠于他们的价值观和特性，还是带来广泛的体制变革，平常领导者都会不假思索地承认他们无法独立完成。

结论　　温和激进派如何不断前行和为何不断前行

　　在整本书中，我们研究了温和激进派的许多不同方面。我们看到了他们经受的紧张状态和他们用来履行义务和实现目标的一系列策略。我们还探讨了他们所面对的挑战和他们迎接这些挑战的方式，这些方式有时候是自相矛盾的。

　　或许对于那些成功的温和激进派，值得我们记住的最根本的一点是他们知道他们是谁，知道对他们的自我感觉来说什么是重要的。他们意识到他们有着多重的自我，其中一些方面比其他的那些更为持久和"核心"，而且他们对于这些核心的价值观或自身特性与主流文化之间的分歧也了然于胸。尽管温和激进派固守着他们的核心信念，同时他们还必须在如何和何时履行它们的问题上灵活应变。

温和激进派**注重行动**。有些人在行动的时候有着一些温和适度的、自我指导的目标，其他一些人在行动的时候则有着更加大胆进取、更加外向化的雄心壮志，而大多数人都在这两个极端之间的范围内前后徘徊，根据环境、利益、风险甚至他们的精力水平来选择他们采取的行动。不论他们的行动是如何的无声无息或者醒目显眼，温和激进派通过采取行动保持着他们的"自我"，并且避免彻底的顺从。[8]然而，尽管他们注重行动，温和激进派必须同时做到格外谨慎小心，愿意等待机会和结果的出现。

伴随一种有所作为的倾向而来的，是一种**选择的观点**和一种对于提供种种选择的环境的关注。例如，关于什么时候仗义执言，什么时候顺其自然，什么时候挑起事端，什么时候顺水推舟，如何理解我们自己，如何解释其他人和我们身边的世界。总之，温和激进派所保留的选择，是成为他们所在环境的参与者而不是受害者，而伴随着这种态度出现的，是一种极大的自由感和力量感。我再来谈凯西，她选择的不是继续充当她周围存在的种族不公正的受害者，也不是被她自己的无可非议的怒火所麻痹；相反，她选择的是为解决更大的种族主义问题而奋斗。对于避免玩世不恭、心力交瘁和受到同化来说，以一个有力量做出选择的参与者的身份来采取行动是至关重要的。

温和激进派在日常的行为和交往中、在公司生活的平凡细节里看到了**选择的余地**。他们认识到占主导地位的利益是如何在体制机构的大政方针中呈现出来的,而他们同样理解了这些更大的力量是如何通过组织生活中局部的交往和寻常的琐事来表明和创造选择点的。一位从前的学生回忆起她是如何想尽办法利用机遇,来一点点攻克她所在的专业服务公司中的一种无意间将妇女排斥在领导位置之外的文化的。例如,作为她在人力资源部的职务的一部分,她需要为领导培训写一些案例研究。她决定用在领导岗位上的女性的故事来改写那些案例研究。这种刺激或许看似微不足道,但是它迫使人们讨论和思考不一样的内容,而这些循序渐进的改变反映和催化了一场文化变革。细节是文化的原材料,而我们曾经一再地看到,细微的刺激和改良是如何通过缓慢然而持续不断的积累,造成文化规范中的变革的。[9]

为了通过处理细节来扭转局面,温和激进派不得不随时保持警觉——像他们自我描述的那样,做好**辨别和捕捉机遇**的准备。这种机会主义的态度要求的是即兴发挥的技巧——注意到你周围发生的事情,以它们为基础,并且在它们当中制造小小的出轨。[10] 当琼妮·马森改变她向上汇报的程序时,她利用了已经发生的重组来使她转移部门的举动合理化。我以前的学生需要为培训会议写一些关于领导的案例研究,为什么不用她的案例来启发他们呢?处理这类日常的细节使我们能够看到机会,但是它同时还会给我们关于风险和束缚的警告。注意细节和它们所产生的后果同样可以成为一种有力的拒绝同化的对策。

然而,温和激进派并不拘泥于细枝末节。温和激进派把个人问题与政治问题联系起来，把局部问题与整体问题联系起来。当他们通过使用语言和故事来构架其更大意义的方式将一些小事和它们的系统性暗示联系起来的时候，他们就推动了其他人从他们的努力中进行学习。同样重要的是，他们使自己确信，他们的努力的确扭转了局面。通过指明更广泛的意义，他们提醒自己和他人，细微的行动累积起来是能够向远大理想迈进的。

最后，温和激进派是个人表演者，但是他们也会依靠与他人之间的联系，不论是那些与他们拥有共同特性和变革计划的人还是与他们并不志同道合的人。由于我们自始至终都在讨论的一些原因，这些关系对于保持温和激进派继续前行、对于帮助他们肯定自我感觉、对于支持他们为了拓宽自身影响所做出的努力、对于在必要的时候召集团体以驱动更大的体制性变革而言，是必不可少的。或许最重要的是，人际关系能够避免孤立和寂寞——这种命运常常会让许多温和激进派的活力和能力大受损耗。

这就是卓有成效的温和激进派的所作所为。他们了解"他们自己"，注重行动，认识到他们有选择的余地（包括不采取行动的选择），注意细节，寻求机遇，通过以其更为宽广的意义来阐释局部的事件以创造学习的机会，并且建立与其他人之间的联系。

此外，成功的温和激进派**明智地选择他们的工作环境**，并且在能够给人一些取得成就的机会的环境中展开斗争。有时，不论一个人是多么聪明或者多么谨慎，敌对力量的强大使他们无以为抗。知道在什么时候停止战斗，转而把目光投向其他地方，寻找一个危害性没那么大，而且更加友善的环境，这一点是非常重要的。对于在工作中建立强大的人际关系的重要性，尤其是与顶头上司和地位相当的同事建立这种关系的重要性，无论我怎么强调也是不够的。在我所研究过的温和激进派中，几乎每个人都提到了拥有一个肯于表示支持的上司和一个更广泛的同事网络，而且从他们那里得到（并给予他们）支持，是何等重要。

即便环境良好，我也不认为做一个温和激进派是件容易的事情，但它也不是全无可能的。这本书里描绘的人物都是一些普通人。他们都在自己的事业上稳步前进，并同时在一些往往令人难以忍受的相持不下的拉力之间保持观望的态度。走这条路需要有坚定的信念、耐心和毅力，以避免在受到一些更容易得到的事物的诱惑时，脱离自己的理想。毫无疑问，这种戒备是会让人筋疲力尽的。

那么它为什么会值得这样做呢？是什么使得人们继续在这条路上前行，推动变革的产生，却全然不顾恒久不变的紧张状态和不可避免的挫折呢？

正如我在本书开头所说，对许多人而言，做一名温和激进派只不过是众多选择中的一种而已。有些人是与众不同的，他们只是无法迫使自己顺从，不希望做一名热烈如火的激进者，也不愿意在苦难欺侮面前举手投降罢了。

但是这只是一种过度的简化。温和激进派之所以会坚持不懈是因为他们认为这是允许他们忠于自己的唯一选择。它意味着早上起床的时候对自己是什么样的人有着良好的感觉。对于这些人来说，诚实正直和做"正确的事"是不能被推到一边的。这正是希拉·约翰逊的感觉。在尝试了一段时间去表示顺从之后，她再也无法对她所目睹的明显的不公平现象置之不理了。她不愿意背叛自己。事情就这么简单。

对有些人来说，选择并不是这么明确的。有些人知道如果他们更彻底地被同化的话，将会过得更舒服，并且享受一份青云直上的事业，但是他们在知道自己按照理想生活并正在为其他人带来改变的时候又会感到满足。按照你的理想生活（你的价值观、自身特性、信仰、原则）意味着你将为过着一种诚实的生活而得到一种深层次的满足感。虽然这听起来可能有点儿夸大其词，但是我们已经看到了坚持这种信念是如何成为避免背叛自己所需的日常动力的。

那些倾向于采取一种更为激进的声音的人，可能更自然地在传统体制外部以积极分子的身份进行活动，他们有时候会选择采取一种温和的方式，因为他们十分看重由于在一个主流组织内部开展行动而得到的那个平台的价值。莎蓉·萨顿是一名非裔美国人，一名建筑学教授，她对于建筑学的实践和目的持有激进的信念（例如，设计物理空间的时候应该考虑的是解放人们这一最基本的目的），而且她希望在她这个行业中提高社会公正度。她曾经选择在一所重点大学工作，并且为了保住她的工作做出了许多让步。她之所以有意这样做，是因为她相信这所大学给了她一个舞台，而站在这个舞台上的她能够拥有比原来多得多的力量，并且实现推动她的社会变革计划的目标。

其他人会继续前行是因为他们相信除非有人一石激起千层浪，否则大多数人甚至不会觉察出当前的趋势是多么的强大。他们不相信他们的努力能够改变潮流的走势,他们只希望提出一些问题,使得其他人能够更多地注意他们的所作所为,并且能够对他们自己的行动所牵涉的东西有更多察觉。按照其中一个人的话说:

> (我的努力)对于那些与我辩论的人是起了作用的,因为通过提出一条清晰明确的可行之道,我(以及其他与我一样的温和激进派,苦口婆心地)迫使其他人更加明确他们自己的所作所为和他们这样做的原因。最终,他们可能会变得更加开放一点,更加包容一点。[11]

我对温和激进派进行观察已经有15年了。他们中很少有人会乐于接受"激进派"甚或"领导者"的头衔,也很少有人会自称取得了巨大的成就。有些人在回顾自己多年努力的时候,为他们看上去只不过带给他们的公司很少的一点改变而感到十分失望,然而他们还是在继续尝试着。

与驾驭巨大变革的孤独的领导者这一深入人心的形象相反,毫无疑问,温和激进派的努力所产生的影响看上去将是微不足道的。我希望我已经说明了问题在于人们用来评价他们(和他们用来评价自身)的英雄主义的评判标准,而不在于他们所做出的努力的重要程度。

在整本书中,我证明了不论他们在多大或多小程度上推动了他们的计划,不论他们的努力通过不断累积而最终产生意义深远的变革需要多长的时间,这些平常领导者的努力的确扭转了局面。他们的努力在各种意义上对他们自己、对其他人、对他们工作的组织起到了至关重要的作用。

温和激进派激发变革,而他们的领导才能同样存在于他们鼓舞人们的能力之中。他们之所以能鼓舞别人,是因为他们有勇气讲真话,即便在这样做非常困难的时候,还因为他们的信念使他们坚持参与激烈的交谈而不会畏缩退出。他们之所以能鼓舞别人,是因为他们证明了他们全力以赴追求更大理想的决心,即便在他们由于这样做而尝到苦果或者得到很少承认的时候。他们的领导依靠的不是通过一时的英雄主义和引起轰动来鼓舞人们。每天,他们的领导都在大事小情上起到了鼓舞的作用——也是重要的作用。

附录 A
TEMPERED RADICALS

调研计划和调研方法

关于我大概的调研计划的描述,包括我在基本调研对象的选择方面背后的逻辑以及对这三家公司文化的描述,可参见前言部分。

调研样本

在我的三个基本调研点(西部公司、阿特拉斯公司和商家网公司)当中,我的调研样本各不相同,这一部分是依照我接触和进入每个公司的途径而定。在西部公司,我最先接触的是人力资源部的执行副经理。通过她,安排了我对这家保守的公司里那些有着"与众不同的特性"和那些自称改革倡导者和"进步分子"的高层员工进行采访。这些标准范畴故意定得很模糊,目的是把网张得更大。她安排了第一拨对那些符合这一标准的官员(副经理、高级副经理以及执行副经理)的采访。在这些官员当中,有些人还同时兼任着地区经理或分部主管这样的职务。通过要求每个人按照相同的标准来推荐西部公司的其他人,我把最初的样本扩大了。这个扩大的样本中还包括了主管和助理副经理。整体来说，该样本包括了所有最高职务级别的白人妇女和有色人种妇女（除了几名亚裔的女性副经理），大多数资深的黑人男性和拉美男性，5名亚洲和亚裔男性，以及所有公开的男女同性恋者。我采访了6名认为自己是内部变革者或"进步分子"的异性恋的白人男性员工。该样本还包括了他们的一些同级和直接下属。总的算来，该样本包括了西部公司的58名员工。我对其中一些人采访了若干次（见表A-1）。

表 A-1　西部公司样本人口统计

代表	数目	行政副经理	高级副经理	副经理	副经理助理	主管
白人异性恋妇女①	14	4	5	3		2
白人女同性恋者	6		1	3		2
白人男子	6	1	1	2		2
亚裔妇女	5		1	3		1
黑人男子	5	2	2	1		
亚裔男子	5		2	2		1
拉美妇女	4			4		
黑人妇女	4		1	1	2	
拉美男子	4		1	1		2
白人男同性恋者	3			1		2
太平洋岛妇女	1		1			
亚裔男同性恋者	1					1

① 其余除非注明，否则均为异性恋者。

在阿特拉斯公司，我是通过多元文化总监来进行接触进入的。在这里，我要求采访各个管理级别中可以确认的改革倡导者。他交给我一份最初的名单，列出了不同级别中的 22 名改革倡导者。在每次采访之后，我都要求该信息提供者基于同样的标准来推荐一个人，这样就又增加了 22 名信息提供者。从总体上看，这 44 个人包括的大部分是中层管理者，有几位来自更高的管理级别，还有几位则来自初级管理层。其中一些人是从技术岗位上提拔上来的；其他人则是在市场营销、业务发展和人力资源方面得到的提升。我在阿特拉斯所采访的那些人是通过我最初的接触或者按照他们同事的评判，被认定为在公司里引发了变革的，在进行认定的时候特别注意到了该公司的包容性和多元性。一旦有可能，我就试着对我最初样本中的人的同事或下属进行采访。这 44 个人还包括了绝大多数员工组织的领导者，包括男女同性恋员工组织，女性执行论坛的创建人，以及黑人、拉美和亚裔员工组织的领导者。我采访了这些组织中的其他成员，以及几名曾经在公司里呼吁更具包容性的标准规范和招聘措施的白人男子（见表 A-2）。

表 A-2　阿特拉斯公司样本人口统计

代表	数目	高级副经理	副经理	主任	主管	个人贡献者
白人异性恋妇女[①]	11	1		3	3	4
亚裔妇女	5			1	1	3
白人女同性恋者	4			1	2	1
白人男同性恋者	4			2		2

(续)

代表	数目	高级副经理	副经理	主任	主管	个人贡献者
白人男子	4		1	2	1	
拉美妇女	3			1	1	1
黑人妇女	3			1	1	1
亚裔男子	3	1			1	1
亚裔男同性恋者	3		1		1	1
黑人男子	2				2	
拉美男子	2			1	1	

① 其余除非注明，否则均为异性恋者。

  我对商家网公司进行接触和深入，经历的是一个完全不同的过程。我在那里进行的调查研究是在我对西部公司和阿特拉斯公司进行了第一轮采访之后开始的，但我最初却是为了由福特基金赞助的一个截然不同的调研项目而策划它的。从这些采访得出的结果被证明同样非常切合我在这个项目当中的概念。商家网公司位于英国的乡村，它进步的商务行为闻名于世，但是它毕竟是一家进行公开贸易的企业。结果，该公司由于其公开的价值观和日常行为之间的若干"脱钩"现象而苦恼不堪。这家公司的许多掌权者，包括创建人/首席执行官在内，都在致力于使实际行动和理想目标保持一致，包括使日常行为和日常政策符合性别平等的理想。那位首席执行官/创建人把我带入公司，让我找出制造了体制性障碍的那些文化因素和工作行为，并且设计出变革的方法对它们加以根除。有几名同事参加了这个行为调研项目的调查小组。¹ 行为调研需要的是一个在调查询问和干涉调停之间进行重复的过程。在这个案例中，我们积极地介入了对男性和女性产生不同影响的程序，并且分析了哪种干涉起到了控制作用。

在那 3 年当中，我们在这家全球性企业中各个级别的多个部门中进行工作，从董事会到基层商店里。不过，我们集中关注的是中间管理层。我们采访了 80 个人，其中很多人采访了多次。除了几个人以外他们都是白人，而且大多是欧洲人。我们在选择我们的调研目标时所使用的标准，只是看他们是不是直接或间接地羁绊在一股我们正试图理解的文化动力当中，或者是否卷入了一场我们试图实施的变革当中。在研究过程中，我和调研小组的其他成员进行了广泛的观察，以便对人们的语言陈述加以补充。

在这 3 家公司的信息提供者之外，我还采访了 8 个自认为是组织改革倡导者的人。他们有着非常特殊的与营利性企业中的社会责任有关的变革计划。他们相信商业界（或许是我们这个时代里最杰出的社会机构）应该在它的社会角色中承担更多的责任。对这些人来说，这一信念激发了有关人权、环境可持续性、公平贸易 / 供应行为，以及社会监督的变革计划。这些人中的一部分对于使工作场所中的"人类精神和创造力"展现出来很感兴趣，他们相信公司毫无必要地抑制了人类的精神。其中 6 个人是，或者曾经是巴斯大学一个社会责任研究生项目中的学生。这是一个为追求这一理想的成人在职人员设置的非全日制学位项目。

在过去的 10 年里，我还把温和激进主义的概念和策略引入了我的教学当中，在密歇根大学和斯坦福大学的 MBA 课堂上，在学科专题研讨会中，在高级执行官项目里，我把这些想法公开出来。我曾经抱着这些想法与全世界各个地方的工作场合中的专业人员打交道。当条件合适的时候，我就得到了这些讨论的记录、学生的论文，以及我从那些读过原始文章的人那里收到的成百上千封电子邮件。

当机会来临之时，我还继续对人们进行采访。人们向朋友和同事推荐了我，而这些人又把我推荐给了其他人。在我的样本中，这个"雪球"的部分所包括的人担当的职务范围非常之广，正如前言中描述的那样。在我的样本中，"机会主义性质"的这部分信息提供者，包括那 8 名推行有关社会责任的计划的改革提倡者，一共是 56 名外加的、来自 4 个国家的男性和女性，他们的民族和种族、年龄、性倾向、意识形态、宗教信仰和在所处领域中的地位等级都各不相同（见表 A-3）。

表 A-3　随机样本中的个人

职务	数目	代表
商业人士	11	5 名白人妇女，3 名白人男子，2 名拉美男子，1 名亚裔妇女
教授	9	4 名白人妇女，2 名黑人男子，2 名白人男子，1 名拉美妇女
律师	4	2 名白人妇女，2 名白人男子
社会工作者	4	3 名白人妇女，1 名拉美妇女
大学管理人员	4	2 名白人妇女，2 名拉美妇女

(续)

职务	数目	代表
护士	3	2名白人妇女，1名白人男子
医生	2	2名白人妇女
记者	2	1名白人妇女，1名白人男子
公务员	2	1名黑人男子，1名白人妇女
住院医师	1	1名白人男子
建筑师	1	1名黑人妇女
工程师	1	1名白人男子
教师	1	1名白人妇女
公共健康管理人员	1	1名白人妇女
出版业人士	1	1名白人妇女
美国海军上将	1	1名白人妇女

注：此表不包括社会责任硕士研究生项目中的6名学生和2名外加的自称改革倡导者的人。

方法和分析

在西部公司和阿特拉斯公司中所做的一切采访，以及在商家网公司的一部分采访都被录了下来，并且得到了专业的誊录。在商家网公司中的大多数采访中，一名调查员进行谈话，而另一名则在谈话期间做笔录。对其他一些不愿录音的信息提供者所做的采访，都尽可能逐字逐句地用笔记录下来。在每次采访和每一天的观察之后，我都会详细地写出广泛的采访详情和实地记录。在这些记录当中，我试着去捕捉语言之外的暗示，抓住对于周围环境的观察记录，掌握引人注意的被采访者言谈中的自相矛盾或者他们言行不符之处，如此等等。这些记录被证明是最有用的数据资料来源的一部分。

在西部公司和阿特拉斯公司里，我使用了一份半结构化的采访调查表，它从某种程度上讲是依照特定的信息提供者来发生变化的。例如，对那些"温和激进派"的直接下属，我会把重点放在他们对上司和同级的印象上面，并且问一些关于他们的自身经历和他们愿意大胆发言的问题，以及上司是如何介入这些经历的。在商家网公司进行的大部分采访当中，我感兴趣的是揭示那些使华丽言辞和现实状况脱钩的行为，尤其是（不过并不一定是）适用于性别平等方面的。在那些自认为是温和激进派的人和我的样本中那部分带有机会主义性质的人中间，我强调的是他们作为改革倡导者的经历，他们对于他们的努力在什么地方没有取得成功的看法，以及他们觉得自己在哪些地方引发了变革、如何引发变革。这些采访之所以没那么结构化，是为了给那些关于信息提供者的与众不同之处和他们在试图推行变革时遇到的挑战的故事留出空间，附录 B 中展示了一些样本采访调查表。

为了对采访数据进行分析，我采取了一种在大多数人种志中常见的编码方法。这种方法通过对数据的第一轮扫描进行宏观上的分类。随后，我用一个细纹理型的编码系统进行重复分析，而其结果得到的是附加的分类。随后，这些数据被编入了一个叫作"人种学"的软件程序。我的推论就建立在这些分析和对附加的实地记录数据进行的分析基础之上。

一旦我有了一个在这些分析（以及本书的提纲）的基础上建立的概念性框架，我就再次检索了一下数据库，以便决定哪些人能够最有效地证明核心的概念。基于一种寻找"最好的例证"的希望，以及一种根据人口统计的多元化和信息提供者想要推行的变革类型来平衡样本的愿望，我选择了主角。我需要依靠其他信息提供者作为更进一步的例证，因为基本的主角无法独自证明所有核心概念，而这些次要人物是遍布全书的。

附录 B
TEMPERED RADICALS

样本采访调查表

西部公司和阿特拉斯公司调查表

A. 背景信息

1. 姓名
2. 年龄
3. 头衔
4. 在公司工作的时间
5. 工龄
6. 职业背景和教育背景
7. 职业、社群、公民的会员身份/同盟

B. 身份

1. 我对那些多少与大多数人有所不同的人如何前进、如何保持他们的自我表现很感兴趣。请你思考一下你自己在这家公司的情况。你想得到的文化身份是什么？也就是说，请你列出 5 种你会用来描述自己身份特性的方式。

- 它们中的每一个对你来说有多么重要？
- 你能否给我举个例子，谈谈在工作时作为 × 对你来说非常显著的一次经历？

2. 我希望你思考一下你的职业身份。在这里你的成功对你来说有多重要？

- 在你的事业当中它发生过丝毫的变化吗？
- 为了让你在这里持续地取得成功，需要发生什么事？
- 你会对这个组织的表扬和批评做出什么样的反应？

3. 请给我讲讲你上一次意识到自己是一名 _____（身份描述符号）的情况。

4. 你可曾觉得作为一名 _____ 是有优势的吗？

5. 你可曾觉得作为一名 _____ 是有劣势的吗？

6. 能否跟我谈谈你觉得戴着"面具"或者做一名"自己哥们儿"很有压力的一次经历？

- 出了什么事？
- 你感觉如何？
- 你做了什么？
- 你有没有觉得自己应该继续戴着面具，却没有这样做的时候？发生了什么？感觉怎样？你会有什么不同的做法？

7. 在这里，有没有某种情况使你作为一个 _____ 身份来表达自己？

- 你对别人进行指导吗？

- 招聘？
- 在公司外面工作？

C. 变革

1. 你能不能想起某次觉得从公司的角度来看，以一个 _____ 的身份表达你自己是没有问题的。或者公开跟其他 _____ 一同工作，或者代表 _____ 进行工作。你曾经代表 _____ 进行呼吁吗？

- 你从中得到了什么？
- 你还会这样做吗？
- 关于代表 _____ 进行工作，你对其他人有什么建议？
- 在你的职业生涯中，这一点发生过丝毫的变化吗？

2. 你能不能想起一个觉得做一个 _____，或者坦率地说出想法，或者代表 _____ 进行呼吁会出现问题的例子。

- 当你听到一个笑话或者一句污蔑的时候，你会坦率地说出想法吗？例子呢？
- 建议？
- 从你进入公司开始，这一点有过变化吗？

3. 你能不能想起一个想要做些事情却没有这样做的特殊例子？

- 发生了什么事？
- 你是什么感觉？
- 你会做同样的事吗？你会有什么不同的做法？

4. 推动过猛或者担当过多风险看上去是什么样子？

5. 你是否曾经觉得自己由于 _____ 的角度而感到左右为难？

- 你做了什么？

6. 想想你每天的活动，你的衣着方式，你使用的词汇。你是否有意地利用其中的某些东西来表达你自己呢？其他人注意到了吗？

7. 在你的职业生涯中，你对于改变事物的认识或欲望可曾有过变得激烈或者冷却下来的时候？你能否跟我讲讲你有着强烈欲望的一次经历？

8. 你能不能举例谈谈某一次在与作为 _____ 的问题有关的情况下，你表现得与现在不同的经历？

9. 你觉得公司变得更加 _____ 怎么样？

- 你是否把自己看成一个愿意引发这些变革的人？
- 你能否给出一个你这样做的例子？

D. 团体／社群

1. 你与这里的其他 _____ 是如何联系的？有没有任何团体或者任何意义上的社群？

- 你愿意给予那些在你前面的人什么样的建议？对那些在你后面的人呢？

2. 你是否参加了某个对你的 _____ 身份特性加以肯定的组织或者社群？

3. 你能否跟我谈谈某个 _____ 群体组织的一次聚会？

- 它是怎么策划发起的？
- 目的是什么？

- 发生了什么事？
- 公司的反应是什么？

4. 你在公司里有没有什么特别亲密的同盟者或者朋友？
- 你什么时候会去找他们？
- 你能描述一下他们对你的某次帮助吗？

5. 你的同事会怎么描述你？

E. 管理者以及其他人的看法

1. 你能不能想出这个公司里的其他一些成功地引发了变革或者推行了_____的人？
- 他们是怎么做到的？
- 有没有其他人给这里带来了变化？

2. 关于那些试图引发变革却失败了或者离开了的人呢？
- 有没有其他人推动得很猛？

3. 在这个公司里，谁是_____职位的代表？

4. 是谁让你在这里的生活得到安全？

5. 在影响这里的环境气氛方面，谁带来了最大的变化？这对你有什么影响吗？

6. 你与你的主管关系如何？与你的同级呢？

F. 其他人

还有其他我需要与其交谈的人吗？为什么？

注 释

前 言

1. 黛布拉·迈耶森和莫林·斯高利,"温和激进主义以及矛盾心态和变革的策略",《组织科学》6,No.5(1995):585-601页;凯斯·哈蒙德,"Practical Radicals" *Fast Company*,2000年第9期,163-174页。

2. 琳达是一位颇受尊敬的学者,她在某次会议上提出了一个相同的两难处境,它启发了我们的想法《一名激进的人道主义者能够在商学院的工作中找到快乐吗?》(*Can a Radical Humanist Find Happiness Working in a Business School?*)(该论文在专题讨论会上发表,名为"Alignment in the Development of Social Science—Toward a New Role for Organizational Development",1986年8月在芝加哥发表于年度管理学术会议上)。后来我们与琳达进行的若干次关于她的经历的交谈帮助我们完善了我们的想法。

3. 琼妮·马丁,"Swimming Against the Tide: Aligning Values and Work",收入 *Renewing Research Practice*,编者为拉尔

夫·斯塔博林和彼得·弗罗斯特（Thousand Oaks, 加利福尼亚：Sage, 即将出版）。

4. 尽管我最后辞去了一份传统的终身聘用制的工作，但我所采取的依然是一种在本专业领域中建立我的合法地位和遵循学术规范的行为方式，即便我的工作已经在聘用我的那家学术机构边缘化了。

5. 他们是一些在职研究生，参加了这个由 The New Academy of Business 和巴斯大学联合领导的学位项目，这两家机构都在英国。

6. 在每个案例当中，女性在公司最高的三个层次里的比例相对来说都是比较高的（西部公司里占23%，阿特拉斯公司里占21%，在商家网公司里比例接近40%）。然而，在每个案例中，这些数字在最高的两个阶层中戏剧性地减少了。例如在商家网公司里，只有包括创建人兼首席执行官在内的两名妇女担任着高管级别的职位，而少数种族人员的成分则有更大的变化。在西部公司，有色人种在最高的三个级别中占据了9.7%的席位，而在阿特拉斯公司里这个比例是12%。阿特拉斯公司的这些人大多是亚裔美国人，而在西部公司中各个种族群体的人数则比较平均。商家网公司的数据我们不得而知，虽然据我估计在高级管理层当中少数种族的比例不会超过5%。

7. 我用抗议这个词的意思是指那些积极参与形式的实践主义，其目的在于挑战和打断权力的运行，而不仅仅是对它们加以抵制。关于挑战和行动主义，参见 Frances Fox Piven 和 Richard A. Cloward, *Poor People's Movements*（纽约：Pantheon

Books，1979）或者 Ruth Fainsod Katzenstein,《忠诚而无畏：Moving 女权主义者在教会和军队中进行抗议》（普林斯顿，新泽西：普林斯顿大学出版社，1998）。

第 1 章

1. 韦氏学院词典，第 10 版（斯普林菲尔德，马萨诸塞：韦氏出版社，1998）。

2. 黛布拉·迈耶森和莫林·斯高利，"温和激进主义以及矛盾心态和变革的策略",《组织科学》6，No.5（1995）：585-601 页。

3. 在 *Trespassing: My Sojourn in the Halls of Privilege*（纽约：Houghton Mifflin，1997）自传性的叙述当中，格温多林·帕克描述了作为一个圈外人的感觉，即便在美国运通公司里，她在成功的梯子上攀登。

4. 莎蓉·萨顿,《在主键盘上找到我们自己的声音》（未出版的草稿，密歇根大学，1991）。

5. 参见西格蒙德·弗洛伊德,《文明及其不满》（纽约：Norton，1961）。

6. 关于双重心态，参阅 Gideon Kunda 的 *Engineering Culture*（费城：坦普大学出版社，1991）。Kunda 描述了在与试图让人毫无喘息之地的相关文化的关系当中人们构建自我的方式。亦可参见肯·史密斯和大卫·伯格,《群体生活的自相矛盾》（圣弗朗西斯科：Jossey-Bass，1987），以及 Blake Ashforth 和 Fred Mael,"拒绝的力量：维持重视的身份"，收入《组织中的权力和影响》，Roderick Kramer 和 Margaret Neale 主编（Thousand Oaks，加利福尼亚：Sage，1998），89-102 页。这两本著作写的都是在与诱使顺从的社会机构的关系中自我的反抗倾向。关于社会生活中双重心态比比皆是的状态及其培养条件的讨论，亦可参阅 Neil Smelsner1998 年对美国社会学协会发表的总统演说：Neil J. Smelsner，"社会科学中的理性和双重心态"。*American Sociological Review* 第 63 期（1998）：1-15 页。

7. 这两种策略与 Albert Hirschman 在 *Exit, Voice and Loyalty*（剑桥，马萨诸塞：哈佛大学出版社，1970）这一针对人们对国家和强制性社会机构的双重心态的经典处理方式中描述的"退出"和"忠诚"策略有相似之处。

8. 迈耶森和斯高利，"温和激进主义"。

9. 韦氏最新学院词典，第 10 版（斯普林菲尔德，马萨诸塞：韦氏出版社，1998）。

10. 卡尔·E. 韦克，"细微胜利"，《美国心理学家》39，No.1（1984）40-49 页。

11. 卡尔 E·韦克和罗伯特·E. 奎恩，"组织变革和发展"，*Annual Review of Psychology* 第 50 期（1999）：361-386 页，以及卡尔·E. 韦克，"Emergent Change as a Universal in Organizations"，收入 *Breaking the Code of Change*，Michael Beer 和 Nitin Noria 编辑（波士顿：哈佛商学院出版社，2000），223-241 页。

12. Michael Tushman 和 Elaine Romanelli，"技术变革的组织性决定因素"，收入《组织表现研究》第 14 期，Barry Staw 和 Larry Cummings 编辑（格林威治，CT：JAI，1992），

311—347页。

13. 韦克和奎恩,"组织变革和发展"。

14. 一个人的身份特征以及建立在身份特征基础上的差异之处一部分是由一个人的文化历史条件界定的。身为一名印度妇女的意义在美国和在印度有所不同。当一名印度妇女在美国待过了一段时间,在她回到自己的国家之后,身为一名妇女的意义就发生了变化。问题在于,在真空状态下很难回答"我是谁"这个问题。人们的身份随着时间和地点发生变化,而且也随着他们在一个关系网络中的地位变化而发生变化。这个概念与西方人认为"自我"独立而稳定的观念截然不同,却与东方人 defined relationally 的自我观念不谋而合。参见 Dorinne Kondo《打造自我:日本工作场合中的权力、性别,以及对身份的论述》(芝加哥:芝加哥大学出版社,1990)和 Hazel Marcus 与 Shinobu Kitayama 合著的"文化与自我",*Psychological Review* 98, No.2(1991):224—253页。这对温和激进派的意义在于,他们经历的紧张状态和他们的偏离感是与特定的时间和背景相对应的。而且,尽管我把双重心态看成一个起始的端点,但人们如何体验双重心态、他们的自我在何种程度上有所偏差,以及他们如何处理感觉到的这些紧张状态则会随着时间和环境的变化发生很大改变。

15. 学者还发现人们对于"自我"的观念有着文化上的特殊性,例如,Marcus 和 Kitayama,"文化和自我"。

16. William B. Swann, Jr., "Identity Negotiation: Where Two Roads Meet", *Journal of Personality and Social Psychology*

53, No.6（1987）：1038-1051 页；Viktor Gecas，"自我概念"，*Annual Review of Sociology* 第 8 期（1982）：1-33 页。亦可参阅厄尔文·高夫曼，《日常生活中的自我表演》(纽约：Doubleday，1959)。

17. 卡尔·E. 韦克，"细微胜利"。

18. 简·都顿，"The Making of Organizational Opportunities: An Interpretive Pathway to Organizational Change"，收入《组织表现研究》第 15 期，Barry Staw 和 Larry Cummings 编辑（格林威治，CT: JAI, 1992），195-226 页。都顿描述了"机遇构架"用来驱动行为的心理机制。其中第一个是对已知威胁的制止，它能够降低焦虑感，并使人们能够对回应的选择进行更大规模的搜寻。第二个是"正面注释"效果，它能激发人们的胜利感和成就感，而这反过来就会提供行动的动机。

19. 出处同上。

20. Ronald Heifetz,《没有轻松答案的领导之道》(剑桥，马萨诸塞：哈佛大学出版社，1994)。Heifetz 在哈佛大学肯尼迪学院教授一门 popular 领导学课程，他认为最重要的领导要素在于使一个系统去迎接它的革新挑战。

21. Patricia Hill Collins，"从内部的局外人身上学习"，*Journal of Social Problems* 33，No.6（1986）：53 页。社会学家也同样观察到黑人妇女为社会学领域带来的创造力和洞察力，这一部分正是由她们在该领域当中"内部局外人"的地位带来的结果。内部局外人占据着一个特殊的位置——他们变成了与众不同的人，而他们的不同之处使他们对于一些模式十分敏感，而这些模式对于固定的社会学圈内人来说可能是很难看到的。

第2章

1. 一个人如何体验他的身份特性取决于一系列社会和个人的条件。例如，一个人在和他拥有相同的某种身份的人的数目相对比较少的时候，就会对这种身份有所察觉。正如罗莎白·默丝·坎特所证明的，在相对稀少的情况下，社会身份更容易显得突出。参见坎特的《企业的男人和女人》（纽约：Basic Books, 1977）。

2. Roderick M. Kramer, "Intergroup Relations and Organizational Dilemmas: The Role of Categorization Processes"，收入《组织表现研究》，Barry M. Staw 和罗伯特·萨顿主编（格林威治，CT：JAI, 2000），1-37页，以及 Marilyn Brewer, "社会的自我"，*Personality and Social Psychology Bulletin*, 17, No.5（1991）: 475-482。

3. 在第1章里，我讨论了一个人的部分自我感觉是如何具有可塑性的。对于不同之处的体验亦是如此。某个研究流派把自我当作由社会构建的。Kenneth Gergen 的著作，*The Saturated Self*（纽约：Basic Books, 1991）就是这种方法的例证。

4. 厄尔文·高夫曼，《污名》（纽约：Simon and Schuster, 1963）。在他对污名和行为偏差的研究当中，高夫曼认为对行为偏差的界定只与传统的关于正常状态的定义有关。他还指出了对于这一标准的主观性和社会捏造性的观念。当人们想当然地认可了正常状态的标准，从而把它们看成是客观界定的和"真实的"的时候，它们就具备了威力。当来自其他文化、认同不同标准的人对它们发出质疑的时候，这类标准的主观性就成为关注的焦点了。

5. 这个例子形成于黛布拉·E. 迈耶森和Joyce K. Fletcher，"一份关于粉碎玻璃天花板的温和宣言"，《哈佛商业评论》2000年1/2月号，129-130页。

6. 高夫曼，《污名》。

7. 威廉姆·E. 杜波依斯，《黑人的灵魂》（1903年：再版，纽约：New American Library，1961）。按杜波依斯如今家喻户晓的话说：

它是一种奇特的知觉，一种双重意识。这种感觉总是通过别人的眼睛来认识自己，将一个充满可笑的蔑视和同情的世界当成尺来度量自我的灵魂。一个人总感到自己的双重性——一方面是美国人，另一方面是黑人；两个灵魂，两种思想，两种无法妥协的抗争，在同一个黑人身躯中两种冲突的理想；只是其自身的顽强毅力才免使自己的身躯被撕得破碎。

8. 这种双重姿态还曾被当作一种双重文化态度提出来。参见Ella Bell，"黑人职业型妇女体验的双重文化生活"，*Journal of Organizational Behavior* 第11期（1990）：459-477页。社会学家、心理学家和教育学家曾经研究过双重文化主义在与一系列outcome variables 联系起来的时候所带来的影响。例如，双重文化主义在与一系列outcome variables，如"自我观念"、成功动机和学习联系起来时产生的影响。对传统和非传统学校教育对双重文化的影响表示关注的教育学家特别注意到不同的教学方法和学校的社会化行为是如何影响那些双重文化学生的。

9. 莫林·斯高利,"Meritocracy",收入《商业伦理辞典》,R. E. Freeman 和 P. H. Werhane 编写(伦敦:Blackwell,1997),511-514 页,以及"Manage Your Own Employability: Meritocracy and the Legitimation of Inequality in Internal Labor Markets and Beyond",收入《关系性财富:竞争优势的一种新模式》,Carrie Leana 和 Denis Rousseau 编写(纽约:牛津大学出版社,2000),199-214 页。斯高利的研究工作揭示了人们对于他们生活机遇的双重心态阻止了他们对有助于维持现状的系统体制采取行动和表示抗议。John Jost 关于系统体制的正当性的研究也是相关的。他和他的同事发现,低等级群体(依据任何地位等级指示器的数据,包括一个人所在组织的地位等级)的成员表现出了一贯的对于高等级群体抱有双重心态的倾向。参阅 John Jost 和 Diana Burgess,"Attitudinal Ambivalence and the Conflict between Group and System Justification Motives in Low Status Groups",*Personality and Social Psychology Bulletin* 第 26 期(2000):293-305 页。

10. 我在西部公司和阿特拉斯公司采访的亚洲和亚裔美籍执行官当中,除了一个人之外,没有人认为他们 experience their "selves" as different in this way。而另一方面,我采访的来自太平洋群岛的和西班牙裔的专业人员则相当混杂。

11. 黛布拉·B. 古尔德,"性、死亡,以及愤怒的政治:'行动起来反抗艾滋病'中的情感和理由"(博士学位论文,芝加哥大学,2000)引向内心的双重心态建立在羞耻感的基础上,而羞耻感则是作为一名同性恋者在一个异性恋社会中长大所产生的不幸结果。

12. 凯思琳·豪尔·詹密森,《双重约束之外:妇女和领导》(纽约:牛津大学出版社,1995)。詹密森研究了一系列当代社会中希望取得成就的妇女所面对的双重约束。

13. 虽然刻板印象影响着所有被排斥的群体,尤其当这个群体特别寡不敌众的时候,但当妇女在组织中上升到相对较高的职位时,刻板印象对她们的伤害是特别严重的。先入为主的对于女性恰当行为的看法与对领导者的期望结合在一起,给予女性领导者(或者潜在领导者)可以接受的行动范围就非常狭窄了。关于领导和成功的典型形象是在陈旧传统的男性行为的形象中发展起来的。当女性的表现与这些传统定义的领导者表现达成一致的时候(当她们风格强硬、有攻击性和竞争性的时候)其他人会声称她们太过男性化了,或者"没有女人味儿"。对这一点在正常交往过程中如何表现出来的更深入的讨论,请参阅 Cecilia L. Ridgeway, "社会差异代码和社会联系", *Sociological Perspectives*, 43, No. 1 (2000): 1-11 页。

14. 参见凯思琳·詹密森,《双重约束之外》,以及梅尔森和弗莱彻,"温和的宣言"。

15. Robin Ely 和黛布拉·迈耶森,"组织中的性别理论:组织分析和组织变革的一条新途径",收入《组织行为研究》,Barry Staw 和罗伯特·萨顿(格林威治,CT:JAI,2000),103-152 页。

16. 移民们的经历应该是各不相同的。如果他们是经过选择而进行移民的话，那他们面对主流就会感受到更少的政治拉力和抗拒心理；相对于他们离开的那个社会而言，这个社会代表了一个令人满意的选择。如果移民行为不是他们的选择，或者不是他们祖先的选择的话，就像许多非裔美国人的例子那样，那么他们就可能对政治力量对比和他们的群体受到的政治排斥更为敏感；这些成员对于他们与主流群体之间的差异就会感到更为 disempowered。我是在 1999 年 12 月在斯坦福大学种族和少数民族比较研究院的教职工专题研讨会上发表的一次讲话中指出这种可能性的。

17.《纽约时报杂志》，1997 年 11 月 16 日，82 页。

18. 出处同上。

第 3 章

1. 参见 Paul Rogat Loeb,《一个公民的灵魂》(纽约：Martin's Griffin, 1999)，尤其是第 2 章。

2. 出处同上，第 35 页。

3. 伊丽莎白·珍妮维,《弱者的力量》(纽约：Knopf, 1980)。亦见于 Carolyn G. Heilbrun,《写下一位女性的人生》(纽约：Ballantine, 1988)，第 18 页。

4. 珍妮维认为"一个人拒绝接受当权者对他自己所给的定义的行为"是社会中的"弱者"力量和抵抗的最重要源泉之一。珍妮维把这称作" the ordered use of power to disbelieve"。她写道:"通过怀疑,一个人会被引导着去质疑规定的行为模式,而当一个人开始采取在任何程度上偏离常规的行动之时,他就会很清楚事实上并不存在唯一的一条解决或理解事情的正确道路。"《弱者的力量》,第167页,被 bell hooks 在《从边缘到中心的女权主义理论》(波士顿:South End Press, 1984)一书第90页中引用。

5. 克劳德·斯蒂尔和 Joshua Aronson, "Stereotype Threat and the Intellectual Test Performance of African Americans", *Journal of Personality and Social Psychology* 69, 1995年第5期:797-811页,或者克劳德·斯蒂尔,"美国黑人的种族血统和学校教育",Atlantic Monthly, 1992年4月号,68-78页。

6. 可参见 Jennifer Crocker, Brenda Major, 克劳德·斯蒂尔的"社会污名",收入《社会心理学手册》,丹尼尔·T.吉尔伯特,苏珊·费斯克和加德纳·林德赛编辑(纽约:McGraw-Hill, 1998)。这一研究指出了社会污名和低等地位对人们的自尊心和自我感觉的削弱影响。

7. 他在1999年于波士顿召开的组织中的性别中心年度研讨会上发表的讲话中,Ron David 用人的身体做比喻来描述对社群进行治疗以创造人们的抵抗力的重要性。当人体有了抵抗力的时候,它的病就治愈了。人类社群需要想方设法让人们以抵抗的状态来得到康复。Bell hooks 在《向往:种族、性别和文化政治》(波士顿:South End Press, 1990)中也描述了对于被排斥的人来说,有个安全的"地方""回家"和康复的重要性。她着重探讨了黑人妇女在为黑人营造一个"家庭环境"方面扮演的角色:

营造家庭环境的任务并不仅仅是一个黑人妇女提供服务的问题,而是关于建造一个安全的地方,让黑人在这里能够相互肯定,并从而治愈种族主义支配为他们带来的创伤的问题。我们在一个白人至上主义的文化当中,在外面,是无法学会自尊自爱的;而在里面,在往往由黑人妇女来营造和维持的"家庭环境"中,我们有机会去成长和发展,去培育我们的灵魂。营造一个家庭环境,使家成为一个抵抗的社区的这一任务是全球所有黑人妇女共同承担的,尤其是那些生活在白人至上主义社会中的黑人妇女。

8. 不过,这一概念也受到了挑战。有些人认为建立在固定身份上的社会身份标准是群体压迫的基础。我的看法是它们同时也是政治权力和心理力量的基础。

9. 艾拉·贝尔和Stella Nkomo,"披上盔甲:学习抗拒激烈的压迫",*Journal of Comparative Family Studies*(1996),第3页。亦可参阅贝尔和Nkomo的"我们分开的道路"(波士顿:哈佛商学院出版社,2001)。

10. 厄尔文·高夫曼,《日常生活中的自我表演》(纽约:Doubleday,1959)。在这本书中,高夫曼详细描述了自我表演以何种方式包含了一个精心设计的、故意为之的表演,complete with settings and props。维持一个舞台角色往往需要在身体和心理上有一个前台和后台的概念。在前台上,一个人必须为一名假设至关重要的观众控制他给人的印象,而在后台里他就不那么受到标准的、述行的预期值的支配了。在这个幕后的生理和心理地带,人们表达出他们的感觉并表现得更加诚实。这些地带或许是实际的地方——就像一个实际的后台一样，或者是一些划好界限的提供安全的象征性区域。

11. 詹姆士·斯科特，《支配和抵抗的艺术：隐藏的副本》（New Haven：耶鲁大学出版社，1990）。斯科特描述了在对权力和从属的反应行为当中产生的副本。

这里，在私人生活中，下属或许会在掌权者威胁性的注视之外聚集到一处，于是就可能产生一种极度不和谐的政治性文化。在他们住所的相对安全状态下，奴隶能够吐出一些愤怒、报复、自我维护的语言，而在男主人和女主人面前他们只能正常地忍气吞声。

斯科特认为这些私人行为和它们发生的社会场所代表了凭着它们自身资格的明显的抵制。它们还培养了更公开的抵抗行为，并且赋予这些行为以意义。亦可参阅 Robert Bies 和 Tom Tripp, "Two Faces of the Powerless: Coping with Tyranny in Organizations"，收入《组织中的权力和影响》，Roderick Kramer 和 Margaret Neale 编辑（Thousand Oaks, 加利福尼亚：Sage, 1998），203-220 页。Bies 和 Tripp 探讨了更具破坏性的抵制行为，比如怠工、扣留信息和拒绝支持以及扩散谣言，把它们当作没有权力的情况下的权力表达。

12. 关于组织文化以及主流文化与非主流的亚文化和超出常规的人之间的关系的讨论，参见琼妮·马丁，《组织中的文化》（纽约：牛津大学出版社，1992）。亦可参阅 Edgar Schein 讨论主流文化的不同方面和奠基者的经典著作，《组织文化与领导之道》（圣弗朗西斯科：Jossey-Bass, 1985）。

13. 依据 Frances Fox Piven 和 Richard A. Cloward 关于有组织的抗议运动的经典著作，*Poor People's Movements*（纽约：Pantheon Books，1977），24-27 页，Mary F. Katzenstein 写道：

Piven 和 Cloward 准备将破坏当作抗议行为的定义性特征来集中研究。他们认为破坏是在人们"不再顺从习惯的机构角色，克制他们习以为常的配合，并通过这样做来引发机构性破坏"的时候发生的……我认为准确传递了这种对于"顺从机构角色"的拒绝的行为和语言的范围是更为广阔的。

她认为破坏性的、角色粉碎性的行为是一种抗议的形式。参见《忠诚而无畏：Moving 女权主义者在教会和军队中进行抗议》（普林斯顿，新泽西：普林斯顿大学出版社，1998），7-8 页。

14. 卡尔·E. 韦克，《组织的社会心理学》，第 2 版（纽约：Random House，1979）。

15. "颁布"这个词指的是行动改变文本，而它反过来又塑造了未来行动的这个过程。Mary Parker Follett 是一位早期的管理学者，她是最先提醒人们注意个人塑造其所在环境的方式的学者之一："我们既不是我们所在环境的主人也不是它的奴隶。我们做不到发出命令让环境遵从，但如果按照最确切的说法，我们也不能说生物体会改变自身以适应环境，因为这只是一个更大的真理的一部分……（这）是一个创造过程。"《创造性经历》（纽约：朗文出版社，Green，1924）118-119 页，在卡尔·E. 韦克，*Sensemaking in Organizations*（Thousand Oaks，加利福尼亚：Sage，1995），32 页。

16. 高夫曼，《日常生活中的自我表演》。

17. Anat Rafaeli，简·都顿，Celia V. Harquail 和 Stephanie Mackie-Lewis，"Navigating by Attire: The Use of Dress by Female Administrative Employees"，*Academy of Management Journal*，40，No.1（1997），9–45 页。

18. 在我们对温和激进派进行研究的初期阶段，莫林·斯高利和我接触并采访了康利。

19. 关于将办公室装饰当作文化展示的主题，参见 Maty Jo Hatch，"The Organization as a Physical Environment of Work: Physical Structure Determinants of Task Attention and Interaction"（博士学位论文，斯坦福大学，1985）。

20. Magali Larson，《专业主义的兴起》（伯克利：加利福尼亚大学出版社，1977）。关于一名女权主义者对专业的批评，参见黛博拉·梅尔森，"Feeling Stressed and Burned Out: A Feminist Reading and Re-visioning of Stress-based Emotions within Medicine and Organization Science"，《组织科学》第 9 期（1998）：103–118 页。

21. Victor Turner，《仪式的程序》（Ithaca，纽约州：康奈尔大学出版社，1969）。

22. Ruth Behar，《易受影响的观察者》（波士顿：Beacon Press，1996）。在这本书中，Behar 探讨了调研人员的人生经历与调研工作之间的关系。

23. 我是 20 世纪 90 年代中期在斯坦福商学院研究生院参加一个关于管理层妇女的会议上第一次听到"影子工作"这种说法的。女性执行官谈到了所有那些凌驾于她们正常工作之上的、期望她们完成的看不见的工作。在 Joyce K. Fletcher,《正在消失的行动:工作中的性别、权力和相关的做法》(剑桥:马萨诸塞:麻省理工学院出版社,1999)中提出了类似的概念。

24. 关于关系网络的重要性和它们是如何正常运行的,参见 Herminia Ibarra, "Homophily and Differential Returns: Sex Differences in Network Structures and Access in an Advertising Firm",《管理科学季刊》第37期(1992):422-447页;或者 Joel Podolny 和 James Baron,"资源和人际关系:工作场合中的社会关系网络、流动性和满意度"(研究论文第1340号,商学研究院,斯坦福大学,斯坦福,加利福尼亚,1995)。

25. 白人男性往往是根据其"潜力"来评价衡量的,当他们缺乏特定资格的时候,他们常常被看作一个"半满"的玻璃杯。女性和有色人种则是按照他们实际的成绩来评估的。这样一来,他们的资格"玻璃杯"更可能被看成是半空的。这就是为什么对有色人种和女性来说,拥有一个主动的以肯定的眼光来阐释他们未曾展示出来的潜力的拥护者是十分重要的。

第4章

1. 厄尔文·高夫曼,《遭遇》(印地安纳波利斯,印地安纳:Bobbs-Merrill, 1961)。按高夫曼的说法,遭遇是一种特殊的、面对面的、集中的交往,有着明显的开头和结尾。Doug Creed 和莫林·斯高利,"我们自己的歌:在工作场合的遭遇中员工的社会身份部署", *Journal of Management Inquiry* 9, No.4（2000），也是建立在"遭遇"的概念上的。

2. 厄尔文·高夫曼，"The Nature of Deference and Demeanor"，《美国人类学家》第58期（1956）：473-502页。

3. 这些类遭遇可以被看作呈现出更大的文化和政治安排的事件，从而被当成潜在的"微观调度"点。参见 William Gamson，Bruce Firman 和 Steven Rytina，《遭遇不公正的权威》（Homewood，伊利诺：Dorsey，1982）。

4. Barry Staw，Lloyd Sandelands 和 Jane Dutton，"Threat-Rigidity Effects in Organizations: A Multi-level Analysis"，《管理科学季刊》第26期（1981）：501-524页。

5. 高夫曼，《遭遇》。

6. 简·E. 都顿，"The Making of Organizational Opportunities: An Interpretive Pathway to Organizational Change"，收入 *Research in Organization Behavior* 第15期，Barry Staw 和 Lloyd Cummings 编辑（格林威治，CT：JAI，1992），195-226页。关于正面的错觉产生的效果，参见雪利·泰勒，《正面的错觉：创造自我迷惑和健康想法》（纽约：Basic Books，1989）。正面的错觉创造了一种胜利感，它促进了努力，从而反过来提高了获得正面结果的可能性。泰勒在研究中引用的例子是这种心理力量在癌症患者康复率上的作用。

7. 在欧洲文化和某些美国本土文化当中，沉默并不被认为是无所作为，而更倾向于被看成是一种审慎的选择。

8. 德博拉·科尔布和朱迪思·威廉斯，《影子谈判》（纽约：

西蒙 & 舒斯特，2000）。"回应性"转向是针对高夫曼所描述的"moves"所做出的反应，厄尔文·高夫曼，*Interaction Ritual: Essays in Face-to-Face Behavior*（芝加哥：Aldine，1967）。

9. 在《影子谈判》中，科尔布和威廉斯还把幽默描述成一种技巧，但她们将其并入了其他那些转向类型当中。

10. 这个剧本来自对某教学案例中的一个部分的扩展，Ellen Waxman 和 George Maxe，《特勒马科斯技术》，哈佛法学院关于谈判的项目（剑桥，马萨诸塞，1996）。我在与信息提供者更深入的交谈和类似例子的基础上增加了一些细节。

11. Howard Gadlin，"解决冲突、文化差异和种族主义文化"，*Negotiation Journal* 第 10 期（1994）：33-47 页。

12. 罗列出的这些准则采自 Mary Gentile，"Ann Livingston and Power Max Systems"，教学笔记 9-395-069（波士顿：哈佛商学院，1994）。

13. Gamson，Fireman 和 Rytina，《遭遇不公正的权威》。

14. 琼妮·马丁，"解构组织禁忌：组织中对性别冲突的抑制"，《组织科学》第 1 期（1990）：339-359 页。亦可参阅德博拉·科尔布和 Jean M. Bartunek 编写的《组织中隐藏的冲突：揭示幕后的竞争》(Thousand Oaks，加利福尼亚：Sage，1992）。

第 5 章

1. 德博拉·科尔布和 Anne Donnellon，"Constructive Conflict for All: Dispute Resolution and Diversity in Organizations"，

Journal of Social Issues（7月号至10月号，1994）：124-136页。科尔布和Donnellon指出个人主义意识形态加强了问题出在个人的身上这个结论。甚至那些在组织中受到体制性处罚的人也认同这种解释，并且把他们的问题解释为他们自己的不足。这样的解释阻碍了对更多体制性力量对比的探究，而最重要的是，它阻碍了对于各种各样的利益和从现状中受益的群体的检验。更为关键的是，这个解释起到了让冲突处于地下状态的作用。

2. Lotte Bailyn，《打破程式：新的企业世界中的女性、男性和时间》(纽约：Free Press, 1993)。

3. 在与一位主要负责处理种族多样化问题的ACLU的律师进行的讨论中，我了解到这个问题在英国和美国的情况是截然不同的。导致这种结果的因素有很多，而最值得注意的一点是种族多样化问题在美国如此普遍，以至于包括受害者在内的人对于这种制度化形式的歧视行为已经麻木不仁了。在英国，市民对这种做法没那么司空见惯，对这些事件更为愤慨。此外，英国警方和他们所保护的市民之间的关系没有像在美国十分典型的情况那样相互敌对。在英国的许多社区里，警方还是并不携带枪支，这就是一个标志。这样一来，鉴于公共关系的性质，如果在美国的话凯西是否会采取同样的行动，或是被同样地公开接受，就完全说不清楚了。

4. 在后来与凯西（化名）进行的交谈当中，她解释说她做出这种转变的能力从某一部分上讲可能并不仅仅是姿态上的。凯西是一位接受过良好教育的职业女性，讲着一口"标准英语"并嫁给了一位白人。不是所有的黑人都能够有同样的合法性或者机会去做这种转变的，即便在心理上他们准备这样做。尽管如此，她的经历指明了除了报复和自以为是之外的可能性和其他可以选择的途径。

5. Ronald Heifetz，《没有轻松答案的领导之道》（剑桥，马萨诸塞：哈佛大学出版社，1994）。它与哈佛讲师 Heifetz 在他的 popular 领导课程上鼓励人们"站在包厢上"时的建议颇为类似。

6. Barry Staw、Lloyd Sandelands 和简·都顿"Threat-Rigidity Effects in Organizations: A Mutil-level Analysis"，《管理科学季刊》第 26 期（1981）：501-524 页。

7. 迈克尔·怀特和大卫·埃普斯顿，*Narrative Means to Therapeutic Ends*（纽约：Norton，1990），38-75 页。亦可参阅 David Barry，"Telling Changes: From Narrative Family Therapy to Organizational Change and Development"，*Journal of Organizational Change Managment* 第 7 期（1997）：32-48 页。

8. 厄尔文·高夫曼在 *Asylums: Essays in the Social Situation of Mental Patients and Other Inmates*（纽约：Doubleday，1961）一书中提出了通过开发其他产品来使人们脱离"常规"的想法。

9. Hazel Marcus 和 Paula Nurius，"可能的自我"，《美国心理学家》第 41 期（1986）：954-969 页。这两位心理学家为想象中可能的自我是如何成为有力的动机和身份的源泉 make a compelling case，"可能的自我代表了一个人对于他想要成为什么样的人、害怕成为什么样的人的想法，而这样一来就为认知和动机提供了概念上的联系……可能的自我表现是很重要的，首先，因为它们起着未来行为表现的刺激动因的作用（例如，它们是被接近或避开的自我）"（954页）。

10. 雪利·泰勒,《正面的错觉：创造自我迷惑和健康想法》（纽约：Basic Books, 1989）。泰勒证明了想象中的结果是如何对那些癌症患者产生显著的影响，他们一旦想象了正面的结果，就会产生一种控制感并自动恢复健康。他们中的许多人真的恢复了健康，尽管医生曾预言他们可能会死亡。这些患者身上的一种高涨的胜利感导致了康复率在客观上的提高。

11. 怀特和埃普斯顿，*Narrative Means*。

12. 彼得·圣吉,《第五项修炼》（纽约：Currency, 1993）。个人统治是在组织当中创造学习行为的关键原则之一。圣吉还强调指出了看清更大的局势作为学习和体制思考的基础之一的重要性。

13. 在他们卓有成效的个人领导研讨会中，"领导学习"组织推动人们去树立具体目标，使他们安心地追求一些他们"自我驱动的"本能之外的欲望。这些目标使人们能够在行动中有着更多的选择和周旋力量。

14. 罗莎白·默丝·坎特，*The Change Masters*（纽约：西蒙 & 舒斯特，1983），209-240页。

15. 面对你的恐惧和焦虑的想法是"领导学习"项目当中强调的领导基础之一。

16. 这是谈判的一条基本原则，在任何完整的谈判文章中都有所论述。例如参见 Max Bazerman 和 Magaret Neale,《理智的谈判》(纽约：Free Press, 1993)。人们往往执着于做成一笔交易或者解决一场冲突,以至于他们会冒着做一笔坏交易的风险,或者以一种损害他们自身利益的方式匆匆忙忙地解决冲突。

17. Alan Cohen 和 David Bradford,《没有权威的影响》(纽约：Wiley, 1989)。有些人基于并不是所有的冲突都符合这类事务性比喻,对通货的说法表示反对。不过,我还是觉得这个说法是有用的,因为它鼓励我们用相对的标准而不是绝对的标准来进行思考,并且还强调了那些能够作为标准的东西的多重复杂性。它还使人们能够在不同因素上使用不同的标准。当我们对此进行广泛思考的时候,我们就创造了进行双赢交易的机会。

18. 德博拉·科尔布,*The Mediators*(剑桥,马萨诸塞州：麻省理工学院出版社,1983)。

19. 参见 Edgar Schein, *Process Consultation*(Reading, 马萨诸塞：Addison-Wesley, 1969),关于创造安全以保障体制级别改革的重要性。卡尔·韦克一直强调焦虑和压力如此地限制着 cognitive functioning,以至于当人们担负过大的压力时,他们就会诉诸 overlearned 的行为或者习惯,并且封闭他们进行创新性思考的能力。当有些时候需要创造性解决办法和高度关注的时候,这一点在危机环境中就很成问题。参见卡尔·韦克,"The Collapse of Sense-making in Organizations: The Mann Gulch Disaster",《管理科学季刊》第 38 期(1993)：628-652 页。

20. 科特·勒温,*Field Theory in Social Science*(纽约：

Harper & Row，1951），书中探讨了与一些促成抵抗行为的因素打交道的重要性。

21. 弗朗西丝·康利描述了在她控告斯坦福医学院中她所在部门的成员不断对她进行性骚扰以及后来辞职离开她的部门这个白热化阶段里，她是如何让她所信赖的一个非正式群体的同事担任她的顾问的。她的这一戏剧性举动引起了举国上下的关注，因为她正处在她这个专业的顶端，是极少数能够得到这一地位的女性之一。在 *Walking Out on the Boys*（纽约：Farrar, Straus and Giroux, 1998），她详细描述了她与男性至上的医疗和学术机构的创伤性遭遇。她 2000 年冬天在 Jeffrey Pfeffer 的班级所做的一次关于斯坦福商学院的权力与政治的讲话当中描述了她对于她的"私人智囊团"的依赖。

第 6 章

1. 引用自卡尔·韦克的课堂笔记。这一定义与卡尔·韦克在"20 世纪 90 年代的智慧：通过细微胜利进行的变革"（Hale Lecture #4，密歇根大学，1991 年 12 月 30 日）中提出的定义十分接近。

2. 生产负责人，尽管不是首席执行官，但仍然是一位主要的委员会成员。

3. 艾伯特·班杜拉，《思想与行为的社会基础》（Englewood Cliffs，新泽西：Prentice-Hall，1986）。

4. 索尔·D. 阿林斯基《激进者的准则》（*A Pragmatic Primer*

for Realistic Radicals）（纽约：Vintage Books，1971）。

5. 卡尔·E. 韦克，"细微胜利"，《美国心理学家》39，1984年第1期：40-49页。

6. 科特·勒温，*Field Theory in Social Science*（纽约：Harper & Row，1951）。亦可参见 Sim Sitkin，"从失败中得到学习：细微失败策略"，收入 *Research in Organization Behavior* 第14期，Barry Staw 和 Lloyd Cummings 编辑（格林威治，CT：JAI，1992）。

7. 卡尔·E. 韦克给作者的电子邮件，2000年1月28日。

8. 阿林斯基，《激进者的准则》，75页。亦可参见 Eric Eisenberg，"组织传播中的暧昧策略"，*Communication Monographs* 第51期（1984）：227-242页。我在别处也曾指出，公平的远景在必要情况下可能不会比一个持续不断地朝着一个更公平的状态移动的过程更为具体。例如，对公平的性别关系的展望要求的是脱离当前的性别体系，目前该体系的结构是一种不公平的力量关系。参见 Robin Ely 和黛博拉·梅尔森，"组织中的性别理论：一次对组织分析和变革的新的接近"，收入《组织行为研究》，Barry Staw 和罗伯特·萨顿编辑（格林威治，CT：JAI，2000），103-151页。

9. 韦克，"20世纪90年代的智慧"。

10. 卡尔·E. 韦克和罗伯特·E. 奎恩，"组织变革和发展"，《心理学年度回顾》50（1999）：361-386页。

11. 我们在 Ely 和梅尔森的"组织中的性别理论"一文中持有相同的论点。

12. Kenneth Gergen 和 Mary Gergen,"故事叙述的社会结构",收入《历史上的社会心理学》,Kenneth J. Gergen 和 Mary M. Gergen 编著（Hillsdale,新泽西：Erlbaum,1984）,173-189 页。还可参阅 Ellen O'Conner 的文章,"The Plot Thickens: Past, Present, and Future Approaches to Narrative Studies in Organization Studies",这篇讲话发表于 SCANCOR,未来的样本,斯坦福大学,斯坦福市,加利福尼亚州,1998 年 9 月。

13. 琼妮·马丁,《组织中的文化：三种透视法》（纽约：牛津大学出版社,1992）。

14. Patricia Ewick 和 Susan Silbey, 在 "Subversive Stories and Hege-monic Tales: Toward a Sociology of Narrative", *Law and Society Review* 第 29 期（1995）：197-226 页当中描述了占主导地位的叙述是如何使现存的那些维护当权者利益的现实岿然不动的。颠覆性的叙述则试图推翻它们。

15. 不同文化都有其自身关于解释谁能走在前头的故事。它们都同样建立在特定文化的价值观和信仰的基础之上。在这些环境中,这些故事会被看作"真理"。以印度为例,那些建立在印度的世袭等级制度基础上的对机遇进行解释和证实其合理性的故事,在该国文化中也是同样清晰明白和无须争论的。

16. 这个例子借自黛布拉·E. 迈耶森和 Joyce K. Fletcher, "一份关于粉碎玻璃天花板的温和宣言",《哈佛商业评论》,1/2 月号,2000。

17. Barbara Czarniawska, *Narrating the Organizations:*

Dramas of Institutional Identity（芝加哥：芝加哥大学出版社，1997）。James March 和 Herbert Simon，在《组织》（纽约：Wiley，1958）中让人们注意语言在影响感觉方面扮演的关键角色，并且将其作为他们对组织中传播行为的分析的核心。Louis Pondy 和 Ian Mitroff 后来对语言及其在组织表现中的角色进行了探讨。他们指出了语言的 4 种功能：①控制感觉；②通过将时间分类来界定经历的意义，③影响传播交流的难易（因为除非语言条件允许，一个人无法进行意见交流）；④提供社会影响的渠道。他们的研究结果出现在 "Beyond Open System Models of Organizations" 一文中，《组织表现研究》第 1 期，Barry Starry 编辑（格林威治，CT：JAI，1979），3-40 页。

18. 卡罗尔·科恩，"防御专家理性世界中的性和死亡"，*Journal of Women, Culture, and Society* 第 12 期（1987）：687-718 页。

19. Ely 和迈耶森，"公司中的性别理论"。

20. 黛布拉·迈耶森和莫林·斯高利，"温和激进主义以及矛盾心态和变革的策略"，《组织科学》6，No.5（1995）：585-601 页。

21. Ruth Fainsod Katzenstein，《忠诚而无畏：Moving Feminist 在教会和军队中进行抗议》（普林斯顿，新泽西：普林斯顿大学出版社，1998），7-8 页。与教会中依赖这些散乱的抗议手段的女权主义者相比，军队中的女权主义者依靠的是重视普遍利益，并且以对"权利"的要求为基础的行动主义。

22. 出处同上。

第 7 章

1. 戴维（假名）参加了 New Academy of Business 关于社会责任的研究生项目，该项目是与英国巴斯大学管理学院合办的。

2. 琼妮·马丁和黛布拉·迈耶森，"Women and Power: Conformity, Resistance, and Disorganized Coation"，收入《组织中的权力与影响》，Roderick Kramer 和 Margaret Neale 编辑（Thousand Oaks, 加利福尼亚: Sage, 1998），311-348 页。

3. Mayer Zald 和 M. Berger，"Social Movements in Organizations: Coup d'etat, Insurgency, and Mass Movements"，《美国社会学报》第 83 期（1978）: 823-861 页。

4. Doug McAdam、John McCarthy 和 Mayer Zald 编著的《对于社会运动的一些类似观点：政治机遇、动员结构以及文化构架》（剑桥大学出版社，1996）。

5. John McCarthy 和 Mayer Zald，"资源调度和社会运动：一种部分的理论"，《美国社会学报》第 82 期（1977），1212-1241 页。

6. William Gamson，"集合行为的社会心理"，收入《社会运动理论前沿》，A. Morris 和 C.M. Mueller 编辑（New Haven, CT: 耶鲁大学出版社，1992），53-76 页。

7. 阿特拉斯公司里的男女同性恋组织是为了对即将出台的法案做出应对而成立的，这正是一个被某些研究者称作微观动员情况的例子："在这些小群体背景当中，权能程序与初期的组织形态结合起来,为集体行为进行动员"。Doug McAdams,"Micromobilizaion Contexts and Recruitment to Activism",收入《从结构到行动:跨文化社会运动研究比较》,Bert Kandermans、Hanspeter Kriesi 和 Sidney Tarrow 编辑(格林威治,CT: JAI, 1988),134 页。

8. 我感谢南茜·霍普金斯教授详细地讲述了她的经历。参见南茜·霍普金斯在"化学行业中的妇女"全美调研讨论会上的演讲,国家科学院,华盛顿,2000 年 5 月 4 日。我还要感谢麻省理工学院的 Lotte Bailyn 教授,既感谢她在一次私人谈话中对这件事的叙述(2000 年 8 月),也感谢她的一次相关演讲,"Under and Over the Radar: The Effect of the Report on Women Faculty in the School of Science on Gender Awareness at MIT"(发表在管理学年度会议上,多伦多,2000 年 8 月)。当这个故事被公之于众的时候,Bailyn 教授是麻省理工学院的教职员工主席。我还要感谢她介绍我认识了霍普金斯教授。Bailyn 教授和霍普金斯教授的叙述是相互一致的,无论在事实方面还是在她们对为什么把事情公布出去的强调上。

9. 霍普金斯的演讲,"化学行业中的妇女"。

10. Bailyn,个人信件和"Under and Over the Radar"。霍普金斯也在个人信件中详细提供了这一信息(2000 年 8 月)。

11. 索尔·D. 阿林斯基,《激进者的准则:A Pragmatic Primer for Realistic Radicals》(纽约:Vintage Books, 1971)。

12. 莫林·斯高利和 Amy Segal, "Passion with an Umbrella: Grassroots Activists in the Workplace"(未曾发表的论文,麻

省理工学院，1999）。

13. William Gamson, "Hiroshima, the Holocaust, and the Politics of Exclusion", *American Sociological Review* 第60期（1995）：1-20页。

14. Bell Hooks, *Talking Back: Thinking Feminist, Thinking Black*（波士顿：South End Press, 1989），75页。Hooks描述了当女权政策在女权主义中采取这种最低共同要素法时，有色人种妇女所受到的排斥。一个人身份的各种不同方面之间难解难分的关系对于处于主流群体中的人来说是没那么突出的。比如，对许多白人妇女来说，种族并没有被有意地计算在妇女身份当中，而对于一名黑人妇女而言，做一名妇女和做一名黑人妇女是不可分割的。

15. Karen Proudford, "Notes on the Intra-Group Origins of Inter-Group Conflict in Organizations: Black-White Relations as an Exemplar",《劳动雇佣法报》第1期（1998年秋）：615-637页。Proudford提供了白人妇女和黑人妇女团体中的一个内部冲突案例。在这些冲突中，有一些表现为黑人妇女和白人妇女在允许保持群体持久团结上的冲突。

16. 这一处方改编自Sharon Kurtz提出的建议，"各种各样的公正：劳动和身份政治学"（博士学位论文，社会学系，波士顿大学，1994）。

17. 斯高利和Segal, "Passion with an Umbrella"。这两位作者认为，赋予那些被批准的群体以合法性对于工作场所来说是独一无二的，因为这些群体被安定下来后首先就会对给它们提供了结构和合法性的机构发起挑战。

18. 带有讽刺意味的是,该媒体最初批评那些推行变革的组织与行政管理部门进行的协同合作。Bailyn,个人信件(2000年8月)。

19. 斯高利和 Segal,"Passion with an Umbrella"。

20. 虽然在我进行调研的时候他们并不支持员工组织,但是在本书出版之时,西部公司已经正式通过了一项政策来支持某些特定的员工政党组织。

21. McCarthy 和 Zald,"资源调度"。

22. Doug McAdam,"社会纽带和行动主义之间关系的详细说明",《美国心理学杂志》第 50 期(1993):640-667 页。如 McAdam 所论述的,以前的研究对一个数字或一种机制以及若干类能够解释人们"参与"倾向的纽带进行了详细的说明。有些纽带建立在与某个目标在姿态上相互"融合"的基础上,其他一些则假定它是一个人与某次运动相关的结构性位置,还有一些把参与某次运动的倾向定位在了与其他卷入运动的人之间的人际关系纽带当中。

23. 阿林斯基,《激进者的准则》,114 页。

第 8 章

1. 本章前两部分的论证是对黛布拉·迈耶森和莫林·斯高利,"温和激进主义以及矛盾心态和变革的策略"一文的拓展,见《组织科学》6,No.5(1995):585-601 页。

2. 例如，西格蒙德·弗洛伊德，"梦的解析"，收入《西格蒙德·弗洛伊德心理学著作全集》第 10 卷，J. Strachey 主编（伦敦：Hogarth, 1961），3-149 页，以及西格蒙德·弗洛伊德，《文明及其不满》(纽约：Norton, 1961)。

3. Kenwyn Smith、Valerie Simmons 和 T. Thames, "Fix the Woman: An Intervention into an Organizational Conflict Based on Parallel Process Thinking", *Journal of Applied Behavioral Sciences* 第 25 期（1989）：11-29 页。作者解释了人们是如何将他们的双重心态中不满意的那一面割舍出去，并且把它们丢掷给那些愿意"携带"和表达他们对抗感觉的人。这种割舍和丢掷的做法看来是一种普遍的对双重心态的反应方式。由于白人女性和白人男性之间共有的亲密的和家传的社会关系（作为他们的妻子、女儿、母亲、姐妹），她们对于男人和男性机构所抱有的双重心态产生很强烈的焦虑感，因此她们可能受到了特别的驱动去"割舍"（如果不是抑制的话）她们在性别方面的双重心态。

4. Andrew Weigart 和大卫·弗兰克斯, "双重心态：新时代的标准"，收入 *The Sociology of Emotions*，大卫·D. 弗兰克斯和 E. Doyle McCarthy（格林威治，CT：JAI, 1989），205-227 页，以及厄尔文·高夫曼，《污名》（Englewood Cliffs, 新泽西：Prentice-Hall, 1963）。

5. 这个例子取自迈耶森和斯高利，"温和激进主义"。

6. Mona Harrington 对于哈佛法学院 1960 年那个班级的风华正茂的女毕业生的描述出自她的《女律师：改写规则》（纽约：Penguin 1993），第 7 页，被 Mary Fainsod Katzenstein 引用在她的《忠诚而无畏：女权主义者在教会和军队中进行抗议》（普林斯顿，新泽西：普林斯顿大学出版社，1998）中，第161页。Harrington写道："她们的性别把她们和传统妇女角色联系在一起，工作则把她们与男性角色联系起来。在她们的双重状态当中，她们不属于任何一个阵营。"

7. James March很久以前就证明了不一致的表现会成为变革的路标。他说人们在对待明显的伪君子时应该更加慷慨大方，因为他们的虚伪可能是一种变化的标志。例如，那些口头上说要做好人却行为恶劣的人或许正在试图变好的途中。见James March，"愚蠢技术"，收入《组织中的暧昧和选择》，James G. March和Johan P. Olsen编著（Bergen，挪威：Universitetsforlaget，1976），69-81页。

8. 所有的顺从过程都是各不相同的。人们经历了许多不同的自我修改的过程。赫伯特·凯尔曼简要介绍了一个有用的关于那些随着心理形式和深度而发生变化的自我改变过程的象征论。对一种价值观、身份或信仰的内化吸收是社会影响所导致的最根深蒂固的效果。如果人们吸收了某个内部群体的影响，他们就会把该群体的身份、角色、信念以及诸如此类的东西当成是他们自己的来接受。一旦某个人内化吸收了一种信念，他在遵循这种信念采取行动的时候就再也不用依靠影响了。相较而言，认同包含的是一种对与那些影响这个人的人亦步亦趋的欲望或需求。结果，人们对角色、行为和想法的接受，并不是因为他们相信它们，或者因为它们看上去是正确的，而是因为通过接受了它们，他们就与那些产生影响的人一模一样了。在凯尔曼的象征论当中最肤浅的自我修改形式是顺从，它指的是屈服于某个有强大的人或群体的某种意见、行为或者信念。一旦控制权力不复存在，这种屈服也就荡然无存。见赫伯特·凯尔曼，"顺从、认同和相互关系：三种姿态变化的过程"，*Journal of Conflict and Resolution* 第 2 期（1964）：51-66 页。

9. 像利昂·费斯汀格、Bibb Latane、Morten Deutsch、斯坦利·米尔格伦和斯坦利·斯坎特这些著名心理学家的研究工作，都是建立在这一顺从研究的基础之上的。

10. Solomon Asch 的研究为一种重要的传统顺从研究奠定了基础。这些研究中的一部分可以见于 Solomon Asch，《社会心理学》（纽约：Prentice-Hall, 1952）。亦可参阅 Solomon Asch, "Studies on Independence and Conformity: A Minority of One against a Unanimous Majority"，《心理学专题论文》70, No.9（1956）。

11. 原始实验发表在斯坦利·米尔格伦的 *Soumission à l'Autorité*（巴黎：Calmann-Levy, 1974）当中。

12. Edwin Hollander, "顺从、地位以及 Idiosyncrasy Credits"，*Psychological Review* 第 65 期（1958）117-127 页。Hollander 把 idiosyncrasy credits 描述成一种手段，领导者通过它来努力成为现状中的模范和开路先锋。

13. 卡罗尔·科恩，"防御专家理性世界中的性和死亡"，*Journal of Women in Culture and Society* 第 12 期（1987）：687-718 页。

14. 出处同上。

15. 出处同上，704页。

16. 出处同上，708页。

17. 简·都顿和Sue Ashford的出售问题理论当中所提出的基本技巧之一是使用固定的、被人们接受的语言。参见简·都顿和Susan Ashford，"向最高管理层出售问题"，*Academy of Management Review* 第18期（1993）：397-428页。对于问题的标志和意义的重要性的经验主义测试，请参阅Susan Ashford，"Championing Charged Issues"，收入《组织中的权力和影响》，Roderick Kramer和Margaret Neale编辑（Thousand Oaks，加利福尼亚：Sage, 1998），349-380页。这也是社群组织者所建议的一种技巧。参见索尔·阿林斯基，《激进者的准则》（*A Pragmatic Primer for Realistic Radicals*）（纽约：Vintage，1972）。

18. 厄尔文·高夫曼，《日常生活中的自我表演》（Garden City, 纽约州：Doubleday, 1959）。

19. Herminia Ibarra, "Provisional Selves: Experimenting with Image and Identity in Professional Adaptation"，《管理科学季刊》(1999年12月)：764-785页。

20. 罗莎白·默丝·坎特，《企业的男性和女性》（纽约：Basic Books, 1977）。

21. 斯蒂文·卡特，"The Black Table, the Empty Seat, and the Tie"，收入 *Lure and Loathing*，编者为杰拉德·厄雷（纽约：Penguin, 1993），55-79页。

22. Aida Hurtado, "与特权有关"，*Journal of Women,*

Culture, and Society 第 14 期（1989）：833-855 页。

23. 关于妇女承担了传统的对于性别角色的期望（并且因此而赢得偏爱）的这一主旋律在历史上一唱再唱，而且在历史中最有成就的妇女的故事中呈现出来。当历史学家 Jill Ker Conway 研究历史上有影响力的女性的自传时，她发现甚至连那些权势显赫、功成名就的白人妇女，比如简·亚当斯，也以一种符合传统性别角色和（白人）女性概念的方式描述自己。Jill K. Conway,《按她自己的话说》（纽约：Vintage Books, 1998）。

24. Hurtado,"与特权有关"。

25. Ashford, "Championing Charged Issues"。

26. 琼妮·马丁和黛布拉·迈耶森，"Link.com 的女执行官"，教学案例 OB 33（斯坦福，加利福尼亚：斯坦福大学商学研究生院，1997）。

27. 琼妮·马丁，"逆流游泳：协调价值观和工作"，收入 *Renewing Research Practice*，为 Ralph Stablein 和彼得·弗罗斯特（Thousand Oaks, 加利福尼亚：Sage，即将出版）。

28. 琼妮·马丁,《组织中的文化：三种透视法》（纽约：牛津大学出版社，1992）。

29. 琼妮·马丁和 Caren Siehl,"组织文化和反文化：一个并不轻松的共生现象", *Organizational Dynamics*（1983 年秋）：52-64 页。

30. Robin Ely, "The Power in Demography: Women's Social Constructions of Gender Identity at Work", *Academy of Management Journal* 第 38 期（1994）：589-634 页。

31. Susan Ashford、简·都顿和杰弗里·爱德华,"Decomposing Demographic Effects: The Impact of Gender Proportions on Issue-selling Initiation"(该论文在全美管理学术会议上发表,波士顿,1997)。

32. 一个组织顶层的一些装点性的人物如果是靠被动的顺从(甚至更糟糕)靠积极地证明他们对于多数派的忠诚,同时疏远他们自己的身份群体,来成功地得到目前职位的话,他们的作用就是弊大于利的。例如,一些装点性的少数派所取得的成功可以制造一种表象,似乎束缚已经被消除,而排斥的力量已经不复存在,也就是说任何有着"right stuff"的人只要做到足够努力就能够取得成功。像 Ward Connerly 这样也属于少数派的保守主义者常常得到极大的亮相率和合法性,因为他们支持多数派的观点,而且最重要的是,支持这是个公平的世界的说法——人们在社会中各得其所,而政策对自然社会秩序的介入是弊大于利的。当然,这些人往往处于他们的社会领域的最高层,因此他们的论点就证明了他们自身地位的合理性。他们靠自己的努力取得成功的说法可能实际上给其他"与众不同"的人带来了更多的害处而不是益处。同样,处于她们所在领域顶层的妇女关于体制性不公平并不存在的说法会带来很大的社会影响,因为她们自己取得了成功。她们关于体制公平的证词对那些试图扫除体制性障碍的努力造成了损害。

33. 莫林·斯高利和 Amy Segal, *Passion with an Umbrella: Grassroots Activism in the Workplace*(未出版的手稿,麻省理工学院,1999)。

34. Ashford，*Championing Charged Issues*。

35. Susan Ashford、Nancy Rothbard、Sandy Piderit 以及简·都顿，*Out on a Limb: The Role of Context and Impression Management in Selling Gender Equity Issues*，《管理科学季刊》第 23 期（1998）：23-57 页。

36. 出处同上。亦可参见都顿和 Ashford 的"给最高管理层提建议"一文。关于现存结构的重要性，参阅 Doug McAdam、John McCarthy 和 Mayer Zald 编写的《对于社会运动的一些类似观点：政治机遇、调度结构以及文化构架》（剑桥大学出版社，1996）。

37. 有一个因素虽然我没有讨论过，但书中处处有所暗示，那就是学习、实验和变革的整体气氛。特别是那些把多元化看作一个学习机制，而不仅仅是需要做的公平或"正确"的事情的组织，会倾向于培养条件以使多元化的观点、风格和个人看法涌现出来。关于这一论点的详细阐述，请参阅戴维·A. 托马斯和 Robin Ely，"Making Differences Matter: A New Paradigm for Managing Divesity"，《哈佛商业评论》，1996 年 9/10 月号，79-90 页。采取这一态度的组织试图把多元化观点和工作本身联系起来，培养对不同工作方式的实验，并且降低实验的负面后果。这里重要的一点是有些组织和组织中的群体对于变化和实验有着更多的传导性，而这其中的一些把多元化作为一种正面变化的源泉联系起来。这些条件会培养出温和激进派。不过，对这些机制的详细探讨已经超出了这一章的范围。

38. 埃德加·沙因，《过程咨询》（Reading，马萨诸塞：

Addison-Wesley, 1969), 书中认为只有当人们觉得安全的时候才会发生变革。管理者为员工营造一种身体和心理上的安全感的能力使得员工能够担当风险, 并从其他每个人的努力当中得到学习。

39. 托马斯和 Ely, "Making Differences Matter", 79-90 页。

40. 马丁, "逆流游泳"。

第 9 章

1. 卡尔·韦克, "20 世纪 90 年代的智慧: 通过细微胜利进行的变革"(Hale Lecture #4, 密歇根大学, 1991 年 12 月 30 日)。

2. Jerry Sternin 和 Robert Choo "实际偏差的力量",《哈佛商业评论》, 2000 年 1 月号 /2 月号。

3. 彼得·圣吉,《第五项修炼》(纽约: Currency, 1993)。

4. 卡尔·E. 韦克,《组织的社会心理》, 第 2 版 (纽约: Random House, 1979)。亦可参阅 Sternin 和 Choo, "实际偏差的力量"。

5. Ronald Heifetz, *Leadership Without Easy Answers* (剑桥, 马萨诸塞: 哈佛大学出版社, 1994)。

6. 出处同上。

7. 索尔·D. 阿林斯基,《激进者的准则》(*A Pragmatic Primer for Realistic Radicals*)(纽约: Vintage Books, 1971), 114 页。

8. 卡尔·E. 韦克, *Sensemaking in Organizations* (Thousand

Oaks，加利福尼亚：Sage，1995）。

9. 黛布拉·迈耶森和琼妮·马丁，"文化变革：三种不同观点的综合"，*Journal of Management Studies* 24，No.6（1987）：623-647 页。

10. 韦克，*Sensemaking in Organizations*。

11. 琼妮·马丁，"Swimming against the Tide: Aligning Values and Work"，*Renewing Research Practice*，Ralph Stablein 和彼得·弗罗斯特（Thousand Oaks，加利福尼亚：Sage，即将出版）。

附录 A

1. 该小组包括德博拉·科尔布（我的 co-principal 调查员）、Robin Ely、Gil Coleman、Ann Rippin、Maureen Harvey 以及 Rhona Rappaport。